普通高等教育"十五"国家级规划教材

# 人文科学导论

尤西林　著

高等教育出版社·北京

# 导　言

1. 中国现代化进程与全球化知识经济时代的临近，不仅引发了人文精神讨论，而且人文素质教育的重要性也已遍喻社会。“人文学科”与“人文科学”诸词终于在20世纪末进入汉语。但这些名称概念（从“人文精神”“人文素质”到“人文科学”）学理内涵该怎样理解呢？它们在根本上归属人文科学原理。这也就是本书的内容。就其主要方面而言，人文主义（Humanism）归属于思想史范畴，同一大类的还有人道主义、人本主义、人文精神等，它们表现为社会思潮和思想主张立场；人文学科（The Humanities）归属教育学教学科目分类，人文素质概念即定位于人文学科教育原理；人文科学（The Human Sciences）则是从哲学高度对包括人文主义与人文学科在内的人文活动原理的系统研究理论。

上述三类研究不能彼此取代，例如，人文科学不能取代人文学科的功能。相反，三者总是相互关联的：人文科学总要依托人文学科教育形态，并且必不可免地具有人文主义的价值立场。

2. 就总体而言，人文主义、人文学科与人文科学论域的形成与突出，是现代化进程中具有现代性（Modernity）的现象。尽管人文主义与人文学科在东西方都有其古典形态，但是，脱离现代化背景、非历史地将古代人文传统形而上学化，只会模糊与遮蔽人文思想的现代性特质（详见本书第一章第四节）。

人文思想是对现代化的回应。人文主义对现代科技商业主流的抗衡，在学术与教育思想中反映为人文学科与人文科学自觉地与自然科学、社会科学相区分的方向。这一区分至今仍在继续中。作为学科学术分类，“人文学科”与“人文科学”词语迄至20世纪80年代才确定地进入以中国大陆、香港、台湾为核心的汉语文化圈,落后于自然科学与社会科学现代学科分类进入中国近一个世纪。①

反思省察现代化及其渗透到日常生活的科技思维模式与价值取向,进而从更加远大完整的人文视野协调与规范现代化,需要拥有区别于自然科学与社会科学的人文科学系统理论根据。无论中外,使全社会了解人文科学观念,尚有待相当长时期的努力。国际学术界迄今也未有统一、成熟的人文科学理论。② 进入人文科学理论学习伊始,即有必要意识到这一领域的前沿性与探索性。这一特性同时表现了人文科学方兴未艾的生命力。在专业技能与知识结构加速更新的"知识经济"时代,对原理性知识核心结构的举一反三"迁移"(Transfer)能力提出了更高要求,从而更为根本的不是既有的知识,而是不断创新知识的人文主体性智慧、意志、情感素质。人文素质又不仅是知识,而且是包括知识应用在内的全部人类行为的价值判断根基。从而,人文科学势必在21世纪占据空前重要的地位。

3. 但人文科学的现代性不能仅仅归结为与现代化科技主义的抗衡。与将人文性同科技生产活动对峙而囿限于传统文化与日常生活的浪漫人文主义有别,马克思将人文性视为以劳动为基础的对象化活动,因而现代科学技术恰是人文科学最重要的对象。人文科学批判唯科学主义所造成的人与社会发展的片面化乃至从人伦到自然生态的危机,同时揭示科技活动所深层依赖的人文价值动机系统与科学精神的人文性质,以及人文素质又如何凭藉科学技术活动辩证与历史地发展生成。人文科学与自然科学是在现代化历史条件下分蘖出来的对立统一矛盾体,二者在当代科技与人文形势下已经趋于相互渗透与依赖。马克思因而预言:"自然科学往后将包括关于人的科学,正像关于人的科学包括自然科学一样:这将是一门科学。"③在与科学技术对立统一关系中把握人文科学,是进入这一领域学习与研究的中心线索。

4. 作为人文主义与人文学科的原理,人文科学概论从历史(现代化—现代

① 尤西林:《人文学科与20世纪中国学术》,上海:《学术月刊》,1998(7)。另据朱红文《人文精神与人文科学》(中共中央党校出版社1994年版,第11—12页)统计,大陆最初一批人文学科理论文献为:顾晓鸣:《"人文问题":自然科学和社会科学交叉研究中的一个方法论问题》(《社会科学》1986年第1期);刘少泉:《人文科学要论》(四川大学出版社1986年版);尤西林:《人文学科及其现代意义》《未定稿》(《中国社会科学》杂志社主办)1987年第1期;景天魁:《社会认识的结构和悖论》"人文认识"一节(中国社会科学出版社1990年版)。海外虽早有唐君毅《人文学术与自然科学、社会科学之分际》(台北学生书局1975年版),但从林毓生《中国人文的重建》(1982)与余英时《文化建设私议》等文来看,人文学科观念在80年代台湾尚处在启蒙阶段。香港虽早通行"humanities"一词,但从张灿辉:《人文与通识》(香港突破出版社1995年版)中可知,直至90年代,汉语"人文学科"仍是香港学术教育界探讨性课题。

② 参阅《大英百科全书·人文学科》,中译文见本书附录。

③ 《1844年经济学—哲学手稿》,《马克思恩格斯全集》第42卷,人民出版社1979年版,第128页。

性)与逻辑相结合的角度论述人文主义、人文学科与人文科学自身的历史起源及形态演变、对象与方法、范畴与逻辑、功能与现代意义等。

人文教育是从幼教、初等、中等教育到高等教育,乃至贯穿人一生的活动。人文教育的主干或基础是实践性感知情意性的教化活动,它集中于未成年阶段。作为人文教育观念形态或理论形态的人文科学,则随着成人理性地位的提高而增强影响。在人文科学意义空前重大的21世纪,已有必要不仅从深化与融会贯通师范院校、文科院系专业角度,而且有必要立足于未来社会均衡健全发展高度在全部高等教育中普遍开展人文科学教学,即对未来社会的中坚骨干阶层施行原理观念水平的人文思想教育。对于文理各科研究生来说,人文科学原理则是知识发生学深度的文理学科边缘融会贯通训练,它具有创造学的意义。在更普遍的意义上说,本书所提供的人文科学原理以及相关的学科知识,应当是21世纪中国知识分子知识结构中必要的组成部分。

5. 人文科学赋予人文主义与人文学科纷繁的历史经验形态以原理统一性,使之在更为深刻与普遍的系统关联中获得准确定位。例如,当代中国思想史研究中一种发生广泛影响的观点是,将中国20世纪80年代的马克思人文主义主要归结于反封建的启蒙主义,从而断言人文主义思潮缺少反省现代化的能力。论者未能区分文艺复兴、启蒙运动人文主义与19世纪人文主义不同的现代性,也未能省察到中国当代思想解放运动中欧洲不同阶段的两种人文主义同时并存的复杂性,从而未能认识人文主义特别是马克思人文主义超越资本主义现代化的现代性批判的历史地位。

又例如,目前仅有的几种人文科学概论著作几乎均有以人文学科特定科目取代人文科学原理的问题。由于缺乏明确与统一的人文科学原理,这类著作或者甚至未能区分社会科学与人文学科,而以所谓"大文科"理解人文学科,将经济学、法学、社会学等社会科学与传统文史哲类的历史学、文学、哲学、艺术学、美学、教育学、伦理学等混糅为不伦不类(似乎近于百科全书)的编纂读物,却统称"人文科学";或者虽然将人文学科与社会科学区分开来,却仍然立足于传统文科观念而将人文学科固定化。这种编撰角度不了解人文学科的学科种类范围的变迁流动性与不确定性:古典人文学科甚至包括现代理科的算术、几何学、天文学,而人文学科传统科目的文法或语言学,在当代日渐定量化为电子计算机的分析对象后,也与物理学的界线越来越模糊了。反之,如果为发展自己思维能力而修习高等数学,在这种特定态度下,高等数学就是典型的人文学科。在这种判断背后实质拥有坚实的人文科学原理标准。离开人文科学原理而仅凭文科外在类聚的编纂,不仅无法构成一部统一的原理性的著作,而且由于这些学科早已在中小学阶段被一一讲授过,它们根本没有理由如此简陋地以提要方式重新教学。

6.强调人文科学对于人文学科的原理统一性,并不意味着人文科学原理可以取代人文学科诸多学科教学。人文学科承担着从各个学科角度培育人文素质的教化实践功能，这种实践教化性质所以不能被观念理论形态的人文科学原理取代，一是由于人文学科教化的实践性（包含知意情的感性）必须体现于各门人文学科践履过程性中；二是与此种践履过程性紧密关联的人文学科的具体性与个案性对概念思维的限定。从而，人文教育必须渗透于义务教育阶段为主干的普通教育全过程中；高等教育的人文科学原理教学只构成为人文教育这一总体工程的观念理论部分。

更为深刻的限定在于，人文学科的践履性与具体性、个别性在根本上无法被某种抽象的概念理论体系所概括。在这个意义上，现代语言分析哲学批判抽象概念僭妄概括个别事物的本质主义迷误，对于人文科学原理的功能范围与限度具有警戒意义。这意味着人文科学概念原理即使尽量避免或弱化自然—社会科学式概念逻辑的僵硬框架，也仍然与生命运动体的人文素质“事实本身”（胡塞尔现象学运动的口号：“回到事实本身”！）无法最终吻合而保持着不可消弭的区别。从而，人文科学原理如果不愿僵化为抽象概念符号体系，就必须在创造人文科学自身特有的范畴、逻辑、方法的同时，与人文学科保持不即不离的张力关系：如果人文科学不保持对人文学科的原理区别，它就将消解自身的理论形态而不复存在；如果人文科学不保持与人文学科的亲合，它就将丧失人文科学逻辑概念体系内在的生命灵动而与自然—社会科学无法区分。[①] 这后一点意味着对即将进入人文科学领域者的一个建议性要求：不仅要准备大脑抽象升华的思辨，而且要敞开一颗内省敏感且蕴含着向往美好人性理想激情的心。

---

① 参阅尤西林：《人文学科及其现代意义》第四章第七节“回到事实本身”，陕西人民教育出版社1996年版。

# 第一章

# 人文学科：历史与现状

## 第一节　古典人文学科

### 一、古希腊罗马"七艺"

**1. "humanitas"及其希腊辞源"paideia"**

"人文学科"(The Humanites)一词源于古罗马政治家、演说家西塞罗(M. T. Cicero,前106—前43)在论述理想的辩论家时所提出的humanitas学说。拉丁语的humanitas有"人性"或"人情"的意思,西塞罗用以指一种教育大纲。这个拉丁词后来成为西方文化语言中基本思想观念之一的"人文主义"(Humanism)及其相关词汇的辞源。

但拉丁词humanitas又来源于更早的希腊词paideia。paideia则来自希腊词pais(儿童),它所衍生的拉丁词pasco,意指牧养,使之成长,它成为教育学pedagogy等词的辞源。paideia是对儿童的开化、教化、教育,古希腊罗马人用这个词标识"文明人"与"野蛮人"的区别,进而使这个词代表人性教化的观念。这一观念的内涵又可进一步分析为两个彼此依靠的关联性观念:人性的理想(理念)与教育。经由教育才能使不开化的(野蛮)人臻于人性(文明)的人;或者反过来说,教育是人臻于人性完善的活动。我们应当注意,教育在此作为成就人性的活动享有人生全部活动最高的目的,作为人之为人的理想,没有比这更高的目的了。因此,paideia意义下的教育与近代以来渐趋支配地位的专业—职业教育观念有着深刻重大的区别,后者以获取知识与专业技能为实质目的,而这一目的却只是跻身社会谋生发展的手段。

paideia所说的"人",是指古希腊罗马的自由民与贵族,而奴隶则不是"人"。古希腊罗马这种奴隶制社会制度及其所形成的社会分工,塑造了相应的"人性"理念及其典范代表型态:

(1) 奴隶承担着全部手段意义的资料生产与交换活动,这一意义的活动亚里士多德称作"生产"(poiesis)。"生产"本质上是人利用物,将之制作为供人消费或享受产品的活动。由于衣食消费是人自然躯体不能不维持的受动性生存活动,因而“生产”在根本上属于手段性的消逝的过程性环节。这一谋生水准的活动是不自由的,乃至是非人性的。

(2)“人”即自由民与贵族将谋生性手段生产强加于奴隶后,就有了充分的自由闲暇时间进行在希腊城邦社会看来最具自由性亦即人性的活动。这种自由性恰恰不具有奴隶生产的手段功用性。有两类范型代表这种自由人性,即以沉思为境界的哲学家与作为公共事务、人际交往最高艺术典范的政治演说家。因此,亚里士多德关于人的一个著名定义即是“人是政治动物”。

**2. “七艺”**

以哲学家与演说家为范型、以政治为中心的古希腊罗马社会生活的自由人性观,规定了培养这种人性的教育内容:“七艺”。

“七艺”是“七种自由的艺术”(拉丁文:Septem artes liberals)的简称。应注意的是:(1)不是近代以来的“科目”或“学科”,而是“艺术”(art)。古希腊之 art 并不区分技术与艺术。这透露出“七艺”的践履性乃至活动操作特性。(2)所谓“自由”,不仅指自由民社会身份,更本质地是指活动性质的自由性。这种自由性也就是古希腊罗马人性理想的特质所在。“七艺”包括:文法、修辞学、辩证法、算术、几何学、天文、音乐。其中,文法、修辞学、辩证法又单称为“三艺”,是古希腊智者学派亦即最早的一批教师所讲授的主要内容。后四项则为柏拉图所提出,称作“四艺”。

“三艺”在“七艺”中占据重要位置。它们都直接关乎语言的运用。语言是哲学家思维与政治家讲演的依托形态,它在古希腊自由人性中占据着基石地位。亚里士多德因而又有“人是能言思辨的动物”(zoon logon echon)的著名人性定义。语言的完美运用(思维与表达、交流与应答)是人性典型的体现。近现代技术至上主义将语言贬低为人的工具,20 世纪语言哲学则重新肯定了语言对于人的本体意义。海德格尔(M. Heidegger)的著名命题是:“语言是存在的家”。其中,辩证法不是维护一己观点的论辩技术,而是通向真理的道路,因而被柏拉图视为“善的科学”。

算术是人思维分析与综合能力的操演训练,这不能在近现代人实用主义意义下理解,如作为计算统计的工具手段。几何学是人知觉形式结构的直觉能力与建构形式的能力,这同样也不能局限于现代理工科专业基础课意义。现代“格式塔”[①]心理学与美学均已指出,对完整形式的知觉能力,不仅具有认知意义,尤其具有均衡审美与道德心态的深层价值观意义。整个数学在古希腊教育中占据着特殊的地位。早在毕达哥拉斯学派,即以“数”的规律体现宇宙本体规律,而在柏拉图著名的学园(Academy)教育中,数学承担着对超感觉的永恒理念

① 德文“Gestalt”一词音译,是“形式”或“形状”的意思。

(Idea)世界的形式秩序的认知。

与数学密切相关,天文学攸关古希腊自然哲学的宇宙本体论。天体运动的宏大远景成为统摄人类及地球万物生存发展的本体论依据与根源。这不仅是指事物发生学,而且也是价值观的,规律与价值在这里是不区分的。直至现代,天文学的宏大视野与巨大时空观仍然具有重要的人文哲学意义。对宇宙天文的关注直接具有超越自我中心、开阔视野与胸襟,以及系统整体思维的意义。

音乐在整个人类古代文化中的重要地位源自音乐与巫术文化的特殊关系。随着巫术文化的消退,包括音乐在内的巫术礼仪形式获得了沟通古代神话传统与雅斯贝尔斯(K. Jaspers)所说的"轴心期"(Axial Period)文明(前800—前200)的深邃功能。无论东西方,音乐都处于诗歌、神话与广义语言起源的位置。作为古希腊最早文化团体的毕达哥拉斯学派,将宇宙万物本体规律的"数"与音乐对应,音乐成为数的本体王国的直觉可感的形态。从而学习音乐所获得的节奏与和谐("和谐"是毕达哥拉斯学派关于宇宙本体性的概括)感,使人可以内在地与天地大道合拍,成为一个既合规律又合道德的优秀者。

综上可见,"七艺"从不同角度一致地指向对当时理想人性的培养。"七艺"虽然各有其侧重领域与各自不同的教学对象、方式及内容,但它们由于具有同样的人性教育目标,因而在整体上正构成为培育优秀公民与自由人性的完整教育。这种人性教育的完整性或全面性是 paideia 与 humanitas 的基本精神,"全面教育"(enkyklia paedeia,英文 Encyclopaedia——"百科全书"的辞源)是对成就人性理想的努力,因而是"自由艺术"(Liberal Arts)与"美优之艺"(拉丁文:bonas artes)。上述精神及其涵义,是近现代人文学科概念基本的依据与来源。其中,对于现代人来说,特别应注意的是:(1)虽然这种全面的人性教育仅施于社会部分成员,但它仍体现了马克思所说的一种"原始的和谐";(2)七艺中尚未出现近代以来的文理分科,其主导精神是人性的培养。因而被现代人视为理科的算术、几何与天文学,却不能在工具理性意义下理解,而必须归于人文学科。

## 二、中国先秦"六艺"

### 1. 士、君子与成人之教

春秋、战国时代,有两个名称成为了人性向善的典范:君子与士。

君子与士本来都有其周代社会制度的社会角色原型内涵,但春秋时已被升华为人性向善的典范指称。尤其是"君子"一词,直至今日,仍在现代汉语中保留着这一涵义。

应注意的是,人性向善的顶峰,是"圣人"的位置。更应注意的是,由于中国传统文化不是如同西方基督教那样将事功(凯撒)与至善价值(上帝)并列于两个世界,而是将二者统一于一个世界,因而,作为至善价值体现者的圣人,同时也应是在现实世界中成就最大业绩者。正是这一点,限定了孔子也不敢自称圣人:“子贡曰:如有博施于民,而能济众,何如?可谓仁乎?子曰:何事于仁,必也圣乎!”(《论语·雍也》)“昔者,子贡问于孔子曰:夫子圣矣乎?孔子曰:圣则吾不能,我学不厌,而教不倦也。”(《孟子·公孙丑》)因此,虽然包括孔子在内的先秦诸子多肯定人皆可为圣人,但严格意义的圣人由于以博施济众的天下事功为必要条件,后者又系于个人努力之外的诸多历史条件,故在德性修养的人性向善教化中,“圣人”并非一个普适的榜样。常人(包括“小人”)道德提升的过程是教化与学习的过程,这一过程中的佼佼者,即士与君子:“彼学者,行之,曰士也;敦慕焉,君子也;知之,圣人也。上为圣人,下为士君子。”(《荀子·儒效》)周礼崩解,大道远逝,圣人亦成历史象征,而以圣人为象征理想的立身行动者——士与君子,才成为现世民众一个可以既关联又区别的比较榜样。

“君子不器。”(《论语·为政》)“君子谋道不谋食,……忧道不忧贫。”(《论语·卫灵公》)“士志于道,而耻恶衣恶食者,未足与议也!”(《论语·里仁》)士君子不把自己降低为谋生工具,因为他们以“道”为皈依。即使因此而贫困,也坚守此道。与同时期希腊罗马同样不染指谋生的自由民相比,士君子更添了一份信仰性节操气质。实质上,“不器”之士君子,在先秦乱世固然有诸多生存转化形态(“游士”、“辩士”之流),但这一指称,特别是“君子”,终究是一种道德人性—人格代表。士君子主要体现为一种周礼文化传统标准下的完美人格品质:“君子道者三,……仁者不忧,知者不惑,勇者不惧。”(《论语·宪问》)“君子义以为质,礼以行之,孙以出之,信以成之。”(《论语·卫灵公》)“行己有耻,使于四方,不辱君命,可谓士矣。”(《论语·子路》)以士君子为典范那样要求自己行事立身,也就是“成人”:“见利思义,见危授命,久要不忘平生之言,亦可以为成人矣!”“若臧武仲之知,公绰之不欲,卞庄子之勇,冉求之艺,文之以礼乐,亦可以为成人矣!”(《论语·宪问》)颜渊问于仲尼曰:“成人之行何若?”子曰:“成人之行,达乎情性之理,通乎物类之变,知幽明之故,睹游气之源。若此而可谓成人。既知无道,行躬以仁义,饬身以礼乐。夫仁、义、礼、乐,成人之行也。穷神知化,德之盛也。”(《说苑》卷十八,《辨物》)

“仁、义、礼、乐,成人之行也。”这表明,士君子之“成人”,不仅是一个教化过程,而且有其依托的“科目”内容。

**2. “六艺”**

伴随周礼崩析,文化及其依托人格也发生了分裂肢解。“道术将为天下裂”,“耳目鼻口,皆有所明,不能相通”,“不见古人之全”。(《庄子·天下》)孔子“克己复礼”社会纲领的基点乃是人性教化,其具体施行目标即是培养士君子:“乐正崇四术,立四教,顺先王诗书礼乐以造士。”(《礼记·王制》)“造士”之“科目”诗书礼乐为“四艺”。此“四艺”从典籍角度说则是“四经”:《诗经》、《尚书》、《礼记》、《乐记》，再加上《周易》、《春秋》，合称“六经”。“六经”从教育角度讲，即为“六艺”。

但孔子教授的“六艺”又渊源于西周贵族教育的“六艺”：礼、乐、射、御、书、数。其中，礼、乐、射、御四艺又称“大艺”，而礼、乐为四艺及六艺核心。“凡三王教世子，必以礼乐。乐，所以修内也；礼，所以修外也。礼乐交错于中，发形于外，是故其成也怿，恭敬而温文。”（《礼记·文王世子》）“礼乐不可斯须去身。致乐以治心，则易直子谅之心油然生矣。易直子谅之心生则乐，乐则安，安则久，久则天，天则神，天则不言而信，神则不怒而威。致乐以治心者也。致礼以治躬则庄敬，庄敬则严威。”（《礼记·乐记》）行为规范之“礼”与心态规范之“乐”，内外并举地塑造—教化着人。

射、御是礼乐文化重要组成部分。现代人容易将其看做实用技能培训项目。其实不然：

> ……射者，进退周还必中礼。内志正，外体直，然后持弓矢审固。持弓矢审固，然后可以言中。此可以观德行矣。
>
> ……
>
> 是故天子以备官为节，诸侯以时会天子为节，卿大夫以循法为节，士以不失职为节。故明乎其节之志，以不失其事，则功成而德行立。德行立，则无暴乱之祸矣。功成则国安。故曰：射者，所以观盛德也。
>
> 是故古者天子以射选诸侯、卿大夫、士。射者，男子之事也。因而饰之以礼乐也。故事之尽礼乐，而可数为，以立德行者，莫若射。故君王务焉。（郑玄：《礼记正义注》）

“射”在此与狩猎或战斗并无关系，而只是一种类似今人练气功一样的身心修养。藉此修养，射者才在礼仪秩序中怡然得体，而且培养出立身立国、尽职尽志的道德。

“御”同样如此：

> 大驭掌驭王路以祀。及犯軷，王自左驭，驭下祝，登受辔，犯軷遂驱之。及祭，酌仆，仆在执辔，右祭两轵。祭轨，乃饮。（《周礼·夏官司马》）

“御”在此主要不是驭者与物（车、马）的劳动操作关系，而是遵循巫术祭祀传统规则——礼仪的身心规范操演。因其参与巫术传统的祭祀，故左右前后空间位置，以及先后时序，均具有严重的巫术观念意味。这也正是从巫术秩序中逐渐独立的文明时代礼仪的起源。“书”是文字,“数”是记数。由于古代曾有结绳记事,“数”与语言文字密切相关。文字书契与口耳相传语言在巫史文化中关系占卜,因而这两项活动也不能完全理解作实用技术化的识字算数。[①] 后来孔子之所以用占卜的《周易》与记事的《尚书》置换西周“书”、“数”,不能说与上述联系无关。

西周“六艺”转化为春秋迄至后世以“六经”为文本的“六艺”,其中孔子编辑修订之诠释学意义重大。即使是“述而不作”的维系传统,由于周礼崩解,“六艺”礼仪操演已失去现实体制对应物,因而,以孔子为领袖的原始儒学之士这种虚拟的形式演习,便具有了更加纯粹的文化修养性质:“孔子曰:六艺于治一也,《礼》以节人,《乐》以发和,《书》以道事,《诗》以达意,《易》以神化,《春秋》以道义。”(《史记·滑稽列传》)[②]号称身通六艺的七十二贤,从《论语》记录可知,其六艺修行的中心目标,即指向拥有“恭、宽、信、敏、惠”(《论语·阳货》)素质,体现仁、义、礼、智、信伦理原则的士君子。

## 小　　结

1. 古希腊罗马“七艺”与中国先秦“六艺”至少具有以下重要相同或相似点:

(1) 它们都以本时代某种人性理想范型(哲学家与政治演说家,君子与士)为教育目标;反之,这些人性理想范型必须经由某些“科目”教育修行才能实现,这些科目也因此而具有高度伦理价值性质。

(2) 这些“科目”具有全面培养与发展受教育者的性质。与之相关,这些科目并不具有近代以来的职业与专业化性质。在全面发展人性的目标下,它们甚至无从区分文理科。

(3) 无论“七艺”或“六艺”,都不同于近代以来的知识性学科,而是身心整体活动的艺术(Art)。艺术践履性不仅包含着认知、情感与意志的整体培养,而且包含着精神性与操作性的协调并举。

2. 古希腊罗马与中国春秋战国分别代表了东西方两大文化—文明典型,双方在同一时期出现的上述教育艺术,其目的、方法与构成特性的大体一致,表明了古典人文学科的历史普遍性。

---

① 《汉书·艺文志》:“太史令尹咸校数术。”颜师古注:“占卜之书。”又注:“数术者,皆明堂羲和史卜之职也。”“六艺”中“数”此种形上性质历来被忽视,通行的解释均指“数”为计数算术(如阮元《揅经室三集》卷二《数说》、钱宝琮《中国算学史》、张政烺《六书古义》等)。

② 《春秋》作为编年史,其意义依据乃是巫史文化传统。所谓“春秋笔法”,即以替天道执笔记事的至高尊严,从道统角度记录,即使暴君屠刀加颈,也不放弃以史实褒贬善恶的见证(至少是微言大义之隐曲笔法)。故《春秋》的人文教育意义乃是“道义”,即培养人的道义感立场,而非通晓历史知识。

3. 另一方面，古希腊罗马"七艺"与先秦"六艺"也表现出东西方文化的深刻差异。这种差异集中于它们各自人性理想观念的不同侧重特性。比较而言，西方"七艺"的认知性更为突出，[①]先秦"六艺"则更侧重于伦理规范性。它们分别透露了活跃于人对自然关系中的自由个性与融合于人伦秩序中的克己君子不同的修养取向。

无论东西方，其古典之艺都还不是近代以后的学科教育。尤其不应忽视的是，古典之艺作为人文学科的古典形态或古典资源，这一判断眼光与立场，都有待现代阐释。只有现代化及其现代性矛盾，才会激发我们从人文学科角度重新关注并分析研究古典教育之艺。

# 第二节 近现代学科分化与自然科学范型的确立

## 一、近现代学科分化与近代科学的起源

古典人文学科在近现代的分化与科学的崛起，是同一历史发展的两个方面。这一发展方向是由许多条件促成的，以下的分析仅就其显而易见的主要因素而言。

**1. 社会历史背景**

古典人文教育之艺不无实用技术意义，但如前所述，由于奴隶制分工将谋生功用活动与完善人性—人格分离为对立的两个领域并分属对立的社会阶层，因而严重地限定了技术教育。

资本主义工商业在欧洲的兴起，标明制造与交换产品业已成为社会活动的主流形态。古希腊罗马的政治伦理活动及中世纪政教合一的基督教信仰活动已不再是以城市为中心的近代社会基础。航海地理大发现所加速扩大的世界性市场交易，直接要求强化工场手工业所开端的分工，以更有效地提高生产效率，从而降低成本增强竞争力。分工导致专业化，由此对教育提出了培养工商技术专才的要求。在这一社会需求背景下，古典人文教育的全才性与伦理教化性已不再适宜于现实。由此开始了古典教育解体的历史过程，它包括着从古代贵族精英培养下移为社会教育、从伦理中心向科学知识与技术能力的教育目标推移、科

---

① 但拉丁文 artes(ars a' rtis)兼具技艺与美德含义。英文 arts 未能表达德行意义，因"德"的意义在英文中已有 virtue 对应于拉丁文 virtus。本书不取港台流行的将 liberal arts 译为"博雅之艺"的理解，而强调"自由"基点：对于"不是"人的奴隶与"是"人的自由民来说，"自由"是其根本区别点。因而，liberal arts 的原本含义就是"自由(人)的(修身)艺术"。而在后来中世纪修道院为基地的 liberal arts 修习中，其含义重心则转换为信仰与超越，而不再是自由。

目多重性质分化为单一性质专科等一系列改变。

如前所述,古典人文教育的"科目"乃是高雅的"艺术"而尚非学科。"学科"(Discipline)一词源自拉丁语的动词"discere"(学习)和由此派生的名词"discipulus"(学习者)。"学科"不仅已含知识学背景,而且以系统的知识与教学课程规划为基础(否则只是个别的"讲座")。这样的背景基础首次出现在中世纪,古典人文教育艺术被分化为人文类(文法、修辞、逻辑)和认知类(算术、几何、天文)不同的学科系统。这为其后兴起的大学(University)的系统专业教育提供了基础。大学诞生时虽仅分神学、法学与医学三系科,但其后的学科分化及其学术与教育保证,却正是由大学的体制提供的。

"学科"概念在教育领域的确立,又以"科学"为依据对象。系统的知识与教学科目的完善形态即为科学。

**2. 近代科学的起源及其文化观念前提**

科学及其学科分类,一方面,作为客观系统的原理性知识,是对实际功用眼界的突破与超越,它表现为亚里士多德所说的追究终极真理的"沉思"态度;另一方面,科学经由其实践运用环节——技术,必然又与特定时代的社会功利需要相关联。近代资本主义工商业对社会生活的支配,同时也深刻地制约与改变了科学栖身于学园、象牙塔与修道院的历史状况。近代以来科学的课题及其思路方向,越来越成为经济生产的功能性要素。"科学进展的背景就是一种倾向对科学要求日益加多的在扩大中的工业资本主义"。① 在现代,这种对科学的功利要求压力背景又加入了冷战时代的意识形态阵营对垒与民族国家在全球化中的竞争发展需要。

近代科学的起源必须置于其母体欧洲历史背景下考察。除了社会(特别是经济)背景外,近代科学起源的观念性前提特别与当时统治欧洲的意识形态——基督教文化有关。②

近代科学直接依赖于以下观念转变:

(1)"人"与自然的分离以及"人"的自我中心化。

a."人"从将自己视为自然一部分(或将自然视为人的一部分)的关联状态中分离出来;

b."人"面对自然万物时将自己主位—主体性化,而将自然客位—客体化。

人在自然界的优越地位在基督教思想中本有其资源(如上帝依照自己形象造人说,上帝委派人管理万物说等),但这在根本上受制于上帝而被抑制(谦卑信仰)均衡。近现代思想运动的方向是不断吸收上帝的全能全知而强化人的主

① [英]贝尔纳(J. D. Bernal):《历史上的科学》,科学出版社 1982 年版,第 209 页。
② 参阅[英]怀特海(A. N. Whitehead):《科学与近代世界》第一章,商务印书馆 1997 年版。

体性,这一方向的极端是人对上帝至上地位的置换。科学近现代发展方向本质上是制造。不仅趋向于从局部到整体对自然再造仿制,亦即“克隆”(Clone),而且发明创造出自然不曾有过的产品。当代科技推进到对包括人自身在内的自然生命也“克隆”乃至创新时,便鲜明地体现出人已取代上帝而成为“造物主”。

作为近代哲学开端标志的笛卡尔主体性命题——“我思,故我在”,以及作为现代性开端的马丁·路德的新教改革——毋需教会中介,主体性自我直接依靠信仰而与上帝沟通,均将个人自我提升到了最高位置。

(2) 从以理性论证信仰到对理性的信仰。

以亚里士多德逻辑方法为代表的古希腊理性,在中世纪经过托马斯·阿奎那等人转化为论证基督教信仰的经院哲学。这种西方文化代表性特质的理性,经过笛卡尔、斯宾诺莎、莱布尼茨等唯理派哲学家的发展,不仅成为自然科学的基本工具能力之一,而且成为自然科学代表性气质。与中世纪经院哲学以理性为工具论证信仰、服务于信仰相反,自然科学对理性的信赖演变成对理性本身的信仰。18 世纪启蒙运动的中心与最高尺度即是理性。启蒙运动以社会思潮的方式把理性神圣化,意味着理性主义与科学虽然运用理性,有力地廓清了迷信,却无法理性地反思理性本身。怀特海在回顾近代科学起源时指出,科学对理性的这种非反思态度恰是非理性的。① 因而,作为启蒙哲学辩证综合的集大成者,康德哲学正以对理性的反省、审查与确定界限而奠定其历史地位。20 世纪的人文主义哲学(如胡塞尔现象学)在现代性批判中也不断回到对科学理性的反思这一基点上来。

(3) 从彼岸世界转向此岸经验世界。

文艺复兴对中世纪基督教统治的一个根本反拨,是从彼岸世界转向此岸经验世界。中世纪后期隐修院践行劳动与工艺技术的风气促成了这一转变。这在某种程度上是对古希腊自然观的复兴。从培根到洛克的近代经验派哲学成为这一方向的观念代表。经验派与理性派既对立又相互依存地构成科学的两翼方向。

(4) 对自然秩序的信念。

中世纪自然神学同时也是理性神学。自然神学把自然视为上帝的作品,因而其中包含着完美的秩序信念。理性认识通过对自然秩序的深入发现而惊赞上帝的万能,从而理性皈依信仰。近代科学虽然倒转了理性与信仰的神学主从关系,但却接受了对自然秩序的信仰。从而,科学家如同探金矿者,怀着必会发现自然奥秘秩序的坚定信念而探索自然规律。这种对自然界必定存在着一个秩序(规律)的信念,是科学动力机制中必要的前提观念。

---

① 参阅怀特海:《科学与近代世界》,商务印书馆 1997 年版,第 18—19、55 页。

(5) 精神与物质分离,以及自然的物质化。

古希腊时代并不分离开精神与物质。包括东方在内的人类古代文化与思维特性之一,是万物有灵观念,古代人因而与自然神秘沟通,而未曾视自然为死寂之物。近现代主—客体分离所发展的一个方向,则是把精神意识专属人类,而视自然为无灵性精神的"物质",包括生物有机体也可还原为物质。因而,物理学成为近代科学的典范学科。

## 二、以自然科学为范型的近现代科学观

### 1. 自然科学范型

以物理学为先导和成功典范的近代自然科学,在 17 ~18 世纪形成了关于科学知识及其研究态度的典范模式:

(1) 科学活动由研究主体与作为研究对象的客体构成。科学研究主体与研究对象分立并保持距离,研究主体不与研究对象发生情感或评价关系,仅仅客观地认识对象。未受主体干扰的客体自身的状况才是科学的对象。这种客观认识的态度也就是理性态度。

(2) 研究主体主动探索,作为研究对象的客体则是被动的。主客体双方在性质与地位上的区别,特别表现为自然客体在传统伦理学中不能单独构成伦理一方。例如,在候车室寻找座位的人,无权赶走其他坐者(哪怕是孩子),甚至无权挪动占放座位的物品,因为物品有主人,因而经由法权关系而享有伦理对象性质。以上挪位必须经过伦理交往的协商,若不这样,轻则属于不道德,重则侵犯人权。但座位上若是一只猫或无所有关系的一块石头,则可挥手吆走或挪去,而根本毋需与之协商,因为对方是自然客体。这种态度并非天经地义。古代人在巫术文化氛围笼罩下,对一块石或一只羊也怀有某种禁忌或猜测。保留此种传统的某些行业,甚至今日依然在宰牲口前必须仪式性地向对方请求谅解。在生态思想已经确立的当代,人对自然物(特别是自然生命)也不再视如无声死物随意处置。可见,这种将自然物客体化的态度,乃是现代性特有的现象,它特别与近现代科学有着深刻的渊源关联。

(3) 科学放弃了古代思维无所不包的终极真理抱负,而自限于有限的认识。康德哲学对以牛顿为代表的近代科学的一个总结原则是:科学及其理性放弃了古代思维对整体性对象的把握,而只从特定角度研究对象。例如,作为整体性太阳本身已不是科学直接研究的对象,但对不同角度的太阳——朝阳、夕阳、日食、太阳黑子现象等的研究,却汇聚了对太阳整体的认识。与古代思维关联的中医把人体作为整体来把握,而近代科学的西医则分别以内、外、五官、皮肤等不同部分为研究对象。

分析,是科学态度的开端,因而近代科学的主流具有还原论的倾向,即把宏

观整体现象看做由其构成因素造成的结果。科学把整体看做部分的结合,因而对整体对象的分割,从宏观对象到原子、基本粒子的分解,不仅是一个追根溯源的深化本质认识的过程,而且这一分解还是无穷深入的过程。

以上科学观,正是近现代学科分化愈来愈细密多样的一个根据。

(4) 自然物质对象从整体向构成单元的还原,包含着将构成客体的基本单元平均(标准)化的观念。现代熵(Entropy)理论将最大熵态视为均质态,并与死亡、寂灭联系,它仍保留了近代经典力学以来的无机物质基础构成观。正是这均质单元观,使之可以量化,从而为数学运用提供基础。是否运用数学,成为近代以来科学形态与科学水准的基本标志之一。

(5) 与将自然物质均质化相关,自然客体的个性与偶然性是次要的。均质的自然现象至少在类型抽象上是重复性的,从而才是有规律的。正因此,科学才可能不仅运用数学统计方式,而且可经由经验观察的重复叠合而有归纳法,并反过来以演绎法普适预见。

(6) 科学认识(知识)可积累:从少到多,从局部到完整。这一积累是永无止境的。因而,近代科学充满着进步的自信。近代科学这一信念既与前述对自然秩序的信念有关,又与现代性思维基本特性之一的直线发展、进步无穷的信仰观念直接相关。

**2. 自然科学范型的学科推广**

17 世纪经典物理学的卓有成效的解释力与应验性,迅速转化为其后工业革命的巨大文明成果。由此树立的科学范型不仅为自然科学其他学科领域仿效推广,而且进入传统人文与社会领域,将用于自然物质对象的自然科学方法及观念转用于人类,首先是人类与自然叠合领域,如人的生理与心理。从 18 世纪洛克开始,就试图用自然科学方法建立一门心理科学。迄至 19 世纪,冯特(W. Wundt)建立第一个心理实验室,标志着从观念到技术方法,自然科学已扩展至心理这一人类攸关主体精神的敏感领域。

人类社会领域亦即公共领域,因其形式化与规范化的结构性,因而具有接近自然物体的客观规定特性。18 世纪法国大革命后出现并普遍化的现代民族国家,对被管理对象的客观知识的需要,使从融合于传统价值信仰性哲学—神学中独立出来的政治科学与社会学成为必要。特别是资本主义工商业占据社会生活主流之后,了解并掌握经济活动客观规律的巨大社会要求催生了经济科学。此外,以法国大革命为代表的近现代社会制度结构大变动,在古罗马法律传统的基础上,进一步产生了现代法学。社会领域中这些以自然科学为范型所建立的学科在 19 世纪形成社会科学这一大类。社会科学的研究对象是属人的社会客体,它不同于自然科学对象的自然客体。然而,社会科学在其客观规律知识论、理性概念系统与追求预见功能等方面,又与自然科学并无本质区别。例如,孔德最初称社会学为“社会的物理学”。在这一基本点上，可以将社会科学与自然科学统归于“科学”名下。

自然科学范型自19世纪以来持续地扩展向传统人文学科领域。19世纪中期产生的人类学，其宗旨之一是超越学科分化而对“人”作整体的把握，因而被称作“人的科学”（The Science of Man）。但1501年德国学者洪德（M. Hundlt）最早命名“人类学”（Anthropology）时，却是指人体解剖和人的生理研究。现代人类学所包括的体质人类学、文化人类学、考古人类学及语言人类学四大分支学科，主要研究范式是将上述研究对象作为客体做实证经验调查与分析、综合，因而是自然科学与社会科学的结合。尽管文化人类学自称多取文化主位研究法，即从被研究者角度看待被研究者的文化，但这并不影响人类学的自然科学基本态度。此外，如同当代美国学者萨义德（E. W. Said）名著《东方学》所揭示的，伴随殖民主义兴起的西方学术对非现代化地区民俗、民族文化的人类学研究，不可避免地受制于殖民主义利益背景及其意识形态。而尤其复杂的是，从殖民主义意识形态的需要对殖民地文化的扭曲，却是以科学研究的知识形态表述出来的。所谓无利益背景的纯粹、客观的科学观念，从而在根本上受到了质疑。

## 第三节　唯科学主义及其现代危机

### 一、科学、科学精神、唯科学主义

**1. 科学**

科学，特别是从哲学中独立出来的近现代科学，是作为技术原理而存在的。现代科学直接成为生产力的趋势表明，科学是人类维持与发展生存的手段工具。这一基本功能定位在人与自然物质变换的领域产生了自然科学，在与自然物质变换不可分离的社会交换关系中产生了社会科学。诚然，后一领域中的人际社会交换的内容不仅有商品或商业类服务，而且还有友谊、审美等人文类情感关系，但是现代社会科学如马克斯·韦伯（M. Weber）所强调的，它以其“价值中立”（Value-freedom）的知识学原则而将此类关系内容排除于社会科学内容之外。

**2. 科学精神**

科学精神是科学所产生的文化形态之一。例如科学活动所陶冶与传布开来的冷静、客观、认真、严格等理性气质与作风。针对古代巫术文化，科学精神突出的现代性标志，是对非理性蒙昧的拒斥。

科学精神还培养人的主体自信心、探索精神与操作动手的实验性格。

科学精神不仅是科学的产物，而且是科学得以产生与发展的灵魂。是否具有文化观念的科学精神，是科学与技术区别的一个标志。例如，古巴比伦人早有天象观测经验及技术，但只用于巫术占卜；古埃及人在尼罗河涨落形成的淤泥土地测绘活动中也积累了丰富的丈量技术经验。但这些技术经验只有在古希腊人“爱智”哲学(Philosophia)精神的驱动下，才升华为系统化的原理性的科学——几何学与天文学。古代中国拥有以四大发明为代表的丰富技术，但却由于缺乏科学精神，故长期未能产生科学。这一方面的历史教训本书后续章节还将论及。

**3. 唯科学主义**

唯科学主义也可以算作科学活动所派生出的一种文化形态。与科学精神不同的是：(1) 唯科学主义把特定活动方式的科学扩张为人类各个领域都须遵循的范型。科学由此而成为人生观与价值本体论。(2) 凭仗科学在现代生活中的支配地位，唯科学主义进而将扩张的科学人生观尊奉为现代诸多人生观中至尊唯一的人生观，从而以科学的名义在现代多元思想文化中建立起一种强势专制的意识形态话语。

科学精神是现代人文—人生精神之一种。但唯科学主义对科学的上述扩张与独尊，却越出了科学精神与科学文化，而演变成对科学非理性的现代迷信。唯科学主义不仅拒斥对科学的反思，而且变本加厉地推进了资本主义工商业背景下对科学的片面利用与扩张，由此造成了现代化与现代性的深刻危机。唯科学主义的此种推进，在根本上却正是违背科学与科学精神的。

## 二、唯科学主义与现代危机

20世纪是现代危机空前严重与爆发的时代：两次世界大战、经济危机、民族残杀、生态危机、精神信仰虚无化……这些危机在根本上是由资本主义私人占有制所造成的，但唯科学主义也正是在此背景下恶化了科学的负面性，并成为构成危机的一个重要的条件。

**1. 自然生态危机**

20世纪自然生态危机表现为不可再生性资源(石油、煤矿、原始森林等)被采伐过度、自然物质污染破坏(水质恶化、臭氧层破坏等)、自然界大系统有机均衡失调(物种减少与灭绝、生态链失调乃至中断等)，等等。人们一般多将此种自然生态破坏归咎于以19世纪为代表的早期工业生产方式，却没有注意到唯科学主义在深层观念的塑造、引导上远甚于特定生产—技术方式所造成的危害。

资本主义无尽追逐利润的可能性与基础有其前提：现代人不断扩大的消费欲望与消费领域(如当代中国暴发户吃珍禽异兽的追求)，与资本家无限制地追逐利润、扩大财富，二者相互依存，同时又以人类自我中心主义为共同立场。科学视自然对象为供人类利用开发的客体资源，唯科学主义则将之推进为人役

(征服)自然的信念。这一信念从根本上支持着现代人类单方面地从人类自身的利益与欲求出发,毫无顾忌地开发与占有自然。

以物理学为典范的近代科学,实质上把自然物理化为无生命的原子均质构成。依据这一物理学的机械技术则将自然作为任意分割开采的物体。但不仅自然有机生命不是可以任意分割的物理对象,而且包括自然无机物在内的整个大自然界都是亿万年所形成的关系密切的大系统。由于近代科学分门别类的局部有限性,使整体的自然系统很难进入科学视野。科技对自然局部的改造所引起的对自然大系统的影响后果,是至今人类也无法完全评估与搞清楚的。自然生态危机由此产生。

**2. 社会伦理危机**

在对自然征服的同时,也潜在地培养起支配他人、将他人视为客体的习惯。对自然客体不动情感的态度也可以扩大转移为对他人理性化打量、谋划与利用的态度。对待自然万物的人类中心主义在此以个体自我中心主义形态出现。"戡天"与"役人"不仅可以相互转化,而且就是同一行为的两种形态。例如在现代消费主义召唤下产生的一次性用品——从一次性筷子、一次性毛巾到一次性相机,在这种"一次性"消费方式的培养中,人们便会逐渐形成利用对象而不动情感的心安理得乃至自然而然的态度。这种"用过就扔掉"的"一次性"生活态度,可以从对待物品的利用扩展为对待他人的"利用过就甩掉"的态度。传统文化中对一件旧家具甚至一件几辈传用的老物品的爱惜,是与对待他人的尊重、怀念的情感伦理不可分割的。这一待人接物态度在现代科技—商业文化中已被遗弃。追求弃旧换新已成为现代人的现代性标志之一。

达到高度现代化水平、生活资料空前丰富的20世纪,个人之间、民族国家之间的关系却更趋紧张。空前规模与空前残酷的世界大战、集中营屠杀发生在20世纪,虽有多方面的原因,但作为发生在科学对人类生活空前强大且广泛支配影响的现代事件,我们必须结合科学的影响予以考察。

**3. 人性危机**

(1) 人的机械化。

近代力学的唯科学主义扩张,其极端是不仅将客体世界物理—机械化,而且将作为主体的人也物理—机械化。英国经验派哲学家霍布斯认为,人体是一只钟表,"心脏是什么,不过是发条,神经不过是些游丝,关节不过是些齿轮。"[①]法国启蒙学者拉美特利的名著题目即"人是机器"。理性与全部精神意识活动被归结为机械力学原理:人"比最完善的动物再多几个齿轮,再多几条弹簧,脑子和心脏的距离成比例地更接近一些,因此所接受的血液更充足一些,于是那个理

① 霍布斯:《利维坦》,商务印书馆1987年版,第1页。

性就产生了。”[①]

（2）人被自然本能化。

生物学及其有机体理论方向尽管对力学机械观有所补充，但自然科学对人性解释的支配地位反而更强化了。18 世纪法国机械唯物主义把人视为环境特别是地理和气候的产物。19 世纪达尔文的进化论揭示出包括人的自然机体在内的生物演化历史。但进化论严格地说只是生物学，它仅是关于使用并制造工具劳动的人类诞生的前史。达尔文本人曾倾向于从自然生理—生物学角度解释人类某些高级意识活动，如以性的选择关联审美，而斯宾塞等人则进一步将生物科学的进化论扩张为社会达尔文主义，将人类的矛盾冲突还原为自然界弱肉强食与适者生存的进化论哲学，从而为帝国主义侵略提供了伪科学的根据。20 世纪的弗洛伊德将性欲在人性中的作用推至本源地位，尽管他深化了对人的精神意识的理解，但仍有将人性自然本能化的倾向。从亚当·斯密到李嘉图的英国古典经济学，作为新生的社会科学的主干学科，在其资本主义经济原理中，将人性理解为趋乐避苦与贪欲，是说明资本主义生产内在机制重要的一环。20 世纪行为主义心理学在将对人的心理研究客观化与测量化等方面更趋自然科学化，这固然有其重要的合理性与方法进步性，但在将人的内心意识客观化的同时，却又简单化乃至贬低了人的精神意识。尤其是，在斯金纳（B. F. Skinner）以鸽子为试验与巴甫洛夫（I. Pavlov）以狗为试验的行为—动机规律研究中，行为主义实质深层地含有对人性管理与控制的探求。这一意向表明，在科学将人性客体性的态度与方法中已伏有更为危险的专制—极权主义后果。

（3）整体人性的分裂与片面化。

近现代科学的学科分化，与工场手工业开端的近现代生产分工，以及马克斯·韦伯所称的现代“科层制”（Bureaucracy）的社会机构，均呈现出愈益细密的分工趋势。现代人从专业到职业、从公共交往到日常生活，都生活在分工细密而严格的网络体制中。在这种生存方式中，个人的知识、工作操作、交往乃至兴趣均呈现为片面单一的状态。德国文学家席勒说现代科技生产中的人性已分裂成碎片。[②] 马克思说中世纪完整人性的手工艺匠人转化为工场手工业分工工序的工人，乃是对人性的谋杀与肢解。[③] 在 20 世纪，法兰克福社会批判理论代表马尔库塞（H. Marcuse）以“单向度的人”作为分析现代工业化社会人性状况的一部著作的题目。这些都表明了现代科技条件下人性分解与片面化的严重性。

这种高度分工分化社会中片面化的个人，实质已沦为现代机器体制中机械

① 拉美特利：《人是机器》，商务印书馆 1959 年版，第 52 页。

② 参阅席勒：《审美教育书简》，北京大学出版社 1985 年版。

③ 参阅马克思：《资本论》第 1 卷有关述评，人民出版社 1975 年版，第 402 页。

零件的非人存在。美国著名演员卓别林在其名作《摩登时代》中扮演的那个流水生产线上被训练成活扳手的工人,现代派作家卡夫卡小说《城堡》中那个询问遍全城堡而不知工作命令从何处下达的测量员,都是对现代个人在森严分工体制下孤单无力状况的真实表现。

现代社会这种个人极其孤单片面化的对立面,是无人称(亦不通人性)却万能的机构。现代学术关于法西斯极权主义的研究表明,恰是个人的这种片面性才使一个整体全面性的专制独裁者获得了功能正当性。这一问题在以后有关“公共精神”章节中还会深入讨论。

整体人性的分裂还表现为人性自身生态系统的分裂失调危机。它特别体现为现代人(自然)感性与(社会)理性的分裂。与现代分工分化社会对应,理性算计成为现代人最重要的精神能力与代表性气质。充沛的情感性是“不成熟”的表现,富于想象被视为“不踏实”的缺点。但是,人的感性作为健康人性的必要方面无法消除,被压抑的感性欲望势必为自己寻找发泄的出路。于是,更趋感官化、本能化的原始节奏取代古典旋律占据了现代音乐的中心地位。在夜晚迪斯科舞疯狂的躯体扭动与嘶声狂叫中,白日里理性抽象化操作的单向度人性获得了另一极端的平衡。正是从这种感性与理性的现代性分裂中,才可以更深层地把握武打、色情文艺与形形色色感官刺激娱乐在现代社会屡禁不止的根源。

(4) 工具理性吞没价值理性。

“工具理性”(Zweckratiomalitat)与“价值理性”(Wertrationalitat)这一对术语为马克斯·韦伯所创。理性在西方思想史上有多种涵义,但一种基本的涵义是系于语言概念与“逻各斯”(Logos)的人的能力特性。近代科学作为人类认识、掌握与利用世界的工具手段,使理性成为人类思维设计实现自己利益目标的工具。工具理性作为实现满足欲求目标的工具,只关心这一实现过程的程序与条件,而不思考这一目标的价值意义,特别是不进一步深究或评估这一目标在人生与人类整体中的地位。但人类理性最高的功能形态却是价值理性,即对自己活动目标作出整体性与终极性的意义价值评估。

科学技术的效力表现为工具理性的效应成就。科技效应满足人类需求所带来的空前文明享受,使教人“如何做”的工具理性压倒乃至吞没了启人询问“做什么”与“为什么”的价值理性。科技工具理性只求达到直接功利目标的“管用”,而不顾如此使用的更长远更全局性的后果,就如同接受主人订单的工匠,不需要多嘴追问主人使用的社会后果与责任。科技工具理性设计生产出电冰箱,以有效制冷且省电耐用(这些价值评估属于直接功利目标指标)为己任,但不过问由此造成的“氟里昂”对臭氧层的破坏后果,后者属于价值理性评判。这不仅揭示出近现代科技活动与诸种危机的内在关联,同时也暴露出科学技术缺少价值目的反思能力这一关键特性。

# 第四节 人文科学与现代性

## 一、现代、现代化、现代主义、现代性

### 1. 现代

“现代”是以“现代化”为文明基础、以“现代性”为心理文化引导、并必不可免地拥有“现代主义”意识形态论证理论的历史定位。

因此,不可将“现代”简化为历史分期术语。“现代”一词从其产生与使用开始,就包含着与其对应区分的“古代”的比较。作为文化思想史范畴的“现代”比历史分期术语的“现代”拥有更为丰富的价值优位感(“我们是现代社会!”“这幢楼有现代气派!”)和文化心理内容。特别是,“现代”包含着区别于缓慢循环的古代自然时间的崭新时间—历史观念:一种指向未来不再回返(“倒退”)过去的矢量时间;它同时是一种从低级形态向高级形态进步的信念依托框架。

“现代”有其特定的时代精神(现代性)与社会政治经济制度(现代化)指标,因而不能将“现代”指认为“现在”。今日(现在)全球不同民族、不同地区中有的已进入“现代”几百年,而有的还未进入“现代”。即使是同一国家、同一地区、甚至同一家庭中的个人,虽然外在的状况一样,但有的人可能至死也不会成为“现代人”。这表明了“现代性”的重要意义。

### 2. 现代化

现代化指社会政治经济制度从古代向现代的转型变化。这属于马克思所说的社会存在变化,但还包括了经济基础之外的上层建筑部分。

现代化及其完成有若干集中体现与指标,其中,代表性的有:从农业向工业的转型、从自给自足向商业经济的转型、城市及其居民比例的增大、民族国家的确立、从血亲专制向民主法制的转型,等等。

### 3. 现代主义

艺术流派与特定思想运动中都有“现代主义”或“现代派”。但广义的“现代主义”包括所有为现代化方向辩护或倡导推进的意识形态。

### 4. 现代性

“现代性”指现代(含现代化的过程与结果)条件下人的精神心态与性格气质,或者说文化心理及其结构。

对“现代性”的理解包含着复杂的内容。

(1)“现代性”不是作为客体对象看待的“现代”或“现代化”的属性。

科学容易培养起从客体对象中抽象出属性的思维模式:黑色是黑板的属性、

可溶性是糖的属性、高硬度是瓷的属性,等等。这种思维模式有其合理性。但“现代”或“现代化”不是与主体性的人无关的客体对象。更重要的是,把“现代性”理解为“现代”或“现代化”的属性抽象,就丧失了“现代性”特有的人文主体性。

“现代性”作为心性及其结构概念,是关于现代人自身的属性。后面我们将会更明确规定,这乃是一个关于主体性的人的人文科学概念。因此,“现代性”不能套用科学抽象客体属性的思维模式。例如,对一幢楼房现代性风格的判断,并不是对作为物质客体的楼房实体材料本身的抽象,而是有关楼房体量、色调、形状等审美形式的感受。后者恰是建筑师主体的现代特性的感知方式、情趣癖好所寄托、外化(对象化)的结晶。因而这一判断乃是对对象化于一幢楼房的主体心性特性的判断。我们对明亮的候机厅、流线型的轿车、随意适体的休闲装这类客体对象的“现代性”感受,其实乃是基于我们主体一方理性、秩序、快节奏等“现代性”文化心理习性模式(结构)所产生的审美共鸣。人类以其劳动所拥有的特异卓立于万物的普遍对象化能力,使其在劳动实践中不仅适应对象自身的规定去生产,而且依照自己的心愿目的去生产,并在这一生产实践过程中同时双向地形成塑造着客体对象与主体自身的特性。在这一历代生产实践所积累的人化自然世界中,主体的人不再对外界对象陌生甚至恐惧,而是感到亲切熟悉。现代人在对象中所辨识出的“现代性”,归根到底并非自然客体的固有属性,也不是误将人化客体的劳动产品对象混同为抽象出来的自然客体的属性,而是人自身现代性心性结构的对象化。

(2)“现代性”既是“现代化”的产物,又是“现代化”的前提。

另一种容易简单化理解的模式,是机械套用社会存在决定社会意识的原理而视“现代性”为“现代化”的消极派生物。

诚然,现代化作为实践运动,不仅生成着客观存在的现代环境对象,同时也塑造生成着现代人主体的现代心性及其结构(模式)。其中,代表性的对应关系有:

| 现代化 | 现代性 |
|---|---|
| 市场经济 | 竞争心 |
| 民　主 | 平等观念 |
| 法　制 | 理　性 |
| 全球化 | 交往习性 |
| 分工化 | 专业身份感 |
| …… | …… |

上述对应关系,并非一一对应,也同时是交叉综合的。其中,“理性”与“主体性”在现代性诸特性中占据着中心地位,它们普泛地渗透体现在其他现代性

特性中,并且也为现代化各项活动所积淀塑造。

然而,现代性又作为现代化的观念前提塑造着现代化。例如,市场经济的基石是依据价值规律交易。在市场上,甲方用一斤米换乙方一斤鸡蛋,是按照当时当地米与鸡蛋的"行情"亦即价值规律决定的。但自私贪心乃私有制下人心难免,于是便可能发生如下欺诈:用一斤霉变米或变质坏蛋冒充,或对不知行情的对方压价抬价,或"打一枪换一地方"的"一锤子买卖"行骗,等等。欺诈使价值规律无从确立,遂使此类市场成为掠夺战场。市场商品交易的经济行为,本质上是两个平等主体的公平交往伦理行为。若双方不视对方为平等主体,便从根本上抽去了市场交易的前提。作为"现代性"的"平等"伦理观念因而在此成为建立"现代化"的市场经济的前提条件。古希腊时代早已产生商品交换,但直至近代才确立市场经济,马克思对此分析道:

> 这是因为希腊社会是建立在奴隶劳动的基础上的,因而是以人们之间以及他们的劳动力之间的不平等为自然基础的。价值表现的秘密,即一切劳动由于而且只是由于都是一般人类劳动而具有的等同性和等同意义,只有在人类平等概念已经成为国民的牢固的成见的时候,才能揭示出来。①

作为"现代性"的"平等"伦理观念在此又须依靠对不平等的奴隶制社会制度存在的改造,亦即"现代化"的条件。可见,在"现代性"与"现代化"之间存在着互为前提、互为因果的辩证关系。学术史上与此有关的著名成果之一,有马克斯·韦伯关于新教伦理对于资本主义精神的观念的前提意义的研究。他通过对新教,特别是加尔文教的社会学研究,揭示了在狂热赚钱的资本主义活动背后,深层地存在着新教"劳动"、"天职"、"勤俭"等宗教意义理念的教化背景。资本之可能不断积累用于扩大再生产而非消费挥霍,表面上是知性逻辑的功利涵义算计,但其主体气质、素养却源于价值理性信仰背景。②

业已确立了的现代化经济制度同样需要依靠现代性精神观念的支持。当代新经济史学派代表 D. C. 诺思(D. C. North)即用严格的经济科学语言与逻辑,论证了最完善的经济制度也无法离开人文性的现代性观念扶助。诺思将经济发展归因于制度结构变迁,理解制度结构的两个主要基石是国家理论和产权理论。产权的出现是国家统治者的欲望与交换当事人努力降低交易费用的企图彼此合作的结果。从而,降低交易成本费用成为关键。国家制度对市场交易有明确的

---

① 《马克思恩格斯全集》第 23 卷,人民出版社 1972 年版,第 74—75 页。

② 参阅马克斯·韦伯:《新教伦理与资本主义精神》,上海三联书店 1987 年版。

规则,然而,个人权益最大化这一世俗社会普遍的动机,却使破坏制度的"搭便车"行为时时可能出现。这显示了产权结构的不完全与无效率的一面。现代化制度思路一般会通过充分界定与行使产权,以及考核行为来杜绝"搭便车",但这意味着对无数可能发生的破坏制度行为均一一对应地建立细密庞大的制度,而由此多支出的费用大大超过了收益成本本身,因而显然不可行。诺思因而超越了古典经济学将人视为"经济人"的社会科学人性观,而转向人文观念的人性自我超越性及社会性的一面。诺思诉诸人文意识形态的信仰文化,使之维护与培育自制、理性、公正、博爱等人文素质,"其基本目的在于促进一些群体不再按有关成本与收益的简单的享乐主义的和个人的计算来行事。"①从而克服与抗衡制度、条例无法防范的"搭便车"的破坏行为。"现实的经济变化的发生不仅是因为相对价格的变动对新古典模型产生压力,而且是因为不断演变的意识形态观念使得个人和集体对自身地位的公平性产生相互对立的观点,并使他们按照这些观点而行动。"②

(3)"现代性"不是单一价值立场的"现代主义",而是多元立场与多样心性结构的混合体;鼓吹现代化与质疑、批判现代化的对立统一矛盾体是"现代性"更新的动力机制:

现代性不仅以其真实的精神心理结构区别于现代主义的观念形态,而且以其多元多样的价值立场而区别于单一鼓吹现代化的现代主义意识形态。

现代性的多元多样性以及对立统一的矛盾性,是理解现代性特质的重心与难点所在。

现代性之所以不可能单一化,根本上在于现代性永无止境的自我更新的变动特性。《共产党宣言》最先强调了这种变动性:"生产的不断变革,一切社会关系不停的动荡,永远的不安定和变动,这就是资产阶级时代不同于过去一切时代的地方。一切固定的古老的关系以及与之相适应的素被尊崇的观念和见解都被消除了,一切新形成的关系等不到固定下来就陈旧了。一切固定的东西都烟消云散了,……"③"现代性就是过渡、短暂、偶然,……这种过渡的、短暂的、其变化如此频繁的成分,你们没有权利蔑视和忽略。"④"用一个简单的表达方式概括现代生活的特征和庞大规模,这个表达方式可能是这样的:认识的、行动的、理想构成的内涵,从固著的、实质的和稳定的形式转化成发展的、运动的和易变的状态。……有机体的种类不再需要考虑创世的永恒思想,而是把它们看做一种无止境

① 诺思:《经济史中的结构与变迁》,上海三联书店1991年版,第59页。

② 同上,第64页。

③ 《马克思恩格斯选集》第1卷,人民出版社1972年版,第254页。

④ 波德莱尔:《现代生活的画家》,《波德莱尔美学论文选》,人民文学出版社1987年版,第485页。

追求的进化经历的环节。……事物实际上是‘一切皆流’。”[①]现代性的变动不居性，透过从微软软件到护肤膏的商品日新月异的换代，所呈现的乃是愈益加速的时间之流与现代人永不满足停滞的心灵追求。作为现代性人格气质典型代表的浮士德以灵魂生命为赌注的誓言正是：“如果我对某一瞬间说：停一停吧！你真美丽！……那时就让丧钟敲响，……让时钟停止，指针垂降，……我一停滞，就变成奴隶。”[②]“现代”（Modern）一词因而以时装为象征，并被中肯地称作“时髦”（“摩登”）。

正是现代性这种变动前进的特质，才与现代化科技商业及整个现代社会的革新发展互为条件地构成了内外依存关系。现代性的多元多样性及其自我否定的矛盾性，便是这种变动进步的内在机制：它不仅不会消弭矛盾趋向同一化，甚至不能忍受任何既存事物的缓慢滞留。

也正是由于现代性这种变动不居性与矛盾运动性，因而对现代性的任何定义或本质概括都是不相宜的。19 世纪德国社会学家西美尔甚至认为现代性无本质可言。当代新马克思主义哲学家科拉柯夫斯基（L. Kolakowski）称现代性“处在永无止境的试验中”。[③] 针对全球化，美国学者艾森斯塔德（S. N. Eisenstadt）则强调“多元现代性”（Multiple Modernities）。[④] 但这一提法却易将“现代性”理解为单一体，“多元现代性”被理解为许多单一同质体的“现代性”。然而，多元多样性本是“现代性”自身的内在特性，因而“多元”乃是“现代性”内涵的题中应有之义。

既然现代性处于不断的自我否定与扬弃中，那么，推进现代性的就不仅是现代主义，而且还有作为其对立面的反现代性：反现代性构成现代性自身矛盾运动机制中不可缺少的一方。20 世纪 60 年代兴起的后现代主义（Postmodernism），其后现代性（Postmodernity）之“后”（post），并不能在时序代替的含义下理解：“后”（post）不是结束现代性，而是“位置”、“态度”（Position）性的，即面对现代性，意图超越与否定现代性。“后现代性”从而以更为激进的反现代性态度，把现代性自我否定、自我超越的矛盾运动性推进到最新阶段。

正是从现代性这种自我否定、自我超越的矛盾特性中，我们将更深刻地理解作为与科学构成矛盾另一方的人文科学的现代性意义。

---

① 西美尔（T. Simmel）：《现代文化中的金钱》，载《金钱、性别、现代生活风格》，学林出版社 2000 年版，第 15 页。

② 歌德：《浮士德》，上海译文出版社 1982 年版，第 101 页。

③ 参阅艾森斯塔德：《野蛮主义与现代性》，香港：《二十一世纪》，2001(8)。

④ 同上。

## 二、人文主义思潮的现代兴起

作为社会思想运动的人文主义思潮先于学术学院建制的人文学科、人文科学。前者拥有社会心理源初而自发的时代问题背景,后者则是对前者的理论观念概括。因而,只是在作为"主义"蜂拥的19世纪,"人文主义"一词才由德国教育家尼特哈麦(F. J. Niethammer)以德文"humanismus"问世。

但如前所述,现代性的多元多样性决定了现代化—现代性漫长历史中诸多人文主义思潮不可能在人文主义名义下划一。其中特别应注意的是,14世纪文艺复兴自然性世俗化的人文思潮与后来的浪漫人文思潮的神秘倾向大相径庭,而从总体上看,以肯定人的现世价值为旨趣的人文主义与作为现代化科技工商主义批判对立面的人文主义更具有深刻的区别。鉴于流行的人文主义观念大多意指前者并以文艺复兴世俗化人文运动为原型,注意到这一区别就格外重要了。因为,就其本质趋势而言,正是作为与科技工商主义对立统一的人文主义,才构成现代性矛盾的核心;而后者恰与世俗人文主义相区别且对立,并且与世俗人文主义对立面的超越性信仰有着重要关联。

上述区别不仅对于理解本节内容,而且对于准确深刻地把握本书的基本线索均至关重要。

以下对文艺复兴以来具有代表性的人文主义思潮摘要罗列,以勾勒出人文主义思潮的基本轮廓。

**1. 文艺复兴运动**

14~17世纪的欧洲文艺复兴运动并不能纯归结为人文主义背景,无论"人文主义"涵义或当时复杂的思想背景,都难以一概而论。但有一点是确定地属于现代人文方向的,那就是:针对中世纪贬抑人的现世及自然感性倾向,文艺复兴借助古希腊罗马资源,复兴并张扬了现世的自然欲望——但在神学尚据主流的当时背景下,这毋宁说是一种反拨和均衡,由此均衡中产生了达·芬奇(L. da Vinci)等全才通识式的人性模范。对现世的自然欲望与古希腊罗马理性的结合,是近代科学技术重要的生长点。因此我们至少可以判定:文艺复兴的人性—人文观是以中世纪神学为对立面的;文艺复兴催生了近代科学技术。

**2. 18世纪启蒙主义的分裂与现代人文主义的起源**

启蒙主义作为继文艺复兴之后扩展并奠定现代性的思想运动,把对神学信仰的批判与对理性的尊崇推进到了顶峰。但正因为如此,启蒙主义也成为现代性分裂的历史性开端:它一方面演进为鼓吹现代化的最早现代主义意识形态,另一方面则以反思的眼光质疑现代性。启蒙大师狄德罗的名著《拉摩的侄儿》的主角,以人格分裂的形态第一次宣告了现代性的分裂及现代性矛盾与现代辩证法的诞生。卢梭则将自然艺术与理性科学的对立推至空前的深度。也正是从启蒙主义的分裂中才诞生了作为现代性矛盾一翼的现代人文主义。①

18 世纪德国哲学成为以法国为中心的启蒙主义的批判性总结:它既是启蒙理性的最高结晶,又是分析与批判启蒙理性矛盾的开端。它集中体现为康德关于“理性”不同层次、不同运用领域及其功能界限的批判哲学。康德对理性的批判具有分梳的性质:理性在经验现象界的运用成为科学领域,理性在伦理实践中的运用成为价值目的领域。19 世纪的康德主义哲学由此分成注重为科学论证的认识论学派与注重价值意义的本体论学派,这两派恰成为科学与人文的哲学理论代表,也正是从后一学派中直接产生了现代人文科学。

**3. 18～19 世纪欧洲浪漫主义**

“浪漫”译自西文“romantic”,指富于幻想与情调的。狭义的浪漫主义指反抗理性古典主义的文艺流派,广义的浪漫主义则泛指以价值理想为原则并呈现为情感色彩的现代性的重要精神类型。

浪漫主义兴起于对启蒙理性主义的直接反拨。它分蘖于启蒙大师卢梭的现代性批判。浪漫主义标榜个性、新异,崇尚真情与自然,并以体现上述原则的艺术为典范。这一思潮成为抗衡科技工商文化气质的人文主义精神的重要代表型态。它在 18～19 世纪欧洲各国呈现为不同的特性与不同的问题背景。

浪漫主义始终是德国文化根深蒂固的精神气质,德国思想文化因而成为持续发生国际性影响的现代人文主义思潮的策源地。与法国浪漫的生活文化不同,德国的浪漫主义体现为抽象的理性思想,体现为最高理性思辨中的超越性气质,它因此表现为对科技知性思维近乎精神贵族式的超越。就 18～19 世纪而言,德国浪漫人文主义表现出两个方向的特性:一是从歌德、席勒到洪堡(W. V. Humboldt)与古典人文主义教育密切相关的完整的人的理想观念;二是以赫尔德(J. G. V. Herder)为中心的复兴民俗文化传统,并最终导致对抗现代化全球普遍主义大势的民族文化特殊主义,它属于现代性多元主义表现之一。19 世纪开始明确将人文教养性质的“文化”(Culture)与物质条件的“文明”(Civilization)区别开来,这一区分即来自浪漫主义特别是德国浪漫主义。

英国则持续活跃着从柯勒律治(S. T. Coleridge)到华兹华斯(W. Wordsworth)、拜伦、雪莱等著名诗人为核心的文学家群体。英国浪漫主义文学家的人文主义思潮的一个突出指向,是针对工业化而对自然美的崇拜。

从思想渊源来说,欧洲浪漫主义思潮与中世纪基督教文化传统有密切关系。② 这是一个标志:在经历了从文艺复兴到启蒙运动的打击之后,基督教信仰

---

① 因此,本书不将整体启蒙主义列入人文主义传统,也不取阿伦·布洛克(A. Bullock)混糅所有文化思想于“人文主义”名下的体例观点(参阅阿伦·布洛克:《西方人文主义传统》,三联书店 1997 年版)。

② 参阅海涅:《论浪漫派》,人民文学出版社 1988 年版,第 5 页。

文化通过融会到抗衡现代科技工商主义的现代人文主义,而开始转化为现代性资源。

**4. 社会主义人道主义**

资本主义在19世纪获得空前扩展的同时,也将其对以无产阶级为代表的广大社会成员的残酷剥削、压榨空前地暴露出来。由此在欧美现代化国家和地区有力地兴起了社会主义人道主义思潮与运动。这些思潮运动直接的出发点最初仅仅是对经济剥削及生存条件非人道的抗议,但它很快成为着眼于资本主义生产方式与社会结构角度的现代人文主义批判的最强音。特别是马克思主义的社会主义人文主义,将这一批判提高到人性异化的哲学高度,同时又归结于生产方式与社会制度的改造,而且将这种人文主义的现代性批判与现代化的辩证运动内在为一体,从而成为现代人文主义思潮运动中最有根柢的代表形态(详见后第二章第二节)。

**5. 工业艺术运动与技术设计的当代兴起**

18~19世纪,以英国罗斯金(J. Ruskin)与莫里斯(W. Morris)为先驱代表,针对资本主义工业化从生产工艺过程到产品均具有漠视、甚至剥夺审美艺术性的技术理性至上倾向,发起了保护中世纪手工业传统、恢复生产劳动艺术性的工业艺术化运动。这一运动属于空想社会主义的组成部分。至20世纪初,德国不仅产生了工业艺术行会,而且发展成以“包豪斯”(Bauhaus)建筑学校为中心的工艺技术教育运动。在这一基础上,20世纪中叶遂形成了世界性的“技术设计”(Design)教育学科与越来越普遍的应用机制。

工业艺术与技术设计是从现代科技工商业的活动根基入手改造的,其艺术人文主义虽然不是生产关系的根本改造,但仍然具有极重要的现代性—现代化批判与建设意义。今日人类已经越来越着重于从审美形式而非基本使用功能角度选购衣服等物品,这标志着工业艺术与技术设计将越来越成为人类生存方式内在的功能要求。

**6. 20世纪马克思人文主义学派及其现代批判思潮运动**

20世纪初叶兴起了以马克思《1844年经济学—哲学手稿》及其人文主义的异化批判为中心的新马克思主义运动。这一运动既是针对第二国际学派(考茨基、普列汉诺夫等为代表)片面强调经济基础对于社会进步的决定性作用的反拨,又是根据现代资本主义社会在获得丰富生活资料条件下,其非人道性重心已从经济贫困转为人性文化心理的扭曲异化,从而将马克思关于资本主义异化批判与人的全面发展思想作为中心观念,展开了对现代工业化社会的人文主义批判。从卢卡奇、葛兰西到法兰克福学派的马尔库塞、乃至当代后现代主义的德里达、福柯等,马克思人文主义批判成为现代人文主义思想极为重要的根据与线索。

**7. 自然生态思想**

18世纪欧洲浪漫主义已含有生态思想。资本主义式的现代化使生态失调达到了危机地步。20世纪中叶发表的罗马俱乐部《增长的极限》报告书，第一次以科学研究结论的身份明确承认了现代化所依赖的经济增长永无尽头、自然资源永不枯竭信念的破灭。从此，以民族国家为单位的世界人类组织机构，开始从人类自身长远与普遍的利益出发，宣传一种"可持续发展"思想。这虽然并不能从根本上解决人类中心主义立场所必然导致的生态危机，但却是在现代化现实危机逼迫下，人类唯科技工商主义的重大转向。对自然生态关注的前提是对资本主义现代化模式与唯科学主义思维模式的批判，它指向人自身主体性的反省，因而是人文主义性质的。自然生态保护运动已经成为广泛介入政治、经济、科技与日常生活，并最具正当合法性的当代人文主义思潮运动。

**8. 人本主义管理模式的兴起**

现代管理是以泰罗（F. W. Taylor）对工序单位时间的秒表计量为典型代表的科学管理模式，本质上是将被管理者当作物性客体而理性、客观与定量地配置、控制。科学管理的合理性在于管理的结构性的确具有科学对象意义，但它却因压抑被管理者事实上的人文主体性，而在根本上窒息了生产者的积极性。随着马斯洛（A. H. Maslow）等人的人本主义心理学与行为科学的兴起，这种科学管理的"X"理论渐被注重调动生产者自主性的"Y"理论取代。二战以后日本经济的起飞，以及接踵而来的亚洲港、台地区和新加坡、韩国等东亚儒学文化传统圈内的地区或国家的经济的高度发展，促使西方管理学关注东方管理的儒学文化背景，并称之为较科学管理更优胜的"Z"理论，所谓"Z"理论，即一种以人伦文化为基点的人本主义管理。

**9. 注重自我个性的存在主义（Existentialism）运动**

20世纪上半叶，以法国萨特等人为代表的哲学家、文学家推动、产生了存在主义运动。这一思想运动的中心是强调个体性自我在生存论上的本体性地位，其矛头指向现代科技工商体制下的结构无人称化、个体性自我被泯灭的非人道状况。萨特因而称"存在主义是一种人道主义"。存在主义运动影响甚为广远，不仅拥有思想理论著作，而且有大量文艺作品，并且酝酿成学生运动等社会运动。

**10. 20世纪中国现代化转型中的人文主义思潮**

20世纪中国现代化转型所产生的人文主义思潮既有全球现代化—现代性进程中共同的问题背景，又有其特殊方面。大致归纳可有以下几种：

（1）后起现代化民族国家抗衡现代化—现代性普遍主义统制划一，而在如同赫尔德复兴民族文化的同时，特别针对西方现代化科技工商主义主流，强调中国东方文化的人文主义传统对于现代性批判的价值。20世纪初，从"东西文化"

辩论到科学与人生观论战,梁漱溟、梁启超以及吸收美国白壁德(Ⅰ. Babbitt)新人文主义的学衡派(吴宓等),50年代后的海外唐君毅、徐复观、张君劢、牟宗三等人学术思想性的“新儒学”及80年代后北美华裔学者杜维明等人的新儒学运动与“文化中国”活动、80年代开始以中国文化书院等学术文化团体为主体的中国文化的人文主义特质讨论等等,均属这类代表。

(2) 与西方马克思主义思想背景相关联,针对社会主义国家历史中的极左思潮,特别是斯大林主义、中国“文化大革命”专制主义的教训,80年代中国大陆复兴马克思人文主义与研究《1844年经济学—哲学手稿》的思想运动。后面我们将在深入讨论马克思人文主义时分析指明,这一思想运动不能将其意义局限于对“文化大革命”极“左”历史的反拨,更不能归结于类似文艺复兴反神学(反封建)的世俗主义,由于马克思人文主义的深度,这一思想运动自始即具有现代性反思批判的意义指向。对马克思“异化”思想的讨论,即是一个标志:这一概念无法归结为反封建神学的现代化—现代主义意识形态,而纯属一个现代性反思批判概念。

(3) 伦理失范所引发的“人文精神”呼声。

中国现代化转型伴生的问题之一,是市场经济不规范条件下大量非市场牟利行为的涌现。这些行为的持续存在与得逞,使社会心理对道德操守的意义产生了重大的动摇。由此引生的伦理失范波及社会各个层面,甚而成为全社会的基本人文信仰危机。正是在社会转型空前加剧的90年代初,这种危机激起了一批人文知识分子的批判,并在《读书》(1994)杂志上发言笔谈而引发了各种不同意见的交锋。在这场讨论中,关于“人文精神”与现代性关系的性质与定位并不清楚,用以抗衡道德危机的“人文精神”依据着传统伦理操守,又含有西方现代性批判的人文主义思想,特别是,如果社会已经无可变更地接受了现代化方案,“人文精神”批判对于这一现代化进程的积极意义何在?这一攸关人文精神现代性生存基点的内涵未弄清楚。但是,人文精神的呼声恰恰使这一问题作为一种矛盾症状空前普遍地为人所知了。这一讨论使现代化与人文主义的关系空前突出了。

(4) 人文素质教育的社会认同。

“文化大革命”后恢复高考以来,伴随社会市场化,专才教育资历已攸关个人的社会前途和地位。应试教育片面化的知识背诵与刻板的考试训练使青少年的身心、德智整体成长严重失衡,并由此成为引发一系列社会道德问题的温床。这一严重教育偏向积年累月,在越来越强烈的各界呼声下终于开始转向。素质教育与德智体美全面教育方针成为社会共识,而素质教育的开展与深化则必然引向对人文学科的认识。

**11. 现代物理学革命与现代自然科学的人文规范呼声**

19 世纪末至 20 世纪初，作为近代科学范型的物理学经历了一场以量子力学与相对论为标志的转型革命。相对论揭示了空间与时间、物质与运动以及物质与时空之间的对立统一关系。量子力学揭示了物质结构中的内在矛盾，揭露了微观领域中颗粒性和波动性、间断性和连续性、必然性和偶然性的对立统一关系。这两者宣告了唯科学主义以牛顿力学为范型所传播的机械决定论观念的失效。更为重要的是，以量子力学为代表的现代物理学扭转了近代以来客体观的科学范型，使人文因素在科学中获得了重大的地位。具体说：

（1）量子力学揭示了微观客体的波粒二象性。微观客体可以以颗粒实体与波动两种形态呈现，这取决于主体观测它们的方法。

（2）物理客体在主体特定观测方法下呈现为不同的表象结果，因而作为科学认知结果的客体知识，已必不可免地受制于主体条件。这一结论以量子力学代表人之一的海森堡（W. Heisenberg）著名的“测不准原理”为根据。观测主体的视力（包括主体注意力状态）、观测装置与观测客体之间的相互作用，才导致了作为观测结果的客体报告。因而，主体因素无法从对客体的认知中剥离。

这实质上再度证实了康德哲学区分“物自体”与物体呈现给主体的“现象”的重要意义。量子力学主客统一的结论如若引申到对“物自体”的判断，当然是唯心主义的，但在“现象”里，它正恰揭示了科学知识对以生产方式为中心的主体性状况的依赖，也表明了任何科学认识的历史有限性与“物自体”的不可穷尽性。

量子力学从自然科学角度证实了“自然科学中关于‘真’的哲学同人文科学和社会科学中关于‘善’和‘正义’的准则打成一片。”“这种新的物理哲学同一些有关的人类文化哲学相结合，是今天和明天的世界的主要事件。”①这一见解在现代已为越来越多的事实所印证。

爱因斯坦作为为核武器奠定原理并促成第一颗原子弹制造的科学家，也是最早对核武器存在的正当性作出人文反省和价值理性批判者之一。随着当代科学技术空前加速的领域扩张，包括克隆技术在内的许多前沿科技，正广泛地接受着与人文科学同步、甚至超前的审查与引导。以经济科学为主干的社会科学，今日最标准的范型已不再纯是自然科学式的数学模式，而是越来越自觉地引入人文科学的前提限定与边缘限定，由此形成的复杂格局才成为最富前沿创意的对象。②

---

① 诺斯劳普（F. S. G. Northrop）：W. 海森堡《物理学与哲学：现代科学中的革命》序言，科学出版社 1974 年版，第 159 页。

② 参阅《读书》1999—2000 年所刊关于经济学与人文科学关系的讨论与争辩。

## 小　　结

人文主义思潮是对唯科学主义扩张及其现代化—现代性危机的回答与反应,也是人文学科现代复兴与人文科学现代发生的社会思想文化的前提基础。上述择要介绍表明,人文主义思潮并非空穴来风或书斋学者的观念推演,而均由其现代化—现代性的困境问题所逼迫,它们首先属于与本时代社会存在不可分割的意识反省部分。也只有在此基础上,我们才会深切体会、理解一个多世纪以来人文科学建构努力的意义。因为,正是必须对人文主义思潮那正当而纷繁的呼声给予肯定,才需要使之获得一个一以贯之的理性原理。

## 三、中国古典人文精神的现代阐释

现代人文主义思潮的一大潮流,是对前现代文化传统的人文主义性质的阐释与激扬。但这一潮流大多视人文主义为古已有之的固有特性,而昧于现代性的阐释学背景。

伽达默尔在其阐释学经典代表作《真理与方法》中认为,作为人文科学的"精神科学之所以成为科学,与其说从现代科学的方法论概念中,不如说从教化概念的传统中更容易得到理解。这个传统就是我们所要回顾的人文主义传统。这传统在与现代科学要求的对抗中赢得了某种新的意义。"[①]这段文字有两个相互关联的要点:人文科学必须以人文主义传统为条件;人文主义传统是在与现代科学所需要的对立统一的互动关系中获得新的(现代性)意义的。正如古希腊罗马"七艺"只有在文艺复兴的现代性矛盾中才获得"人文学科"的命名与定位,一切前现代传统,即使有其人文主义倾向或潜在方向,但只有在与现代唯科学主义相抗衡的现代性矛盾格局中,才有其从现代眼光看来明晰确定的人文主义意义——而离开这一现代眼光,古代文化无所谓今人意义下的"人文主义"。质而言之,脱离现代性坐标与现代阐释问题背景,孤闭自足的"古代人文主义"观念甚或体系,其实是隐蔽了论者立足点的形而上学抽象。在今日全球化与民族本土文化对抗的形势下,这一形而上学抽象由于民族主义意识形态的暗中支持,具有更为执迷与蒙蔽的特点。鉴于此,我们将以中国传统文化人文精神特性的辨析为个案,对传统文化在现代性矛盾中的状况进行分析。

**1. 中国古典"人文"辞源**

汉语"人文"出自《周易》贲卦彖辞:"(刚柔交错),天文也。文明以止,人文也。观乎天文,以察时变。观乎人文,以化成天下。""文",王弼注:"刚柔交错而成文焉,天之文化。"《易》之根本原理,即刚柔两种力量的对立统一运动。故由

---

① 伽达默尔:《真理与方法》上卷,上海译文出版社1999年版,第21页。着重号系著者原有。

此所成之“文”，确实不一般，而系于“天之文化”，即天道运动的印记。孔颖达对“文明以止，人文也”疏为：“文明，离也，以止艮也。用此文明之道裁止于人，是人之文、德之教。”王夫之《周易外传》释“贲”：“礼者文也。”上述原典文字及其注疏释义，使我们对汉语“人文”的原初含义可有以下理解：

（1）与后世以“人”为主词的“人文”理解不同，“人文”一词的主词是“文”。如果我们忠实于古代信仰文化背景，就应同意王弼所注：“文”是源于天道运行的产物。

（2）“文明以止，人文也。”天道运行的印痕，是与天道分离的产物，但又是天道之显示（“明”）。“止”，是规范与熔裁：在“文”面前景仰止步，就是接受“文”之规范熔裁亦即教化，在这一过程中就发生了“人文”。这也就是王夫之所训之义：“人文”的原型即“礼”。

因此，古代中国“人文”本义乃是以天道信仰为背景的礼仪教化，其重心所在并非“人”，而是礼仪之“文”。商周之际开始形成以血缘宗法为实质基础、以融合祖先神的至上神信仰为框架的中国古代礼文化。随着中国封建制度的成熟，“礼”的天道信仰意味已渐消退，封建纲常的伦理秩序成为“礼”的基本内涵。但不管“礼”的背景内容有何变化，“礼”教化“人”的“人文”意义一直维持下来了。

由此得出的一个重要结论是，依据西方文艺复兴解放自然人欲方向的“人文主义”（这本仅属文艺复兴人文主义方向之一）理解中国古代“人文”，是不相宜的。

**2. 以人文修养为方向的中国传统文化**

以人文修养为本质的中国传统文化在儒家经典之一的《大学》“八条目”中有一简扼的结构性表达：

> 大学之道，在明明德，在亲民，在止于至善。……古之欲明明德于天下者，先治其国；欲治其国者，先齐其家；欲齐其家者，先修其身；欲修其身者，先正其心；欲正其心者，先诚其意；欲诚其意者，先致其知；致知在格物。
>
> 物格而后知至，知至而后意诚，意诚而后心正，心正而后身修，身修而后家齐，家齐而后国治，国治而后天下平。

“八条目”中平天下→治国→齐家→修身→正心→诚意这六个环节是逐步主体内化的方向，至“心”之源始“意”，已溯至源头。但紧接着由此发生转折，从内心之源复又外化为两个环节：诚意→致知→格物。“致知在格物”：这“致知格物”与前边的修齐治平又有何关系呢？

致知格物当然是意向外界的活动。但这里存在着两类不同的立场态度及活动内容：一是保持心性修养而将“致知”之“知”理解、归结为“德性之知”，即领悟“至善”本体；二是由此离开伦理修身，进入物理世界本身的规律性，使致知格物成为近代以来的科学认识，或者流于与“德性之知”相对的“见闻之知”。朱熹改动郑玄以来的《大学》古本，新校勘本虽未脱离人文修身的传统立场，但由于强调了格物穷理功夫的地位以及“理”相对于“心”的客观本体性一面，从而为后一方向提供了契机。后来王阳明青年时代正是循此方向而有“亭前格竹”的极端践行。王阳明面对竹子这一客观自然之“物”潜心研究七天，却无“理”可获知。从现代认识论看，自然之物的竹子，可从中“格致”植物学知识、物理学知识、建筑学知识，但不能求获伦理学一类人文之“知”。中西哲人智者均对此早有区分：有知识的人不一定就是有道德者。“亭前格竹”的教训是：以穷尽万物之理为前提与途径求获圣贤心意本体是行不通的。因而不能在这一意义下理解“诚其意在致知”与“致知在格物”的人文伦理内涵。王阳明后来的主要工作，便是将此格物穷理方向由外在“物”理回转为“人文”之理。他恢复《大学》古本的地位，训求证之“格”（使物“来”）为规范之“正”，即用人文意义的伦理尺度规范自己；依古注训“物”为人伦行为的“事”，而且“事”是“意之所在”，即主体意向的实践体现“物”（用胡塞尔现象学语言来说，“事”即主体意向性构造活动的过程与结果）。王阳明心学对朱子理学的这一反拨，典型地体现了中国传统文化主流人文修身的特性：修齐治平的“外王”事功，须基于主体心性人文修养的“内圣”功夫；但这人文心性修养不是闭目养神的封闭意识活动，而是与外部世界发生交流关系的动态活动；与外界交流之“格物致知”以人的全部生活为范围，但不是将这些生活内容客体化为近代认识论中主—客二分的客体对象，而是与主体意向无法分割的主体性活动之“事”——在本质上说，还必须把这“事”全部归结为人文伦理角度下的“事”。用宋明理学吸收了的禅宗格言说，“搬水砍柴，无非妙道”；用《易》的语言说，“百姓日用即道”。

因而，中国传统文化主流的特质确乎是人文性的——将人生社会全部活动规范为“礼”的自我意识—意向修养活动。如前所述，这一“人文”性包含着两个基本方面的根据：它确乎是人的主体性能动追求的修养；但人追求的是接受教化的君子成圣目标，即对“礼”的皈依——这后一意义的人文主体性不但别于文艺复兴的自然人文主义，也与现代自由主义所理解的个人自主自由本位的人文主体性迥然有别。

**3. 中国传统文化人文主义特性的现代性定位**

（1）中国传统文化的人文主义特性是在中西文化比较中做出的判断。

关于中国文化人文主义性质的判断最早发生于中西文化近代首次碰撞的“中国礼仪之争”中。

“中国礼仪之争”是始于明末、激化于18世纪初、结束于1939年的一场“文化判教”。耶稣会士晚明入华传播天主教，在“易佛补儒”同化中国传统文化时，面临着对中国人祭天祭孔诸礼仪性质的重大判定：若此类祭祀属于宗教，特别是人格神信仰，严格一神教的天主教将无法接受。在这场旷日持久的争执讨论中，以天主教入华奠基人之一的意大利神父利玛窦（1552—1610）为代表，耶稣会士中的一派判定：以儒学为主流的中国传统文化是以世俗生活为内容的伦理文化，中国伦理文化不追求超越世俗的彼岸宗教信仰。因而，中国文化是“远东的人文主义”。① 利玛窦关于中国文化人文主义特征的论断，在17～18世纪欧洲启蒙主义思想界发生了重大而深远的影响，由此开始了近代中西文化的第一次交流与比较。利玛窦的观点也因此被学术界称为“利玛窦判断”。②

利玛窦所代表的耶稣会士关于中国传统文化人文主义性质的判断，是以作为文艺复兴与宗教改革产物的耶稣会自身的人文主义背景为参照系的。特别要注意的是，这一“人文主义”观点是以文艺复兴所产生的与神教信仰相区分的自然人性的人文观念为特定涵义的。这里已经表现出来了后边将介绍的作为人文科学方法论所代表的阐释学原则：关于人文对象的判断以判断主体自身的“视域”为相关条件。

但是，这里同样出现的是阐释活动中必定产生的融合与变化的情况：耶稣会士以自然人性为基点的人文主义观念判断中国文化的“人文”性质，已不尽符合对象实际；而且，这一意义亦即世俗化方向的“人文主义”观念此后也被后世中国文化思想界所吸收，并在一定程度上支配了现代中国思想对于中国传统文化的理解。③ 几百年后，胡适称“五四”新文化运动为“中国的文艺复兴”和“一场人文主义运动”，所依据的也是世俗化人文主义模式观念。这世俗化人文主义所分离（叛离）的对象，是以儒家伦理为骨干的中国传统文化——但后者在与西方神教对比中恰被耶稣会士视为人文主义性质。胡适依据的“人文主义”当然不是《周易》的“人文”精神，而是西方自由主义意义的个人本位的“人文主义”，它确是起源于文艺复兴的世俗化人文主义。这一世俗化人文主义是以封建—神权为对立面的，对于“五四”新文化运动来说是相宜的。

（2）作为全球化时代文化民族主义的中国人文主义观：

利玛窦在评论中国文化时，中国人也已开始比较与评论中西文化。晚明徐昌治集辑明末反西方文化——特别是反基督教文化的文章成《圣朝破邪集》，虽

① 参阅裴化行（H. Berard）：《利玛窦评传》，商务印书馆1993年版，第133—152页。

② 参阅李天纲：《中国礼仪之争》，上海古籍出版社1998年版，第261页。

③ 这使人联想起当代“东方主义”与“后殖民主义”：宗主国对殖民地的文化判断眼光也成为殖民地自我理解的一个观念来源。参阅萨义德：《东方学》。

仍是天朝中心眼光，已经初现中西文化不同特色的端倪。如批评传教士所输入的自鸣钟、望远镜等近代技术产品："纵巧亦何益于身心？"[①]已是伦理中心观。鸦片战争后，冯桂芬的两句话，"以中国之伦常名教为原本，辅以诸国富强之术"(《校邠庐抗议》)，后流行成"中学为体、西学为用"的纲领。其中同样包含着对中西文化各自特性的基本认识与评价。这与日本明治维新"和魂洋才"的口号相同，均表现出现代化全球扩张时代，后起现代化的民族在接受现代化的同时，以传统人文伦理价值抗衡西方文化价值观的文化民族主义趋向。

"五四"新文化运动作为对中国传统意识形态文化危机的现代性取代努力，以欧洲反封建神权的人文主义为取向，但同时却引发了东西文化问题的论战。梁启超、梁漱溟等人明确张扬的东方文化的人文主义，直接来源于 19 世纪后期新康德主义历史文化价值派的人文科学观念(详见后文)，它尤其获得了刚才经历的第一次世界大战的刺激印证。第一次世界大战对现代主义意识形态下的现代化及其现代性不啻是空前沉重的打击棒喝。因此，斯宾格勒的《西方的没落》所说的"西方"，实质乃是以资本主义为依托的"现代"。"中国"("东方")"传统"文化的自我意识勃兴，是对现代性矛盾刺激的反应。[②] 代表"西方"亦即"现代"的文化遂与代表传统亦即"东方"的文化构成人类现代化—现代性危机时代的方案对比。处于西方列强压迫下的中国知识分子在这一比较中同时承担着为中国民族国家地位提供价值优势与正当合理性论证的使命。就此而言，这种论证乃是文化民族主义的，亦即：他们接受"器用"意义的现代化，却不接受价值立场与心性结构的现代性文化；而"民族主义"因此只是"文化"性亦即"现代性"矛盾中的一种立场。

"人文主义"成为这一东西—古今比较中文化民族主义的典型概括。

东西文化论战后继之以人生观(玄学)与科学的"科玄论战"，使中国现代人文主义性质更加明确地定位于针对唯科学主义文化价值观的"新人文主义"。同时期接受美国白壁德"新人文主义"影响的学衡派，不仅突出了人文主义的教化性而区别于自然人性特性的文艺复兴人文主义，而且正是经由这一"新人文主义"观，将中国古典教化型的"人文"传统文化转化、纳入现代性的矛盾结构中。1958 年问世的《为中国文化敬告世界人士宣言》，作为中国文化民族主义典型代表的当代新儒学纲领，其中的一个强调要点是：中国传统文化的人文主义拥有提升、教化自然人欲的神圣维度，因而决不等同于世俗人文主义。

---

① 转引自金汉昇：《明末清初反对西洋文化的言论》，收入胡晓明等编辑《释中国》第一卷，上海文艺出版社 1998 年版，第 105 页。

② 据美国当代汉学家史华兹(B. Schwartz)考证，"传统"这一 19 世纪西方范畴至 19 世纪末被译成中文。参阅史华兹：《严复与西方》，职工教育出版社 1990 年版，第 39 页。

## 小 结

1. 中国古典人文精神在现代性阐释中分化为两个方向：与基督教信仰文化相区别的世俗伦理文化——它以西方文艺复兴的世俗人文主义为参照而被称为（远东）人文主义；与自然人性的科技人本主义相区别的“人文”教化主义——它以19世纪后兴起的批判科技人本主义的“新人文主义”为参照，也被称作人文主义或人文精神。西方这两类人文主义构成现代性矛盾的两个方面。中国古典人文精神与现代中国人文主义观念同时包含了西方人文主义这两个不同阶段或不同方面的含义。这并不能全归于学术概念不清，而与现代中国社会同时身处反封建的现代化与超越资本主义现代化两个不同目标结构相关。西方相继发生的两种人文主义同时成为中国现代人文主义的现实内容，因而中国现代人文主义是比西方人文主义现代性矛盾更加尖锐而复杂的现代性观念。从根本上说，中国人文主义及其与西方文化的“中西”比较，乃是中国进入现代化所发生的“古今”对立的折光形态，因而它反映的是中国文化自身的矛盾，西方文化在此乃是参照系而已。

这一分析结果有助于我们理解20世纪80年代兴起的中国大陆马克思人道主义思潮的双重内涵：一方面，依据马克思思想来源中反封建神权的现代人性解放观，批判极“左”意识形态与封建传统压制人性（特别是个体人性）的历史与现状；另一方面，依据马克思扬弃资本主义异化的更高自由个性理想，警示与批判现代性主流观念。这后一方面不仅属于马克思人文主义更本质的方向，也迅速在90年代成为中国人文主义观念的主要内涵。1994年的“人文精神”讨论已完全是后一意义的批判。

2. 中国现代人文主义对以资本主义为代表的现代性批判，在全球化时代往往转化为东方（或中国）文化对西方文化的比较与批判。在这一东西（或中西）比较中，西方文化被客体化、机械化、知识化、概念化、工具化、个人化……与之对举，东方（或中国）文化被主体化、有机生命化、智慧化、直觉化、目的化、人伦集体化……因而，后者是人文主义的。然而，这一自梁漱溟的《东西文化及其哲学》以来不断重复且强化的中（东）西文化模式，却忽视了一个历史性的事实：不仅“西方”作为实体是政教合一的基督教欧洲出现后的结果（因而“西方”乃是一个历史相对性的范畴），而且东方人文主义观念论者关于东方（或中国）文化的系列特性恰恰在其基本点上也为古代“西方”所拥有，并在现代性批判中被重建；而与之对立的“西方”文化的系列特性则只是在现代“西方”才出现（或成熟），并被“东方”在其现代化中逐渐追求的特性。因而，“东方”（或中国）与“西方”比较实际依据的是“古代”与“现代”的比较。由于全部问题的提出与争论都是以现代人在现代化与现代性矛盾中的困境为阐释背景，因而，必须将“东西”

之争首先如实地还原为“古今”之争;而且,就阐释学所要求的阐释主体性而言,“古今”应优先于“东西”。

无疑,东方文化与西方文化自“古”即有其差异性,而且这种差异性在今日现代性困境中属于现代性基本特性的多元性的重要形态。这种不应也无法同一的民族文化差异性是抵抗帝国主义与种种专制主义的基本根基之一。然而,东西文化差异性只有在现代性与现代化前提背景下才可能充分展开为上述对立形态。因此,将这一对立模式视为东西方古已有之、固已有之,不仅不符合事实,而且也对双方文化各自的全面发展与交流是一种错误的自我封闭。

## 四、人文科学的现代建构

正是在现代性内在的矛盾机制与人文主义思潮的推动下,作为知识教育的人文学科与更进一步原理概括的人文科学才从文艺复兴开始产生与发展起来。这不能简单地视作古典人文学科的复兴——因为此种知识学科与原理科学的概念严格地讲是近现代才出现的。人文学科与人文科学作为人文主义思潮的理论形态,虽然自觉地区别于自然科学与社会科学,但却在很大程度上接受和采取了科学及其学科的分类框架以及科学的术语概念与逻辑分析形态,这再度表明了人文学科与人文科学的现代性——它们不是古代文化的遗物,而是这个科学时代的产物。

人文主义(人文精神)思潮在与科技商业文化相颉颃中凝聚成了不同侧重角度的人文学科与人文科学形态。

### 1. 作为古典学的人文学科及其现代性

在介绍古典人文学科时,我们已提及,“人文学科”这个词是一个后起的术语。15 世纪末,意大利学生使用“umanista”一词称呼教古典语言和文学的教师,这个词译成英文即 humanist。这些教师所教的科目在文艺复兴时代获得了一个名称:studia humanitatis,译为英文“the humanities”,即人文学科。这在当时指的是语法、修辞、历史、文学、道德哲学类科目。这些科目的教学与阅读古希腊罗马的希腊文作品、拉丁文作品密切相关。

由此而形成了今日定义“人文学科”的第一个角度:古典学(Scholarship)。它最初仅指关于古希腊罗马作品的学问或古典学识,但后来便可扩大为有关经典作品特别是文学、哲学、史学作品的学识。例如,今日在“古典学”名义下,不仅研读荷马、柏拉图或西塞罗,也可以包括莎翁(莎士比亚)甚至包括托尔斯泰。

“古典学”与已经兴起的学科分化和专才教育科目之不同在于,这些古典(或经典)作品由于历史年代的流逝,而逐渐失去了原先特定时代背景下与当时社会或经济事务的直接具体联系,后人已难以再从这种现实事务问题角度看待和理解它们;与此对应,那些具体经验内容却经由历史发酵而淳化、升华为无实用意指内容的形式符号,使其更富审美象征意味。另一方面,产生这些古典(经典)作品的历史时代不仅不复存在,而且由于它们多属现代化之前时代,因而古典作品保留着相对淳朴和谐的气息氛围,在与现代性的矛盾分裂心性对比下,成为美好人性的遥远追忆或想象对象。马克思因而在谈到物质生产与精神生产不平衡现象时,便称古希腊神话如同发育健康的童年,它对现代人保持着永恒的魅力。[①] 这同于巫术时代具有严重甚而残酷内容的祭祀在文明时代抽象为艺术,而且恰以其诞生时的神秘氛围永难重复而不可企及。

这类在分科专才上对现代文化全无实用功利性的古典—经典作品研修,成为一种现代文化不可替代的人文主义遗产。古典学之研修,成为纯粹形态的人性教化、陶冶与修养。在现代化已有数百年历史的西方工业社会,在非专业意义上研修甚或仅仅涉猎希腊文、拉丁文原典,已属少数特权阶层对子女进行精英教育的奢侈之举。在东方,唐诗与中国大众文化的水乳交融关系曾持续至20世纪末叶,与日本知识阶层阅读古典《万叶集》一样,这种古典文学的修养往往成为一个人文化教养最深层的因素(不是指外表的风雅)之一。“举头望明月,低头思故乡”;“两岸猿声啼不住,轻舟已过万重山”……这些千古传诵、家喻户晓的古典语言,通过其形象、态势、情调与音律,凝聚着传统历史的美丽意境化入人们的心田,由此而成为最纯粹的人文教化传统。

**2. 作为艺术(Arts)的人文学科**

在介绍古典人文学科的时候已经指出其践履操作特性。古代技术—艺术不分,这一特性使从业或习艺者具有身心一体活动的全面性质。

近现代科学特别倚重并发展了从中世纪经院哲学继承的亚里士多德逻辑学,由此形成了理性对科学的支配地位。近现代科学虽也同时发展出关注现象的经验主义,但它本质上从属于科学理性的思维框架。从而,表面上也是技艺活动的科学实验,实质却是理性假设的检测、证实与调整活动,它只是科学理性的工具技术。与科学实验不同,古代技—艺活动是以主体身心娴熟的感知—动作为中心的创作,它对产品的目标设定不倚重理性逻辑,而是随物赋形的“格式塔”完整感知与探索。因而,纯粹的技—艺更多地不是倚重工具,而是凭仗主体的“手艺”的指引,其完成产品的过程充满着多种的可能选择与创新方向。

近现代科学及其资本主义工商业背景造成了技术与艺术的分裂。与技术工具理性的单一化、确定性、外在目标的功利性对应,艺术集中发展了人完整的身心结构,特别是细腻的感知、丰富的想象与情感相统一的直觉力。在资本主义科技工商异化的形势下,艺术品更特别地成为人性价值理想的想象对象,艺术成为培养审美素质的集中依托形态。上述情况,是艺术在18世纪独立为大写的

① 参阅马克思:《政治经济学批判·导言》,《马克思恩格斯选集》第二卷,人民出版社1972年版。

“Art”的现代背景。“美学”(Asthetik)于18世纪同时问世,也包含着上述现代性矛盾的背景。

在文艺复兴时代的巨匠达·芬奇、米开朗基罗等人所体现的完整个性才能中,艺术能力占据着突出的地位。从此,艺术活动就承担起抗衡工场手工业开始的近现代分工主流的特殊职能。艺术科(Arts)也因此成为人文学科一个重要的形态与定义角度。

现代人文素质教育中,“美育”的重要依托形态也正是艺术(当然,美育并不能如时下流行的理解那样简化或等同为艺术教育,详见后续章节的有关论述)。中国传统的琴棋书画、武术,以及其他体育形态,特别是艺术体操与健美训练,都可被纳入作为人文学科的艺术教育。与中国已中断的礼乐一体传统有别,由于基督教文化在西方社会的普泛影响,与圣咏、唱诗密切关联的西方音乐在西方人文教育中享有突出的重要地位。德国等国家甚至有着自幼时至老年普遍而持续的音乐教育与音乐活动的传统。与音乐教育巨大的人文道德教化作用有关的一个动人故事是,一个音乐教育家深入秘鲁的穷乡僻壤,在一个以犯罪闻名的城镇长达几十年组织少年乐团,使成千上万的不良少年在音乐活动中获得精神品质的洗涤与升华,不仅培养出大批乐手与各类人才,而且使这一城镇成为一个风气良好、经济繁荣的文明城市。

**3. 作为通识教育(General Education)的人文学科**

古希腊“enkyklia paedeia”(全面教育)的知识学方向引申,即“百科全书”(Encyclopaedia)。如前所述,这一观念的根基是关于人性完整性的信念。现代分科专业教育需要某些最低限度的公共课作为起码的整合弥补。于是有现代“通识教育”、“全人教育”(Holistic Education)、“公共课”等教学分类,并形成了此一角度下的人文学科观念。本书第四章将对此专门讨论。

**4. 作为“自由之艺”(Liberal Arts)的人文学科**

与侧重于科际整合的通识教育角度密切相关,现代人文学科观念的一个更为纯粹却也更为狭义的方向是古希腊罗马“七艺”原义的“自由之艺”。“七艺”之“艺”,拉丁原文乃是特指“自由之艺”(artes liberals,译为英文即“Liberal Arts”)。

“自由之艺”是直接基于古希腊罗马自由人性观的术语。在经历了上千年历史变迁之后,“自由之艺”之“自由”,在现代特别针对着科技专才分工对人的完整全面发展的囿限。但与通识教育相比,“自由之艺”带有精英教育的特点。有关讨论也将在第四章进行。

**5. 人文科学的现代建构**

(1) 两类“科学”:“Science”与“Wissenschaft”。

自然科学在17世纪建立起来后,迅速以其学科范型吸引与推动了传统学术的“科学”化。18 世纪出现的多部代表性经典著作均提出了“人性的科学”的课题。从洛克《人类理解研究》到休谟《人性论》，在近代科学发源地英国，“科学”(Science)的领域已从“物理”扩大到“人性”。休谟甚至将人性科学置于全部科学的前提与基础地位。

但是，18 世纪的“人性科学”，其主流观念是以物理学为范型的“科学”(Science)的推广与运用。人文科学(The Human Sciences)采用了与自然科学(The Natural Sciences)、社会科学(The Social Sciences)同样的构词法。因而，准确地说，这类“人性科学”是将人性当作物理客体对象加以把握的“人性物理学”。例如，作为人性显著特性的意识心理，便在物理学的作用与反作用定律下获得说明。尽管休谟“不可知论”的怀疑主义精神指出了自然科学方法运用于人性意识的无效性，但由此所造成的一个后果是：人性研究不可能成为物理学那样水准的“科学”，充其量只是某种“准科学”。从而，在物理学为范型的“science”观念下，人性论成为低一等的知识。德国学者鲍姆加敦(Baumgarten)1750 年创立“Asthetik”(汉语译为“美学”)，也就是在逻辑知识之下(之余)补充一门无法达到清晰概念科学的“感性的学问”。与之相反的另一个后果是，从浪漫主义开始，文学艺术家愤而退出科学知识领域，声称人性的真谛不系于科学、不是科学，而属于艺术。艺术比科学更接近真理。从此开出了反科学主义的方向。如前所述，由于人文主义的现代性涵义是在以科学主义为对立面的矛盾中确定的，因而这种对“人文科学”、“科学”命名的非难与反对观点拥有很大的势力。与此相关，以“五四”现代性为开端，作为时代旗帜的科学(“赛先生”)以中国古代人文传统为批判对象，从另一个侧面也加深了汉语学界将“人文”与“科学”对立起来的观念。美籍华裔学者林毓生在《中国人文的重建》(1982)中强调，“‘人文学科’绝对不能把它叫做‘人文科学’”。[①] 无论香港、台湾或内地，汉语学界至今对采用“人文科学”一词仍很踌躇，有些著作便使用“人文学”来指代，以避免自然科学之“科学”语境；甚至以更为对立的“人文艺术”名称与科学区别。

如前所述，“人文学科”有其特定的教育学语用史，不宜以之概括“人文科学”。“人文学”一词只是弱化了“科学”语用联系，“学”作为古典色彩的词，以之指代人文研究，似亦有相宜的一面。但汉字“学”如何与现代国际学术界沟通翻译？西方语言中，与汉语“科学”对应的除“science”外，是否还有其他不同思想背景的语词？

其实，古希腊时代的“哲学”(Philosophia)，作为系统的知识与究极的真理追求，也就是“科学”。近代以后以自然科学为范型的狭义“科学”(Science)，在古希腊包含在“哲学”的早期形态“自然哲学”中。这种与“哲学”同义或密切关联

① 林毓生：《中国传统的创造性转化》，三联书店 1988 年版，第 3 页。

的广义“科学”的语义和语用,特别保留在德文的“科学”(Wissenschaft)一词中。海德格尔指出,经费希特以“Wissenschaft”为词根铸造了“知识学”这个傲视近代物理学的术语后,“科学”(Wissenschaft)便享有了作为系统知识与终极真理的崇高地位。① 后来,不仅19世纪众多创建人文科学的形态(详见后文),而且20世纪胡塞尔所立志建构的“真正的科学”的现象学与人文科学,都是在这一意义下使用“科学”一词的。联系到德国思想文化特别是哲学的终极追究与信仰气质,我们不难理解“Wissenschaft”与注重实用经验的英语文化传统中的“science”的上述差别。

因而,当用人文科学代称的德文“精神科学”(Geisteswissenschaften)翻译穆勒(J. S. Mill)《逻辑学》里“道德科学”(Moral Sciences)一词时,②已经发生了从近代自然科学向现代人文科学的转化。其实,早在穆勒之前的休谟《人类理解研究》第一章开首句中,已有“精神哲学(Moral Philosophy)或人性科学”的提法,③只是休谟比穆勒更加审慎恰当地使用了“哲学”而不是“科学”的归类。

与德语思想坚持人文科学之“科学”的地位相同,意大利学者维柯(G. Vico)早在自然科学独占“科学”一词的18世纪,就立志为有别于自然科学的“诗意思维”命名一门“新科学”。④ 意大利文的“科学”(scienza)与英文“science”同源于拉丁文“scientia”,因而维柯才针对狭义的自然科学型的“科学”而冠以“新”字。维柯的“新科学”,就是广义的人文科学,他与德国思想家一样,都坚持了“人文”的“科学”地位。“科学”,在此是指自古即有、近代以来尤为尊贵的系统知识与真理认识,“人文”要求享占此种知识桂冠,表明了“人文科学”的现代性。它意味着人文科学与(自然)科学各自独立又相互依存的密切关联性。

(2) 从“人文学科”到“人文科学”。

18~19世纪伦理学等人文学科已在事实上表现出为自然科学模式无法涵盖的诸种特性,为这些人文学科提供了论证总结,将其“提高”到时代知识楷模的科学形态水平,是18世纪以来人文科学建构努力中的重要方向。第二节已对文艺复兴时“学科”观念产生的背景与意义作过介绍。应注意的是,“人文学科”作为“学科”,同新兴的专业学科一样,呈现为分化独立的发展方向;但“人文学科”的类型根据,却又针对着分化性专业学科而追溯完整统一性的古典人文艺术传统。学科分化之前的古典人文艺术(“七艺”)以科目间的协作统一为特征,从这一特征就发展起来了关于近现代诸人文学科(复数:文、史、哲等人文学科)

① 参阅《海德格尔选集》下卷,上海三联书店1996年版,第829页。

② 参阅伽达默尔:《真理与方法》上卷,第3页关于这一翻译历史地位的说明。

③ 参阅休谟:《人类理解研究》,商务印书馆1959年版,第9页。

④ 维柯:《新科学》,人民文学出版社1987年版。

的整合功能、方法与手段形式的理论。这一理论(原理)系统即人文科学。

重申本书开始即已强调过的人文学科特性:人文学科是一群内容不同却目标一致的协作性学科(艺术),它们本质上是主体人文素质的践履培训,因而各科目(艺术)的观念内容不宜游离于修身活动而抽象为独立的理论知识系统。但人文科学与此不同,它恰是以理性对人文学科的特性、功能、方法与对象等原理性内容的抽象与概括。"人文科学"表明实践性的人文学科群拥有价值论与方法论的统一原理,它在科学昌明的现代同样构成为一个科学学术领域。但"人文科学"之"科学"并不归属于自然科学为范型的类型。关于人文科学及人文学科独特于自然(与社会)科学的性质,后面将有专章分析。但这里就须指出的是,在"人文科学"与"人文学科"之间、在"科学"与"艺术"之间均存在着无可消除的张力,正是这种张力才赋予了人文科学与人文学科既不同于"科学",又不同于"艺术"的独特性。

(3) 人文科学:不脱离经验的人文理念。

人文科学不可能以力学或数学那样抽象化与形式化的形态概括人文学科(以及人文主义)的原理。反过来说,人文学科(以及人文主义)也无法抽象为力学式原理:人文学科(以及人文主义)都不能归结或还原为纯粹的观念体系,它们的本质特性恰恰是与人文经验不可分割地关联一体的。伽达默尔强调,作为19世纪人文科学代表的"精神科学"(Geisteswissenschaften)"仅在它的复数形式下才获得我们所熟悉的意义"。[①] 复数的"科学"(Wissenschaften)便可以理解为"学科":伦理(科)学、艺术(科)学、教育(科)学、语言(科)学等等(科学)学科。这表明了"人文科学"对于各个具体门类的"人文学科"的依赖性。

事实上,发轫于19世纪的人文科学建构是一项迄今未完成的工程。至今没有出现一门系统性的人文科学原理。人文科学建构最力者狄尔泰最终仍处在将诸多人文学科经验概括为人文科学的途中。

但狄尔泰自始即清醒地意识到,人文科学无法将人文经验剥离出去。他同时并不把这一点视为缺欠性限定,而恰恰基于这种与人文经验不可分离的原理观念,开辟了既不同于经验科学、也不同于先验思辨哲学的人文科学方向。

自然科学与仿效自然科学的社会科学属于经验科学。"经验"概念应在康德哲学的严格界定下理解:主体用自己拥有的理(知)性概念范畴(如"一事必有其原因"的因果律思维模式)和感性的时一空形式去把握、加工、分析与综合外界对我们的刺激感受(如太阳光刺目暖身),由此而获得"经验"(如"太阳是光源与热源")。这"经验"也就是"知识"与"科学"的根源。摆脱了巫术传统的近现代科学都是上述意义下的经验科学:它们是依靠主体理(知)性感性条件与客

---

① 伽达默尔:《真理与方法》上卷,上海译文出版社1999年版,第3页。

观世界在特定情况下发生关系的结果;这种经验知识结果是有限的,但也是可以积累扩大的。

康德说:“反思(reflexio)并不涉及有关对象本身的研究而想要从对象直接得出概念来,它是这么一种心理状态,在这种状态下我们首先从事于发现我们在能够达到概念的过程中所必备的主观条件。”①科学思维模式的一个基本局限,正是不能“反思”。特别是近代科学,在上述经验科学模式中养成了只关注客体对象的习惯,却对自己主体一方能够如此研究客体对象的前提条件不自觉。也就是说,科学没有能力(也没有这一职能)跳出自己操作方式反躬审视(包括进一步评价)这一操作方式。

近代哲学承担起反思主体的任务。法国哲学家笛卡尔著名的命题“我思故我在”标志着近代哲学的开端。反思的对象指向人,近代哲学把“人”的主体性理解作“意识”,特别聚焦于“理性”的“自我意识”。但是,关于“自我”的意识却又分化为两个方向:第一,把“自我”作为心理经验的实在对象:“我”是川流不息的意识活动的心理实体。这一“自我”理解是感性真实的,但有两个缺陷:一是容易重新把“自我”作为“客体”看待,从而将“自我”又纳入自然科学的态度方法模式下;二是容易将“自我”消融于变动万千的心理意识经验中。这两方面都有违近代哲学对人—自我的主体性规定。第二,为了维护“自我”的普遍必然性与持存同一性,又有一派将“自我”理解作心理经验获得统一秩序的坐标尺度。康德称之为“先验统觉”或先验自我意识。“先验”指主体先于具体经验而拥有的,它是获得经验时不可缺少的前提条件,好像铸铁水时拥有的模具。“先验自我”不同于前述心理经验性自我,它不是经验实体的“我”(如大脑、心脏那样实在),而是一种在经验产生过程中不能缺少的统一坐标与能动综合主体(亦即“统觉”),依据“先验自我”的绝对同一性与常住不变性,纷纭变动的心理意识流才获得综合统一的秩序归属,才能进一步成为“知识”。“我”、我的“人格”、我的自主统一存在性质,都指向这个虽非实体却是“经验自我”赖以维系的功能性的“先验自我”。

但为了保持绝对同一性与常住不变性,“先验自我”就不能成为经验对象、不能混同为经验自我。因而“先验自我”自身是处于时间流之外的,它不是一个真实生命。这是思辨哲学为树立人文理念而付出的代价。

于是,为着进一步把握与确定那真实的“人”与“自我”、“自我意识”,就必须把绝对性的人文理念返回独特的人文经验中,从思辨哲学转变为人文科学。19世纪以来,以一批德国思想家为代表,在这一转变的努力方向下开拓了多个论域。其中:

---

① 康德:《纯粹理性批判》,华中师范大学出版社1991年版,第286页。

费尔巴哈用“感性、完整的人”取代“理性”、“自我意识”,并提出了一种人类学的哲学。但在返回感性经验后,他却失掉了人文理念的深度。在后来马克思的实践论的人类学哲学中,“人”的人文理念(理想)与真实的感性才获得了历史的统一(详见后章专节介绍)。

胡塞尔所开创的现象学运动,恰恰起步于康德哲学所否认的“理性直观”。康德认为,人类的概念思维不具有直观性,感性对象才是直观性的。因此,人文理念也没有相应的直观经验。但是现象学探索了一种在逻辑知性、乃至超越性理性层面进行直观的活动形态。比如,不仅能感性地直观红苹果、红裙子、红旗,也能本质地直观“红”色本身,同样也能在伦理本质层面直观“善”与“恶”。这种超越具体感知直观的“本质直观”,类似于中国古代术语的“意境”或“境界”,它使我们以精神意向的“目光”“直观”到了五官直观不到的“理想”或“观念”。这样,人文理念就不再是抽象思辨的概念了,而成为可以直观感受—体验到的“境界”。后来,胡塞尔的学生海德格尔把这种现象学直观推进为人的生存处境的终极领悟,人文科学更成为了实践性的体悟之道。

事实上,正是对独特的“人文经验”的梳理、研究,才形成了(如在狄尔泰那里)人文科学独特的范畴与方法。

(4) 人文科学与个案性。

新康德主义弗莱堡学派领袖文德尔班(W. Windelband)为人文科学争取与自然科学一样的知识(科学)地位,提出了自然科学无法涵括的“历史科学”领域。文氏是从认知主体所采取的方法论差别来规定“历史科学”与自然科学的区别的。这一方法论比较集中于“一般”与“个别”之间的关系的模态不同上。康德提出了两种判断模态:已知一般原则,用其寻找个别(事例);已知个别事物,由此寻求其一般法则。[①] 文德尔班将这两种模态创造性运用于自然科学与“历史科学”的方法论比较中。

> 分类的原则是它们的认识目标的形式性质。有一些科学研究一般的规律,另一些科学则研究特殊的历史事实;如果用形式逻辑的语言来说,有一些科学的目标是普遍的定然判断,另一些科学的目标是单称的实然命题。
>
> 自然研究与历史的分别,首先开始于利用事实来构成知识的时候。这时候我们就看到,前者追求的是规律,后者追求的是形态。在自然研究中,思维是从确认特殊关系进而掌握一般关系,在历史中,思维则始终是对特殊事物进行亲切的摹写。

---

① 参阅康德:《判断力批判》上卷·导论,商务印书馆1964年版。

> 所以，个性的最后的、最内在的本质是不能用一般的范畴来分析的，而这个不可把握的东西在我们的意识面前就表现为一种感情，觉得我们的本质、即个人的自由是没有原因的。①

自然科学以一般性规律为中心：个别性事物只有在一般性规律中才获得说明，反之，个别性事物仅作为一般性规律（法则）的例证才有其地位和意义。但“历史科学”却否认一般性规律可能穷尽个别性事物，认为个别性事物可以关涉与引申出多种普遍法则，然而个别性事物自身是无法用一般性规律法则完整把握的。因而，历史科学着眼于对象的个性、特殊性与偶然性，使用单称的判断与描摹的方法。这种方法特别适合于历史性对象，因为历史是无数个别人物事件不可重复的发生与消逝，它不同于自然科学均质化的原子规律。

因此，如果使用科学方法论的通行术语，人文—历史科学的方法就不是形式逻辑抽象，而是个案研究。关于个案研究，第三章述及教学方法时还会深入讨论。这里需要指出的是，科学方法论意义下的个案研究仍是以逻辑概念为工具的分析综合，但人文科学方法论的个案研究，在根本上否认逻辑概念把握个别事物的可能，因而基于人文科学原理形成了一系列独立的方法，如直觉、描述等。这些方法将在第三章中专门讨论。

（5）作为文化价值论的人文科学。

文德尔班的学生李凯尔特（Von H. Rickert）从价值论角度区分人文科学与自然科学。

自然科学对客观性、普遍性的追求包含着一种脱离人的主观评价的真理信念。因而，避免评价乃至避免一切主观性因素，是自然科学的守则。即使是具有鲜明价值色彩的对象，自然科学也要将其从价值关系中分离出来。

与此相反，李凯尔特强调，人文科学的对象恰以价值性而构成独特领域。这种价值性特别集中于“文化”中。原始的“自然”无价值关系而言，而人类劳作所加工制造的产品则有价值性，它们被称作“文化”产品。

与文德尔班强调人文科学的历史性、个别性、偶然性不同，李凯尔特强调作为人文科学对象的“文化”的普遍性、客观性甚至超时空的永恒性。“文化”成为“价值”普遍而客观的形态。“文化”超越了特定时代的特定有限内容，而升华为人类永恒共有的普遍客观价值体。文化价值的普遍客观性保证了作为人文科学的“文化科学”不流于主观性、相对性，但其普遍客观性又不同于自然科学意义上的“规律”性，因为文化价值根本上仍源于人类自由的创造，它不是异己于人

---

① 文德尔班：《历史与自然科学》，中译文载洪谦主编《西方现代资产阶级哲学论著选辑》，商务印书馆1982年版，第55、59页。

的强制性客观规律。就此而言,李凯尔特关于文化价值永恒普遍客观性的强调,实质上强化了人文科学中人文理念具有的超越性的一面。

(6) 狄尔泰与精神科学。

狄尔泰与更多地是从纯哲学角度进入人文科学的新康德主义者不同,他是真正在独立于传统思辨哲学的人文科学领域中的开拓者。就其工作目标的自觉明确以及建构的系统性而言,狄尔泰都不愧被称作"人文科学领域的康德"。

狄尔泰在"精神科学"名称下,从方法范畴到学科对象,系统地建构了与自然科学并列的人文科学原理。这一原理特别系于以下几个关键概念:

"生命":这不是泛指生物水平的生命,而是对人类生活特征的一种概括,即指人的"生命"。"生命"作为人文主体能动的本体,不再承认在此之上或之后形而上学的理念。它作为人文活动成果的根源,同时也指明了经验实证主义未能抵达的更深的本体。

人的"生命"是以"精神"性为特征的创造活动。对此"生命"或"精神"的把握,即"精神科学"。

"精神"(Geist):作为人特有的"精神",一方面是指抽象思维、形成概念、逻辑推理等理性的创造能力,另一方面是指精神的创造性活动所产生和形成的一切东西。狄尔泰继黑格尔之后,称这后一方面为"客观精神"。它包括了人的"精神"能动对象化了的全部客观存在:从语言、宗教、法规和自然科学,到房屋、花园、工具和耕地。

"客观精神"是狄尔泰精神科学至关重要的概念。这一概念使人文主体性突破了囿于主观领域的唯心论偏向,而成为人类活动及其环境世界内在构成性要素。这一概念使狄尔泰的精神科学与马克思历史唯物主义的劳动对象化理论发生了对话。人文主体性及其自由性不是主观意识自我封闭的属性,而是必须对象化地实现于客观世界的力量。也正因为如此,周围客观环境以及包括自然科学在内的全部人类活动形态,都不再被视为外在于人文主体性的客体世界,而是业已渗透着人文活动精神、体现着人文意义的生命外化对应物。观察人文与自然的这一角度势必引向对自然科学与人文科学、人类与自然更高统一的理解(详见后续各章)。当然,狄尔泰的"客观精神"未能像马克思历史唯物主义那样区分物质生产方式之"精神"性与意识形态之"精神"性的不同层次、不同意义,因而仍有滑向、还原为传统主观意识性主体论的危险。

但"精神"之基点仍在于内在性的人文主体,它被视为客观精神之源。因而,把握"精神"仍构成为不同于自然科学客体对象研究的独特人文方法领域,由此而形成了精神科学独特的范畴概念。

精神科学的若干方法形态:

"理解"(Verstehen)

狄尔泰的名言:"自然需要说明,而人需要理解。"前一句是对自然科学为范型的知识类型的概括,而"说明"则好像讲解员对无言(不能言)的展品死物的介绍,在这种"说明"中,体现着前述自然科学的客体对象观及其相应的剖析态度和方法。后一句是人文性的。狄尔泰把"理解"区分为三个层次:对于人们所说或所写东西直接所指内容的把握,它偏重于外部过程;对于对方说写所表达的"意义"的理解;对于对方说写深层情意心态的体会。作为人文理解,重心在于后两层面。例如,失约误时者说了一句话:"塞车了。"这句话的表层讲了一件事,它是理解最直接而表层的内容。但理解者应从"塞车"事件进一步理解对方是以此解释失约误时的原因,这就递进了一层。更深的理解则应是于此解释之后听出解释者的内心未说出的心声:它或是表示歉意,或是推诿,或是不经心和无所谓……

在第二章第二节与第三章第二节将从原理角度更加深入地讨论"理解"的人文含义。

体验(Erleben)

体验,一方面是从认知浸入生命、生活本身;另一方面又是对生命、生活的自觉省察体会("Er"前缀的能动性)。前一方面是对自然科学主—客分立的静观认识态度的改变(置身生活之外者不会有体验),后一方面又使体验者不同于浑噩生活而缺乏反身省视眼光者(沉埋于生活操作者也不会有体验)。因而,在体验中存在着进入生活(生命)与反省生活(生命)的张力。它们分别代表着精神科学内部(生命)生存感受性与精神主体性两个方面。

体验积累为"阅历"(Erlebnis),它成为一个人的人生世界观的来源:我们不是从书本概念中形成世界观,而是凭自己的精神性的人生事件信服或确立了立场观点。因而人文科学不是诉诸观念形态的说教,而是依靠凭据每一个人切己真实的生活体验与阅历经验的世界观。

表达式(Expressions)

对"精神"的省察不能成为主观的沉思默想,而必须借助"客观精神"所呈现给我们的"表达式"。理解与体验都有一个将内在精神外化、客观化的任务。体验到精神韵律或意义事件的人,如何将真切的感受体会"表达"出来,这并非一件易事。它往往或流于习常流行的语言公式而抹平了所体验到的独特性,或以另一极端的方式变成自言自语式的"抒白",而完全不顾及社会交往既有的语言、姿势等符号表达规则。因此,形成一种既能为人们理解,又能富于血肉鲜活创新言说的表达,是一项真正的艺术创作。

人文科学关注这种艺术创作性的"表达式",研究它们的语言结构与模态、它们的上下文语境、它们对词的选择与加工,乃至表达者的语调语气、面部表情、身体姿势等等。

反过来,"理解"表达者是一项同样创造性的阐释。由此所形成的阐释学

(Hermeneutics),成为人文科学的系统方法论。它也是对狄尔泰表达式观念的系统理论扩展。有关内容在后文中会陆续介绍。

# 第二章

# 人文科学的对象

## 第一节 人文对象与科学对象

### 一、人文对象与科学对象相区分的现代性

**1. 学科对象的区分是现代分化性的体现**

分化性是现代化与现代性基本特性之一。分化性在生产领域体现为分工,在教育与学术领域则是学科日益细密的分科,在社会制度领域表现为功能及权力的分化,在宇宙观中呈现为人与自然的分化,在思维中则是精神与物质实在、主体与客体的分化乃至对立。

现代分化性与古代的混沌一体性相对照。古代生产是分工工序不确定的手艺通才,其社会制度则是政教不分的巫王师吏一体化,其宇宙观与思维模式是人与自然、主体与客体、精神与物质实在的互渗不分。①

正是在这种现代分化性文化大势下,不仅产生了各个特定学科对象的区分,而且出现了人文对象与科学对象大类型的区分。

**2. 人文对象是相对于自然—社会科学对象的区分性概念**

如前所述,人文科学及古典人文学科的现代兴起,是对自然科学为范型的近现代科学的反题性回应。正是在与以自然科学为范型的近现代科学模式的区分性比较中,才产生了现代人文科学及人文学科的一系列特征。区别于科学对象的人文对象即是其中的一个方面。

因此,当人文科学及其人文学科的系统性理论产生以后,应当切记这些人文特性实际上是现代性条件下与科学模式对照比较的产物,人文特性是相对于自然科学特性而言的。需要将人文特性在与自然科学特性比较参照中理解,才能在现代性的问题背景及语境中历史地理解与把握对象;否则,就有可能将人文特性孤立化与形而上学化,使之脱离历史背景而教条化。

**3. 人文对象与科学对象相区分的局限性**

包括对象区分在内的整个人文科学与自然科学的区分,都既有其历史合理

---

① 参阅列维·布留尔:《原始思维》,商务印书馆 1981 年版。

性又有其历史局限性。

如前所述,人文科学是针对自然科学为范型的唯科学主义的反拨,具有重要的现代性批判意义与学科知识及精神文化的互补必要性。但是,人文科学如果停滞于此种与自然科学的对立状态中,却又造成了另一种片面性。在一定意义上,人文科学这种与自然科学的区分乃至对立,恰恰又为唯科学主义所需要而成为后者的必要补充。因此,人文科学更高的使命乃是与自然科学的整合统一(详见末章)。

与之相关的另一个问题是,就学科对象而言,由于"人"或"人文"并非超脱于客体对象的抽象存在,而恰恰是以客体对象为体现形态的对象化存在。因而,对人文对象的理解与把握不可能离开科学对象。例如,一件产品,作为工艺生产的结果,它在科学对象指称下可以是工厂的产品、商业的商品、消费者的消费品。但从人文对象角度看,这件产品却是人的创造性对象化的确证物,这件商品则是人与人之间人性交往、互通有无的伦理中介,这件消费品成为人享受自然与社会恩泽并进而体验人与物、人与人融合境界的人文对象。这里重要的是意向内含(科学涵义与人文意义,详见本章第三节)的不同,但不同的意向内含又都以同一个人类实践活动的过程与结果为依托。

因而,人文对象与科学对象的区分毋宁说是内在意向性的,而非外在实体性的。

当然,这种区分同样表明着现代性自身的局限性:未来的理想社会,将以人文意向对象与科学意向对象的趋于统一为标志。在这种理想状态中,一个对象将既是有用的工具手段,又是美好体验的目的自身。

以上叙述对于下边将进入的人文对象与科学对象的诸项区分具有提示意义:这些区分是历史性的、相对性的、观念模式化的,也是局限性的。

## 二、主体与客体

### 1. 主—客体是人文科学与自然—社会科学对象区分的基点

如果说(自然与社会)科学以客体为对象,则人文科学以主体性的人为对象。这是有关人文对象与科学对象相区分的最基本的哲学表述。这一表述超越了经验意义下将人文科学的对象归结于笼统的"人"的观点。事实上,"人"有主体性与客体性之分。作为自然客体的人一般是自然科学的对象,例如,哺乳类灵长目的人属于生物学或人种学的对象,人体生理学以人体为对象。作为社会客体的人一般是社会科学的对象,例如,管理学、社会统计学等社会科学将人作为自己特定的客体对象。

但是,人还有主体性一面。例如,作为管理客体的人,同时又是主体性的人。当行为科学或管理学"Y"理论注意从人的主体性角度研究管理对象时,它们就具有了人文科学的性质。

**2. 主体观念的现代演化**

主—客体的分化与确定,是近现代社会重要的哲学表征。笛卡尔于17世纪所提出的著名命题"我思,故我在",成为近现代哲学的象征性开端。

笛卡尔以"我思"(Cogito)为基点的主体观将主体归结为理性之"思",这思想着的主体与不能思想的客体事物相对立。这一理性主体观后来在康德那里有了更为丰富的蕴含与扩展。康德的主体观不仅包括认知思维的理性主体,还包括作为伦理意志的主体与情感判断的主体。康德虽然坚持了理性的主体观,但有一个重要的基点:主体最为根本而可贵的是伦理意志,即依据善的命令而决定行为的自由意志,它是比单纯理性思维的主体更关乎人性本质的方面。

黑格尔对理性主体观的重要贡献,是使主体从单纯主观意识的状态中走向客观世界。主体从纯主观自在的状态(正题)对象化为客观自在的状态(反题),进而又携带着对象化成果返回更加充实丰富的主体自在又自为的状态(合题)。这就是主体与客体的辩证法。它保证了主体的自我性与自由性,同时使主体从抽象的主观性充实与实现为真实而丰富的客观化主体。黑格尔的客观化的主体使我们不会再将"主观"与"主体"混同。

马克思将黑格尔这种以"精神"为基点的主体转变为以劳动—实践为基点的主体:主体不是作为能动的精神,而是作为能够使用、制造工具作用于自然的劳动—实践者才称得上主体。马克思又把这立足于客观劳动—实践世界的主体从自我个体扩展为社会群体:主体社会地存在着;而且是变动地、历史地、永无止境地生成着。

但不管怎样,主体范畴属于"人"所特有,而且与"自然"——"物"性之客体相对立:只有人文性主体,才自由地认识与控制、改造着自然客体。正是在这里,显示出了人文科学的主体观与自然科学的客体观相互依存的关系:自然科学的客体眼光依靠的是人文科学的主体性地位。后来胡塞尔现象学之所以宣称人文科学是科学的母体与前提,原因也在这里。

正由于此,在激烈批判现代性的后现代文化中,对人文主体性的消解成为一大主题。"人"与"主体"的消解(乃至消亡),自19世纪以来沿着以下途径发生、发展:

(1)"自我"消解于现代社会关系网络中而不再独立自足:

马克思《关于费尔巴哈的提纲》第6条判定,"人的本质,并不是单个人所固有的抽象物,在其现实性上,它是一切社会关系的总和。"①这一判断基于近现代日益细密的社会分工形势。正是分工使个人不再可能独立,而越来越依赖于社

---

① 《马克思恩格斯选集》第1卷,人民出版社1995年版,第60页。

会性协作。整个现代社会的总体系统与结构开始在越来越大的程度上规定着个性。马克斯·韦伯将基于理性法律而取代个人意志的机构性管理称为"科层制"(Bureaucracy),它已成为现代法制社会基本特性之一。在这种总体性系统结构中,重要的不是个性及其自我意识,而是严格的执行与操作;个体只有进入系统结构,承担由总体规定的角色,才有其地位。

现代性特质之一的理性化,正是放弃自我中心而自觉以客观中立立场尊重系统结构的结果。

"他人"(或"它者")的眼光、话语及存在,是如何暗中先在地制约乃至规定着"自我"的观念,这些在现代哲学与思想中已成为专门论域。

(2)"意识"消解于结构与操作、历史与无意识:

作为主体性核心特质之一的意识性,在现代生活中也被消解。

马克思和恩格斯在《德意志意识形态》中指出了意识形态的两个特性:作为特定阶级集团的统治阶级总要以意识形态将自己夸大为全社会普遍利益的代表;每一个时代统治阶级的思想一般即是支配全社会意识观念的意识形态。[①]现代日益强大的新闻与大众传媒,实际上同现代政党及其"主义"观念处于互补的关系中。在这种现代社会的精神传播结构中,个人的自我意识愈来愈难以独立自在。

现代社会科学同时揭示了社会系统结构的操作运行对自我意识的规定性。第二国际(考茨基、阿德勒、普列汉诺夫)的经济史观强调了经济生产对于社会意识的规定性,行为主义与操作主义强调了肢体动作与操作优先于意识的地位,[②]结构主义强调了结构对于意识与自我个体的规定性。[③]

与上述结构主义趋向相应,弗洛伊德(S. Freud)的精神分析学则揭示了自我意识的深层结构。精神分析学把自我意识区分为理性"自我"(Ego)与无意识的"超我"(Super-ego)及"本我"(Id),实质否定了近代哲学单一理性的自我意识。社会关系性"超我"与自然生命体的"本我"深层地先在地规定了"自我",这同时也就否定了自我意识的理性本体地位。荣格(Jung)对深层心理的集体无意识原型(Collective Unconsciousness)的揭示,使个体自我意识更深远地联系到超越个体生活经历的传统文化,从而,自我意识的主体性来源越发复杂化了。

人文科学的主体性观念为抗衡科学主义的客体性观念而兴起,但在根本上二者却相互依存:人文科学的主体性以科学主义的客体性为对立面,但这恰好是

---

① 参阅马克思、恩格斯:《德意志意识形态》,人民出版社1961年版,第43—45页。

② 行为主义,如美国心理学家斯金纳(B. F. Skinner);操作主义,如美国物理学家布里奇曼(P. W. Bridgman)。

③ 参阅法国结构主义代表列维·施特劳斯(C. Levi-Strauss):《结构人类学》,上海译文出版社1995年版。

科学主义将外界对象视为客体的前提。科学主义将对象视为被规定的客体,同时也就实现了将人作为行施规定的主体。从这一关系思考上述将主体消解、还原为社会历史客体的思潮,我们便会更深入地认识其中的纠葛:一方面,我们可以把上述将主体还原为诸种社会历史客体或客观性规定的思潮看作科学主义客体观念的扩张,科学主义的客体观念从物性对象彻底地扩张向人文主体,它要把人文主体也纳入自然科学的因果决定论中。另一方面,由于人文主体性实质是将外部世界规定、控制为客体对象的科学技术活动的根基,因而,对人文主体性的消解,必然从根本上动摇以人为中心主宰自然界的科学主义。这一点则恰恰又返回到人文科学及其人文主义思潮对科学主义反省、批判的初衷立场。或者毋宁说,这种消解人文主体性的思潮,它一方面揭示了人文主义—人文科学与科学主义对立统一关系属于同一个现代性时代,另一方面又为人文主义—人文科学展示了超越主客体对立、超越人文主义—人文科学自身,从而超越现代性的新视域。从而,那种超越现代性主客体对立的思想,不仅从更为根本的层面反思了科学主义,而且把人文科学思想推向新的超现代性境界。由于所有上述反思与超越终归是人的行为,因而我们有理由将之称为人文主体性的更为自由的形态。

前章所述20世纪初白壁德的“新人文主义”已是对文艺复兴为代表的人役物、主体支配客体的人文主义的超越,这种超越在同时期海德格尔那里,获得了更为彻底的哲学反思形态。海德格尔将现代性科学主义客体观的思维模式归结为“只知存在者而不知存在”的形而上学。客体主义把一切事物都纳入“这是××”的判断中规定为宾词:这是桌子,这是粉笔……,“桌子”、“粉笔”从形态到观念都是作为主体的人的某种技术关系结构中被规定、被支配的客体(“存在者”)。海德格尔的深刻之处在于,他没有像一般人文主义那样在与物性客体对峙的人文主体一极选择自己的立场,而看到了这种见物不见人的科学客体主义的主谓宾判断正以人的自我中心主体为立场。因而海德格尔对作为人文主义与科学主义共同基础的主—客体分立模式进行了追根刨底的批判与反思。海德格尔更为深刻的一面是,他并没有因此简单地抛弃人文主体性及现代性主客关系模式,而视之为现代性历史的事实,对之持历史主义的态度。经由对这种人文主义及其现代性主客关系模式得以可能的前提条件的追究,海德格尔将历史的根源指向一种包括人神天地四元谐一的关系模态。“神”在此不是人格神的上帝,而是指代一种超出人力的客观规定性力量。在这种四元谐一的关系模态中,人文主体性依然有其地位,但已不是现代性主客控制关系,而成为以神圣责任使命感协调、护理万物的牧者、园丁。这一模态描绘出一种超越现代生产方式及社会关系的新型人类的生存方式。对于当代人文科学来说,重要的是应看到,海德格尔在批判现代性主客关系的人文主体性的同时,实质上发展了一种新型的人文主体性观念。这就是海氏在批判传统人文主义时,说“思(Denken)反人道主义,是因为那人道主义把人的人道放得不够高”①的原因。

所谓“后现代主义”(Postmodernism),本质上正是对“现代性”(Modernity)激进(“主义”)的“超越”。这“超越”也就是“后”(post)之比时序更为实质的逻辑涵义:“后现代主义”将“现代性”置于自己面“前”反思(“后思”:Nachdenken),并以激进地批判(“消解”)现代性而成为“主义”。但我们应当记得上章关于现代性矛盾性的论述:“现代性”不是单一的本质,而是包含着对立面的矛盾。这样,后现代主义便成为现代性思想运动的最新阶段:我们毕竟仍然处在现代化与现代性尚未完成的现代。

因而,后现代主义继海德格尔之后对人文主体性的“无”化(“非中心化”、“无根源化”)在实际上包含着两种意义:它在否弃了一切“中心”与“立场”后也否弃了一切价值取向,从而演化为虚无主义;但虚无主义者本身即有其立场(或不妨称为“中心”)。那种被后现代主义者以种种方式描述的无影无踪而又无所不在的消解一切既存物的“无”,曾在海德格尔处描绘出了一个天地人神的形象。后现代主义者可以消解这样的形象,但这消解万物之“消解”本身,却实实在在地让人们体会到了那人文主体性初始的意蕴:自由、创生、能动;尽管在后现代文化中,这人文主体性已不再是人类自我中心主义的,而变得谦逊、顺应和大度。

从而,人文主体性不仅是现代性关系结构中与科学客体主义相制衡的方面,而且是转化并超越现代性的能动因素。前述关于人文主体性的消解与限定,不可能是对人文主体性的否弃,它们从不同角度恰好标示出了人文主体性的关系领域。正是在个体与总体、意识与存在、消解与结构、人类与自然、现实与理想信念等一系列现代性矛盾关系中,人文主体性才动态地保持与发展着。

## 三、人文主体与历史

**1. 作为生命尺度的时间**

马克思说:“时间实际上是人的积极存在,它不仅是人的生命的尺度,而且是人的发展的空间。”②这一判断揭示了人文主体的时间性。

无论个人或人类,都是生命形态的存在,亦即生存。生命是一个产生、发展与结束(死亡)的过程。因而生命是有限的,这在个体生命尤其是一个直观的事实。

但马克思的上述判断表明,生命本身尚不等于时间。我们可以设想最为低等的生命体,它(们)无意识地、浑噩地亦即自发地渡过了生命。在这种状态中,

---

① 《关于人道主义的书信》,载《海德格尔选集》上卷,上海三联书店 1996 年版,第 374 页。

② 《马克思恩格斯全集》第 47 卷,人民出版社 1979 年版,第 532 页。

生命体没有觉察到外界的任何参照尺度，生命体与自己的生命没有分化为某种相对峙的关系，因而也不存在主体。

诚然，自然生命由于已经是其种类演化（进化）的产物，而且它（们）实际上生存于与各种外界事物的关系环境中，因而，不管它们是否意识到这些关系，它（们）自身的生命必然已经是反应性的存在了。生命这种最原始的反应性调节，表现为生命细胞衰变的周期节律，这也就是未分化的最原始的时间形态——“生物钟”。

地球生命体基础的相关环境条件之一，是地球在太阳系中的运转所带来的光明与黑暗、温暖与寒冷。万物的苏醒、活跃与睡眠依此而形成自然生命的节律。人类的生存形态，越是从近现代工业文明向后追溯，就越接近并融入这种自然生命节律。

现代非平衡态热力学把死亡归于寂灭平衡状态，与之相反的方向，是生命体在与环境交换热量、能量中抗拒与外界融为一体（亦即平衡），而不断维持自身高于环境的能量。生命体的这种努力可以视为生命层面的主体性，即它（们）不是顺应同化，而是力图使自身区分于环境而挺立。生命体这种抗拒死亡的主体性努力方向，主要依靠一种区别于自然环境的秩序结构。生命本质上是一种独立（区别）于环境的新陈代谢结构，亦即有机组织形态。生命的组织形态也就是生命活动的节律。这就是时间的起源。

因此，生命主体性努力的方向，指向自组织秩序形态亦即区别于环境的时间节律。生命体采取某一组织方式或活动形态，也就采取了相应的时间节律生存形态。对于人类而言，这种将其从自然万物中提升出来的节律方式，就是**劳动时间**。人类辛勤的劳动，就是刺激生命从自发的自然生物钟节律进入不同于自然生命体的先后快慢的秩序中。劳动造成的紧张，是生命发生变化最直观的标志。马克思所谓作为生命尺度的时间，就是为生命提供一种组织秩序与意义定向的生存形态。劳动成为了人类典范的生命形态，劳动时间成为生命最高意义的节律形态。

将生命纳入某种时间结构，也就是选择了某种劳动生产—生存方式。古代人循环且缓慢（漫长）的时间与农牧业劳动方式相对应，自然经济将天体运转为中心的自然时间（日出日落、雨季旱季、河流涨落、四季荣枯）作为人类的生命尺度坐标，“日出而作，日入而息，帝力于我何有哉”。古代人文主体性（如庄子等思想代表所表达的）正奠基于这种特定的时间观中。

现代人文主体性体现于现代时间观念中，与古代时间循环绵延的自然时间不同，现代时间基于制造业（从工场到工厂）的机械标准化与广阔的商业交换，而形成了以下特性：

（1）生产工艺流程的标准规范化，为现代时间提供了确定而精密的时间分割单位。这种可准确计量与依循的时间支撑着现代人的理性特性。

(2) 基于现代分工协作而空前全球化的市场交换,使每一生产单位的产品生产时间被迫在社会平均化的必要劳动时间尺度下获得自己的劳动价格。市场的竞争以必要劳动时间的降低和缩短为轴心,由此带动了现代时间不断趋于紧张(缩短)的快节奏。

(3) 制造业工艺的技术程序将最终产品设定为目的,由于这一设定超前于现实,因而创造出未来。生产过程的完成将所设定的"未来"实现为"现在",并在后续未来的周期性实现中推移产生"过去",由此生成时间运动流程。因而,现代时间是直线的,时间三维是分化的,而且是以未来为牵引目标的。

现代时间面向未来不断前进(进步)的特性,是包括科学技术在内的现代文明—文化最深层的气质特性之一。这也是现代主体性的基本特性之一。现代时间的这一特性不只基于现代工艺生产与交换活动,而且拥有现代历史哲学信念的人文文化背景。

**2. 现代时间的历史信念**

说人文主体是历史性的,这不只是指人文主体是历史地生成与变动的,而且指历史观念本身参与建构了人文主体。

古代人及其时间观也有自己的历史框架,例如,以孔子为代表的原始儒家将古代(过去)视为历史的顶峰,而自己所生活的战国则是大道远逝的乱世。与古代尊古立场相反,现代时间拥有一个光明美好的未来信念,因而现代人是面向未来的。这种时间观源于现代性的文化历史信仰,它的孕育甚至可以追溯到犹太—基督教的末日救赎观。

古代犹太人长期处于外族异教统治奴役之下,在屡经反抗而一再失败后,产生出一种不再对现世怀抱希望而将希望寄托于弥赛亚先知死而复活并以公义审判这个罪恶世界的信仰。基督教在此基础上以耶稣将重新复活并惩恶扬善的末日审判为中心建立了末日救赎观。这一宗教文化史的思想观念演变,依托世界性基督教运动,从宗教文化角度重大地影响并塑造了现代历史观。现代历史观由此将古代循环的自然时间变为面向未来(末日审判)的直线进步时间。这一新的历史观以耶稣诞生为起点采用公元纪年,赋予进入这一历史进程的现代人面向未来、不断追求进步以终极意义。

伴随文艺复兴与启蒙运动,基督教神学的救赎历史观逐渐衰落,取而代之的是以民族国家为单元、以全球化资本主义工商业为依托的世界历史哲学。这种历史哲学预示了人对自然的征服及文明疆域的扩大具有无限的前景。历史必然进步成为现代人主体性的宏观信念条件。

历史哲学的基石是历史的目的及其意义。历史目的及意义是终极性的,如上所述,它不属于实证经验领域,而在根本上具有信仰性。正是这种属于人文科学对象的精神信仰性的历史哲学,才支撑并策动着现代人以一种空前加速的时间紧张感满怀希望地追求科学与技术的不断进步。进步主义作为科技工商的精神信仰前提,是扩大再生产与创新发明的动力结构中重要的一环。

人文主体性与科技主义在现代性时间—历史框架中正是如此相关地联于一体的。

但是,如前所强调的,人文主体性的反思性却又使之具有超越现代性的方面。因而,人文主体性在时间—历史领域同样发生了对现代性时间—历史观的反省批判。

**3. 人文主体性与现代时间的冲突**

(1) 必要劳动时间与自然生命的冲突。

以社会必要劳动时间度量与要求生命,是现代化历史对人类心性结构最深刻的塑造之一。人类历史上从未有过如此强制人性行为的力量:不只是直接生产与交换的经济活动,而且从政府管理的民族国家、科学家的专业研究,到尚在接受教育训练的学生(乃至幼儿),每个民族国家、每一行业、每一个人都卷入了这场以缩短社会必要劳动时间为中轴的永无止息的竞争。幼儿被卷入这场竞争(学前教育的隆盛),表明了现代时间计程对于自然生命的最广泛强制。

如前所述,人文主体性是在比自然生命更紧张、更高级的时间秩序中建立起来的,劳动时间(工作)代表着人类从动物界中提升出来的新生命秩序。但是,自然生命毕竟有其本身的规律(那是作为大自然物种演化的结果):晨醒晚睡,活动时节奏加快,快速活动一段时间后生命需要恢复休息,入睡后生命节律达到最慢。因而生命时间不是机械生产那样均匀无限的直线,而是有限的(要死亡的)、变化多样的,尤其是因人而异亦即个体性的。强力违反生命的自然节律,如长期服用兴奋剂或在竞争生存压力下驱使生命快速运作(中年人尤甚),就会使生命不堪承载时间而生病乃至夭折。

现代时间对生命自然节律的过度强制,同时导致社会必要劳动时间与个体生命的私人时间的分裂:前者是抽象的、理(知)性的、匀速的,从而是乏味的、令人厌倦的;后者是感性的、速度多样化的,从而是舒适的、刺激的。它们体现着现代人感性—理性、身体—心灵、公共生活—私人生活等一系列的分裂。这种分裂在一定形势下呈现为恶性的分化对应:白天工作越是乏味单一,夜晚的娱乐便越是原始与刺激。这种情况显示了现代性矛盾条件下,人文主体自身的分裂与异化。如何克服这种分裂与异化,使主体的自然生命与工作劳动趋于平衡协调,已是现代人文科学重大的课题。

(2) 时间三维的冲突。

现代时间的决定性维度是未来。未来对现在与过去的支配,在信仰主义时代赋予现在以崇高的激情。但在信仰主义衰微的时代,一个贬低过去、抛弃现在、轻视过程的未来抽空了现代人的生存依托。愈渐抬头的个体自我意识视未来对现在的吸引为异在他者对自我的催迫。由此产生了现代性特有的焦虑(进步能量的期待性积累与压迫感)与虚无感,并导致了对未来的攻击。取缔未来曾是现代思想史与社会文化运动激进的目标。20世纪60年代的欧美个体生存主义运动的一个象征性行为即砸碎钟表。尼采重估价值的基点,则是一反基督教以来指向未来的直线进步时间—历史观,返回古代循环重复的时间—历史观。

对未来的涵摄与转化,或者是现在时的,即以“当下瞬间”的此时此刻为意义充实的基点,以“过程即目的”的心态沉浸于现在时,从而使自我从受驱使牵引状态返回主体自身。以“过去”收摄未来,则将文化传统视为人生意义积累的最终成果,通过“记忆”、节日时间等保存与传统的联系,以克服未来的恶性牵引。

上述对现代时间的人文批判往往是一种矫正或抗衡。无论“现在”或“过去”,都不可能真正吞并“未来”。因此,如何在现代性条件下,逐步探索一种更加人文化的时间三维结构,同样是人文科学的时代课题。

时间三维的人文主体化,不是人的心性态度孤立封闭的自我调节所可能造就。从根本上说,人文主体时间三维的人道化,乃是以社会生产方式为基础的社会存在整体变革的结果。马克思的自由时间理论,便正是这样一种依托现代社会生产方式的内在矛盾运动、拥有历史实践性的观念。

资产阶级国民经济学已经发现了自由时间。但在他们那里,自由时间作为非劳动的闲暇时间与直接的劳动时间处于抽象的对立中。而且,即使自由时间转化为直接生产过程的意义而获得肯定,那也是将自由时间作为扩大再生产资本主义社会关系的手段。“资本的不变趋势一方面是创造可以自由支配的时间,另一方面是把这些可以自由支配的时间变为剩余劳动。”①马克思的自由时间却享有人类学的本体论地位,它是超越了谋生性社会必要劳动时间的人的自由个性的实现条件,其最高典型乃是对应于全面发展的人的活动。② 但是,不仅全面发展的个性有赖于世界交换市场所创立的普遍交往关系,自由时间本身也有赖于社会必要劳动时间的缩短与剩余劳动的积累而扩大。随着生产方式的日益科技化,“直接劳动本身不再是生产的基础,一方面因为直接劳动主要变成看管和调节的活动,其次也是因为,产品不再是单个直接劳动的产品,相反地,作为生产者出现的,是社会活动的结合。”③“那时,财富的尺度决不再是劳动时间,而

---

① 《马克思恩格斯全集》第46卷(下),人民出版社1980年版,第221页。

② 关于马克思的全面发展的人的概念的汉语研究文献,参见丁学良:《马克思的“人的全面发展观”概览》,《中国社会科学》1983年第3期。

③ 《马克思恩格斯全集》第46卷(下),人民出版社1980年版,第222页。

是可以自由支配的时间”。[①]“于是,以交换价值为基础的生产便会崩溃,……个性得到自由发展,因此,并不是为了获得剩余劳动而缩短必要劳动时间,而是直接把社会必要劳动缩减到最低限度,那时,与此相适应,由于给所有的人腾出了时间和创造了手段,个人会在艺术、科学等方面得到发展。”[②]自由时间用于个人的全面发展,并非仅仅因为这种发展是创造财富的源泉,而是因为在根本上说,个人的全面发展本身才是个人与人类时间—历史进程的本体性目的。这也是自由时间回归本位的独立。它意味着基于社会因素的强制性分工交换与占有财富为目的而生产的社会必要劳动时间不再主宰社会时间,取而代之的将是基于自然差异的个性选择与多样活动形态尺度的时间。在这一由现代社会必要劳动时间推动趋进的自由时间地平线上,矗立着迥异于个人与社会、感性与理性,过去、现在与未来、人与自然诸现代性冲突的新型关系时代。这也是现代人文主体性最高的理想。

## 四、人文主体与个性

### 1. 个性与原子

科学,特别是以近代物理学为范型的科学主义,如前所述,习惯于将对象作为客体看待。科学主义的客体观,又以无机物及其原子构成为典型图像。原子是构成客体的基本单元。尽管在原子基础上又可进一步追寻更基本的粒子,它们又有种种命名,但从古希腊的德谟克里特到现代逻辑经验主义,原子这一名称却一直是关于客体对象个体单元的代称。

原子有个体之数量,但却无个性差异,它们以一定的数量与一定的排列秩序而构成不同的客体之物。科学主义思维模式的一个方向,正是力图透过不同的物质形态寻找其最深层的共同本质——原子或曰基本粒子。

作为人文科学对象的人文主体却不是原子,而是个性。个性不等于个体,它是现代性的产物(详见后文)。个性也不等于个体的人。个体的人在人类迄今的历史中可以以原子的性质与形态存在,如古代的奴隶、现代法西斯极权主义下的大众。

人,如前所述,其生命存在是有限的。不仅无数个人,而且无数群体性民族、集团,其生存都具有有限时间限定下的特性:他(她)或他们都将永恒消逝(死亡)而不会重生。个性水平的个人或群体是不可重复的。人类的历史学所概括归纳的诸种规律,只是近似性质的现象重复,这些现象实质是绝不等同的。

个性不可重复的一次性与必死性,使人文文化意义的个性成为人类历史个

---

① 马克思恩格斯全集》第46卷(下),人民出版社1980年版,第222页。

② 同上,第218—219页。

性的美丽长廊中无与伦比的珍品。我们甚至可以说,这些个性就是历史意义的结晶体。这不仅指历史伟人,也指所有存活于人们记忆中的日常熟人。

个性不可重复的一次性引申向科学技术创新的独一无二性,这一特性又恰恰从个性角度印证着人类在大自然中的地位(尽管现代生态意识已将人类的这一特性扩及全部自然物的存在,但它引向了类似古老的自然神学对创造主的惊赞)。

个性不可重复的独一无二性象征着个性最高的价值——自由。人文科学所面对的主体在自由个性这一名称下达到了最高的主体性。人文主体核心的特质即作为自由个性生存。《共产党宣言》在驳斥关于社会主义将剥夺个性与自由的私有制偏见时宣称,无产阶级革命所争取的"将是这样一个联合体,在那里,每个人的自由发展是一切人的自由发展的条件。"①《资本论》同样强调指出,共产主义是以"每个人的全面而自由的发展为基本原则的社会形式"。② 作为集体主义社会思想代表形态的马克思主义的上述立场表明,自由个性决非资产阶级意识形态,而代表着现代性思想中一个不可易移的文明—文化基点。

**2. 个性与现代性**

作为人文主体性的自由个性是现代性的产物。

古代社会是以血缘为纽带的群体性社会,无论母系氏族或父系氏族,个体在本质上只是血亲群体中的"原子"。即使在对偶婚及家庭所有制中个体获得了"父"、"子"、"兄"、"弟"、"姐"、"妹"等身份,那也仍是从属于(自然)血缘群体的"准个体"。

这种"原子"式或"准个体"式的人类个体生命状况并非仅属古代社会的原始状况,而是在人类文明史上持续存在的现象。卢卡奇引据马克思的说法称这种无个性的个体生命群为"无声"的沉默群。他指出:

> 劳动和分工也将只能在客观上扬弃人类的无声性;只有当不再是无声的人类不仅自在地存在着,而且还实现了自己的自为的存在的时候,才能真正扬弃人类的无声性。
>
> 然而要达到这个地步,在社会存在中就必须有一种关于在社会再生产中产生的自在的悟性,这种悟性肯定在一定条件下产生的人类体现也属于自己的——即也属于个人的——存在,就是说,通过一种价值设定而承认这样产生的价值。③

---

① 《马克思恩格斯选集》第1卷,人民出版社1972年版,第273页。

② 《马克思恩格斯全集》第23卷,人民出版社1972年版,第649页。

③ 卢卡奇:《关于社会存在的本体论》下卷,重庆出版社1993年版,第185—186页。

卢卡奇认为自在并自为的人类才能打破“无声性”，达到这样水平的人类依赖一种将人类总体价值同时视为个体自身价值的个性自我意识。这种个性实际上指向着人文主体的一种理想状态，而在人类历史上，实际那只是少数时代少数个体才实现了的状况。不难看出，不仅古代血缘群体中个性罕能产生（那往往被称为“天才”），而且在政教合一的中世纪与强制意识形态统治的现代（如纳粹德国、中国“四人帮”当权的“文化大革命”时代），乃至自由民主社会的大众传媒文化控制下，真正的个性都只是少数人。

尽管如此，个性仍然是现代的产物。古希腊时代苏格拉底之遭处死，在黑格尔看来，乃是因为苏格拉底是一个超逾时代的个性人物。[①] 而在布克哈特（J. Burckhardt）看来，西方社会迄至文艺复兴，才产生出第一批“个性的人”。[②] 马丁·路德以个体自我直接与上帝对话的新教信仰形态，成为现代性的开端，这表明了个性在现代性中至为关键的地位。具有自我意识与意志自由的主体即成为法权主体的人格（Personality）。[③] 人格主体观念成为17世纪开始的自然法与契约论的思想基石，这一现代性观念直接导致了现代民主社会制度的建构。人格主体不仅自主判断决定，而且把其他人也作为人格主体平等对待，这就是康德哲学著名的道德命令：“不论是谁在任何时候都不应把自己和他人仅仅当作工具，而应该永远看作自身就是目的。”[④]

因此，现代个性的人格主体，其本意并非个人主义，更不是唯我主义。

**3. 积淀与突破**

现代性的人文主体个性生成于现代化的社会存在变革中。个性主体有其社会存在的前提条件，这意味着个性主体具有被生成的受动性。现代社会一方面出现了空前自由的个性化主体，另一方面又以其愈趋细密的社会分工及其制度，使个体受制并淹没于其中。个性在现代的这种矛盾处境是现代性悖论之一。

把握这一矛盾的一个恰当立场，是马克思的实践主体观。马克思在《关于费尔巴哈的提纲》中指出：“有一种唯物主义学说，认为人是环境和教育的产物，因而认为改变了的人是另一种环境和改变了的教育的产物，——这种学说忘记了：环境正是由人来改变的，而教育者本人一定是受教育的。……环境的改变和人的活动的一致，只能被看作是并合理地理解为革命的实践。”[⑤]“从前的一切唯物主义——包括费尔巴哈的唯物主义——的主要缺点是：对事物、现实、感性，只是从客体的或者直观的形式去理解，而不是把它们当作人的感性活动，当作实践

① 参阅黑格尔：《哲学史讲演录》第2卷，商务印书馆1983年版，第100页。

② 参阅布克哈特：《意大利文艺复兴时期的文化》第二篇，商务印书馆1979年版。

③ 参阅黑格尔：《法哲学原理》，商务印书馆1982年版，第44—47页。

④ 康德：《道德形而上学原理》，上海人民出版社1986年版，第86页。着重号系原文所有。

⑤ 《马克思恩格斯选集》第1卷，人民出版社1972年版，第17页。

去理解,不是从主观方面去理解。所以,结果竟是这样,和唯物主义相反,唯心主义却发展了能动的方面,但只是抽象地发展了,因为唯心主义当然是不知道真正现实的、感性的活动本身的。”①基于这种实践性唯物主义的主体观,我们就不会在主体—客体、精神—物质、个性—总体诸矛盾中陷于形而上学的对立中。

例如,《关于费尔巴哈的提纲》第6条:“人的本质并不是单个人所固有的抽象物。在其现实性上,它是一切社会关系的总和。”②流行的理解是据此将人的主体能动性消解,还原于社会关系结构,特别是将个性化主体消解,还原于总体社会关系。这种理解表现出对个性主体的消极乃至否弃的态度。但是,一旦联系到马克思全面整体的人学观,这种反主体、反个性的人学观显然不是马克思的观点(详见后文)。就这一命题本身而言,注意到“在其现实性上”这一限定短语是必要的。人的本质不仅是现实性的,而且是理想性的(详见后文)。就其现实性而言,人体现为社会关系的总和:奴隶制社会关系、封建依附社会关系、资本主义自由雇佣关系、社会主义新型的社会关系,等等。但这些不同的甚至对立的“社会关系总和”除过“在其现实性上”相等同外,它们在体现人的本质的理想上却是大不相同的:或者是人性的、趋近人性的,或者是野蛮的、反人性的。在什么意义上判定其“人性”或“反人性”呢? 根据一种人文主义的理想。人文理想与人的现实社会关系不同一,前者作为价值理念批判与超越后者。从这里我们可以看到人文主体的主体能动性或“革命的实践”性。

“社会关系的总和”揭示了人文主体的社会存在形态,是不同于人文科学的社会科学说明,它指出了人文主体实践变革的途径与对象——社会关系的改造。

在“社会关系的总和”与个性主体之间同样存在着辩证的关系。一方面,现实的个人必定受制于特定的社会关系结构,并在既定的社会关系影响、教育下形成自身。就此可以在一定程度上肯定个性主体是社会与历史积淀生成的文化心理结晶体。但在另一方面,每一个性主体又是积极能动地改造、变更既成的社会关系结构并创生新社会关系结构的动力,正是在作为历史与社会关系主体的人的实践推动下,社会关系才历史地生成与演变着。“人们的社会历史始终只是他们的个体发展的历史。”③“共产主义所建立的制度,正是这样的一种现实基础,它排除一切不依赖于个人而存在的东西,因为现存制度只不过是个人之间迄今所存在的交往的产物。”④“生物的发展是直接在类的个体中完成的(但不是被这些个体完成,而是这些个体被完成了),而经济发展过程的进程却只有通过人

---

① 《马克思恩格斯选集》第1卷,人民出版社,1972年版,第16页。

② 同上,第18页。

③ 《马克思恩格斯全集》第27卷,人民出版社1972年版,第478页。

④ 《马克思恩格斯全集》第3卷,人民出版社1960年版,第79页。

的目的性活动(直接的,但仅仅是直接个人的、属于类的个体的活动)才能被完成。这样,经济就既成了实践着的个人的创造者同时又成了他的产物。"[①]离开了人文主体,特别是作为新型社会关系结构创造先驱的个性主体对既成积淀关系的突破,社会关系结构的产生与变动将不可理喻,并会滑向神性天命宿命论。

因而,个性主体既是被积淀生成的,又是突破既有积淀结构而生成新结构之动力。

## 第二节 人文理想

### 一、人文主体的理想性

人文主体的理想性包含有相关的两个方面:人文主体与外界发生关系,其主体性标志之一,是以理想观念(理念)对待(要求)外界对象,并改造环境;作为人文科学的对象,人文主体本身不是一个完成了的实体,而是一个向理想化形态趋进的未完成体——对于人特有的本质而言,重要的不是人既成的状况,而是人面向未来永远追求的姿态。用德国哲学人类学家舍勒(M. Sheler)的话说,"人就是能无限制'向世界开放'的X。"[②]质而言之:"人"以理想改造外界,人也以理想塑造自己。就后者而言,作为人文科学对象的人文主体具有理想(理念)性质,即它是一个理念。

**1. 人理念地感知外界**

英国唯物主义经验论哲学家洛克(J. Locke)著名的"白板说",将人的心灵喻为被动接受外界刺激而留下印痕的白板。后来康德哲学矫正了这一说法的片面性。他从人的感觉、认知、意志和情感基本领域揭示了人的主体性。人不是仅仅围绕对象接受刺激的受动体,而是以自己特定的感知、意志与情感向自然对象"立法"的主体。

就人最基础的心理意识层面的感觉与知觉而言,人已拥有特定的时—空感受框架形式。心理科学与意识哲学从不同角度证明了这一点。格式塔心理学与现象学都揭示出,人的意识即使在最为简单的感知中也无可避免地追求完整(完满)性:我们会"自然"地将眼前的[]不看为八段直线,而"天然"地倾向于将它们整合为一个正方形,至少也整合为四个直角。"格式塔"(Gestalt)作为心理

① 卢卡奇:《关于社会存在的本体论》上卷,重庆出版社 1993 年版,第 57 页。引文据原文对原中译文略有变动。

② M. 舍勒:《人在宇宙中的地位》,上海文化出版社 1989 年版,第 28 页。

意识过程的完整知觉形式原则，表明了人类趋向完满理想的源始性。现象学以真切描述意识（意向）并还原消解夸张性大观念著称，但现象学的研究结论却是：人的意识与意义理解不可分，对象——例如一张桌子——即使仅呈现为三个面（我们不可能同时看到背面），也在意识中依据“桌子”的意义及其结构被完整构成而感知。当不完整的感知因其残缺而无法维持最基本的意义单元时，将成为不可思议之物（“这是个什么东西”?），从而意义与观念的设定与构成性因素在人最基础的感知中也是不可勾销的。

与一般外界客体对象不同的是，作为人文主体的“自我”并不浮现在日常经验意识中，而是抽象反思的对象，因而是更加自觉的意向构成的对象。由于人文主体性自我不是经验层面的“自我”（相貌、体态等），人不能直接通过镜子的反射直观把握自我。因而，人文主体性的自我意识，就其最深层核心而言，乃是人自我反思的一项最高目标。这一目标并非轻易可达：我们会经常体会到“我究竟是怎样一个人”的困惑。自我反思，在此不止是对“自我”事后的回忆，而且是将自我的过去、现在与未来三维整合一体的构想。因而不可能局限于实在感知经验中，而必然调动想象与观念。这一构想的参照是人不同层面的理想观念。

人以理想化模型感知外界对象并特别以理想化观念提升“自我”与人文主体，这一精神特性更深层地根源于人生活动的价值论立场。

**2. 人文主体的价值取向性**

人以劳动形态生存。在劳动生存形态中，目的的设定是一关键环节。如前所述，这种目的设定从本质上规定了人的生存的时间性，特别是面向未来的特性。同样如前所述，现代化及其现代性塑造使这一面向未来的特性更加强化而激进。这种面向未来的目的设定，也就是人文主体的价值取向性。人的劳动—实践目的设定，将人与外界对象结成一种价值论关系。

因而，劳动目的本质上就是价值论的理想，即一种有待努力争取实现的合乎人的需要的未来状态。这里应注意的是，这种价值目的或理想是有不同层次的。当代人本主义心理学家马斯洛将人的需要动机概括为五种水平，从低级的需要开始到高级的需要，排成梯级：(1)生理的需要，如饥饿、口渴；(2)安全的需要，如安全感、稳定性；(3)相属关系和爱的需要，如伦理交往与依赖的感情；(4)尊重的需要，如威信、自尊；(5)自我实现的需要，它特别指一个人对自己个性才能的施展与对象化。与上述不同需要对应，在未来一维就存在着不同层级的目标或理想。这里特别应注意的是，迄今的人类社会历史状况并不能普遍地给予每一个体以完整的需要满足，特别是个性自我实现的需要，在大多数时代、大多数人那里甚至未曾意识到、更未成为奋斗的目标。多数人在一般情况下只是产生前四种需要与目的追求。越是低级的基础的需要与目标，越不成其为“理想”。“理想”一词，在一般情况下指称那种可望不可即，亦即距离现实甚为遥远的价值目标。在一个世俗幸福主义(快乐主义)人生观流行的时代,重视的是“现在”时刻的享受与占有性实现,而对难以实现的“未来”,特别是更为远大的未来“理想”,则淡漠甚至否弃。

由此发生的一个重大问题是,这种无从当下兑现甚而永远无法等同于当下现实的理想是否还具有普遍意义?对理想的执著,称作信仰。在现代与后现代文化氛围下,一种不是在宗教人格神的意义下,而是在人文理想主义的普遍意义下的信仰是否还是人性的一个必要构成因素?

**3. 人文主体的信仰性**

现代文化的误区之一,是将信仰狭义地专属宗教;而个人主义或唯我论则将人文主体性与信仰性对立起来,作为社会思潮的后现代主义甚至根本否弃信仰。

然而有无信仰,是人兽区别之一。这不仅是终极(本体)价值论判断,也是人类学意义下普遍与基本的文化功能判断。

野兽囿限于自身生存,只对与此直接关联的觅食对象、藏身处所等具体物质实在产生反射(反应)。如果用拟人的话语来说,野兽只相信与自己生命活动直接关联的环境的实在性,而无视(不注意)任何超出切身环境的世界。只要留神观察,就不难发现,这种动物性在相当多数人的生活态度中也依然不同程度的延续着。

人类以其普遍因果联系的工具技术打破了狭隘的野兽实在感,新康德主义者卡西尔(E. Cassirer)将人这种超越直接经验实在的能力归之为符号(Symbols)。与动物也有的记号(Signs)相比,符号人类学新质的一个主要点是,它意向指称的对象不仅是现实的,而且是可能的,甚至即使不可能但却是理想的。这后一点使人拥有了比顺应现状的“是”更多的“应该”。例如,人类历史上各个民族或文化社区团体都向往与憧憬着一个比现状更加美好的理想社会,中国先秦儒家所构造的大同天下,基督教预言的千年至福天国等等。

这里出现的问题是,这类从未实现的理想事物在期盼者的心目中是否是真实的?毫无疑问,对于虔诚的宗教徒而言,这些理想或预言不仅是真实的,而且比日常生存中的食宿或劳务更为真实。这种对非(直接经验对象)实在的实在感,就是信仰。在多数宗教那里,以生存为核心的世俗真实由于被推移向无限广大时空背景而沦为无意义的循环重复,甚至完全成为一己个体的心理经验、全无实在可靠性。英国经验论者休谟就对个体自以为真实的切身环境实在观念做出了毁灭性的分析。他指出,人们自以为触摸见闻到的桌椅、人事已是实在本身,其实那只是人心理经验在联想律下的映象。至于实在本身的桌椅、人事是什么,由于人不可能超出自身心理感知这一绝对中介,因而那是永远不可知的。

对于休谟上述不可知论多数人可以不关心(那种探究本身就已超出了直接生存需要),因而可以无思想地混日子。但是一旦思考休谟的论证,就会沿此堕入无可依托的深渊,实在感由此崩毁。因此,后来海德格尔通过研究尼采,就明确得出一个结论:囿限于直接感知对象的经验(即只承认具体存在物“das seinde”)势必导致虚无主义。它意味着什么也不相信了。这是近代经验实证论兴起以后道德衰落的一个关节点。

只对直接生存环境有实在感的现实主义,其实就是不自觉的虚无主义。

康德回答了休谟,他攸关重大地区分了认识与伦理,而其中一个不大为人注意的关键则是对两种实在感的辨析。他把常人朴素的直接经验对象的实在感归于“现象界”,这是科学知识的领域。但这种实在感并非对实在本体(事物自身)的认识,实在本体不可知之,只能想象或思辨为理念(Idea)。在认识论中,理念是非实体性的空无,但进入伦理领域中,理念作为道德(自由)却成为实在。因而,对于“神”、“不朽”与“自由”必须(应当)具有实在感。这无关乎认识,而关乎伦理本体基石。

这里涉及到如何评价与理解柏拉图著名的实体理念论。早在古希腊爱利亚学派,就认为川流不息的现实世界不及理念更为永恒真实。而智者学派从实用主义立场将理性逻辑与伦理形式化(一切命题都是假的,只不过是玩概念游戏),从而毁伤了伦理。苏格拉底与柏拉图正是基于反抗这种伦理虚无主义才强调了那抽象而普遍的理念的实在(真实)性。这种理念主义(Idealism)的伦理(而非认识)含义至今还存活于“理想主义”(Idealism)这一词语中。

由此我们可以引申出若干重要结论:(1)有两种实在感,一种是对直接经验对象的朴素实在感,另一种是对非直接经验对象的实在感。胡塞尔将之区分为“real”与“reell”,即事实的与意向观念中的不同实在。(2)唯直接感知对象的实在感,不但局限褊狭,而且以动物式自私自利为立场背景。文德尔班因而说只认单个个体为实体,而将共相仅看做集合名词的唯名论是“个人主义形上学”。超越一己感知,将实在感扩大向非直接感知对象,这同时意味着超越一己功利态度。所以它不但是认识眼界的扩大,更重要的是对一己之外的他人、他物的同情与交往,从而是伦理责任成立与扩大的心理前提。反之,一个除切身利益环境之外一概视为虚妄不实(“与我无关”)的人,是不拥有世界也没有责任心的人。伦理主体的实在感随着对直接实在经验的超越而扩大,同时也成正比地承诺更多的责任而发育为更高的伦理主体。中国古代儒士从一己之“身”逐层扩展为“家”、“国”、“天下”的责任承担者,也就是超凡入圣的过程;当代环境保护者从爱自己扩大为爱他人、爱后代、爱自然生命、乃至爱无生命的自然整体,也就是走出自我中心与人类中心的封闭状态而不断提升自己道德境界的过程。

动物式自私者仅仅感知与肯定一己生存环境的实在性,而一个有信仰的人却为一种似乎抽象不实的概念(如“民主”、“公正”)而捐躯。但这依然是功利范围内的量的不同。当这种观念全然脱离了实在的功利内容时,如果有人依然坚信其真实性，就产生了宗教徒。

这样，对非直接感知对象的实在感又可进一步分为两种类型：

（1）与认识论脱离的纯粹人文信仰。对信仰对象的实在感实质是对主体超越自身的外在目标执著。因此，信仰对象本质上是人文主体的意向投射，它属于善与美，实在感则是这一意向情感强度的极致表现，或者说是一个意向焦点。

（2）与认识论同一的信仰。这种信仰下的实在感已不仅是信仰情感的投射，而同时判断信仰对象不仅为善与美，而且为真，视之为实在对象。这就是宗教信仰的实在感。严格意义上的基督教不是把《圣经》仅仅作为精神态度的指南准则，而是虔信《圣经》所记载的历史的真实性，甚至相信它所指示的宇宙自然面貌。因此，对耶稣死后第三天复活的坚定信仰，成为基督教兴起的重要推动力量，而地球中心说受到哥白尼太阳中心说的挑战，也就不是一个纯自然科学的知识论问题，而是攸关宗教信仰的真实基础。

这里须注意的是，宗教信仰尽管将信仰与知识同一化（与将信仰知识化的启蒙主义者相反，是以信仰统一知识），但不完全等于迷信。一个关键的区别是，宗教信仰包含有对自然人欲以及世俗界的提升与超越，而迷信则属于文明时代的巫术残余（巫术提升精神的职能早已移交给宗教，只剩下实用外壳），即它具有强烈的人欲功利实用性。宗教虽非科学，但它并不是付诸技术操作的功利手段，而以净化人的功利态度为主旨，而迷信却以不科学的观念指导功利技术（如以算卦卜求丢失的物品），因此不仅蒙昧，而且鄙俗。迷信超出个人范围而团契化，即为邪教。

对非实在的实在感不限于宗教，因而信仰态度也不限于宗教徒。人普遍地在各类活动中都暗中倚恃着信仰。例如，即使在信仰淡化的商业化时代，作为信仰衍生形态的“诚信”或“信用”恰恰构成市场伦理的基石。前边已较多谈过伦理信仰，而对于科学认识来说，也实与信仰不无关系。

康德虽然强调科学认识不能究极实在本体，但他同时也指出，在科学认识中，一个设定的对象实在理念却是不可少的“目标”或“焦点”。例如我们虽未把握“太阳”本身，却必须把感知到的朝阳、夕阳、烈日等“现象”聚焦于“太阳”实体，从而才会有日渐系统的太阳的科学知识。因此，对物质实在的信仰特别为那些处于探索前沿的大科学家所强调，例如爱因斯坦。与爱因斯坦争论的哥本哈根学派虽然强调量子的非实体性一面，但那有突破古典力学实在论的针对性，他们说微观体本身不可知，但却处于意向把握之中，即为意向所指趋。而这种意向性客体，如后来胡塞尔从哲学上所证明的，却必须附有起码的实在感（否则无从构成研究对象）。胡塞尔强调有对抽象共相的“红”的实在感受，即“本质直观”（Wesenserchauung），也正依据的是数学研究经验。

我们会不假思索地进入电梯、飞机，信赖它们载我们上天入地（尽管我们甚至完全不懂其构造);同时信任银行、邮局会替我们转交钱物,尽管我们甚至不认识这些机构的任何一个人……在对科学与社会机构的信赖与信任中,我们实际已怀有最基本的信仰。这种信仰态度,为每一个普通人平常的认识与伦理活动所需要。当人们说到间接经验对象(如秦始皇)或集合概念(如"食品")时,从未怀疑其实在性。由此可以推广出一个普遍性结论:指称表达中的全部言语都有其相应的实在感,即使是说到"独角兽",也在言谈者心中拥有起码的实在感。这种实在感是真实而道德的言谈必需的一个条件。反之,当一个人言说(或写作)一个词语时缺少实在感,就会流于轻浮的"游词",例如,我们听或读那些缺乏自身体验的青年才子夸夸其谈时所遇到的,他们与他们的话语都无根柢地飘浮在半空。如果一个人言谈某一事物却对之毫无实在感(如"理想"、"爱情"),甚至认为仅仅"说说而已",并无体验,那就失却了"真诚",这正是不道德的渊薮之一。如果进一步有意识地玩弄语词概念而不投入任何实在感,就演化为"说假话",此即欺骗。不道德在此即无信仰。

信仰的观念亦即信念也就是理念,它同时就是理想。包括否弃理想主义的极端后现代主义者在内,我们每一个人都自觉或不自觉地有着理想。

而在所有的理想中,关于人的理想占据着核心地位。以人的理想为核心的理想论或信仰论构成人文科学的核心部分。对于后神学的现代而言,人文科学的信仰论接续与承担了现代性信仰论;对于超越人类中心主义与自我中心立场的后现代而言,人文科学的信仰论则代表了超越人类自我中心的新人文主义方向。

## 二、全面发展的人:人文理想的现代形态

### 1. 人文理想的历史性

如前所述,人文主体是历史性的。人文主体的历史变化性,不仅体现为每一时代人文主体在政治、经济等社会存在状况方面的差异,而且也体现于每一时代人文主体关于自身的理念(理想)的差异性与变动性中。

作为绝对的、形而上的理想(理念)却又同时是相对的、形而下的历史变动观念。人文主体的理想(理念)性,是相对于本时代现实的人性经验而言,一种价值论的完善模型。但人文主体(包括其理想)的历史性,却揭示了这种至善至美的人文主体理想(理念),其实是特定历史时代的人性观念的投影。因而我们在不同时代、不同文化传统下看到了各种不同的人性定义与人性理想。由此产生的重要问题是,一方面我们不可对人文主体理想(理念)怀抱一种幻觉,将之视为古今中外不变、超时空的唯一人文理想(理念);另一方面又不应堕入相对主义乃至虚无主义的人性观中,否弃一种超越现实人性经验模态的完善人性理想(理念)。这后一方面,在现代性特别是后现代文化中已成为流行的思潮:一种崇高的人的理想观念已经淡化远逝了。这种现状并不能因其现实性而被认

肯,它恰恰是现代性反思与批判的一项内容。

透过人性历史、民族、文化的多样形态而感受到一种普遍而崇高的人性,这始终是古今人类共同趋向的心态。“大同”与“四海之内皆兄弟”的信念深处乃是对人性普遍性的信念。人文科学作为“科学”之所以可能的内在基础,正是人性历史多样个性与人性普遍性的统一。失去这种统一性,人文科学也就没有了统一的对象。人性的民族性与历史个性决不是普遍人性的对立物。恰恰特别从超越这种对立的现象形态中——那些走在争取黑人民权抗议游行前列的白人,为坚持与巴勒斯坦人和平共处而被本民族极端分子枪杀的前以色列总理拉宾,以及为之与以色列人共同垂泪举烛哀悼的阿拉伯民众——才格外清晰地显现出那大写的“人”的身影。因而,人文主体理想的历史性并不意味着人消失于过去与现在的积淀物中,而是在摆脱了非历史的抽象思辨人性理念后使之返回真实的历史生活中,在面向未来的不断自我超越中成为历史的一个动力环节。

对于现代人来说,就是要立足于现代—现代化与现代性的矛盾运动,并且在反思这一矛盾运动中展望现代历史的地平线,历史真实地升华出一种牵引现代性矛盾的人性理想。

这一现代性的人文理想,就是“全面发展的人”。

**2. “全面发展的人”与现代性矛盾**

现代化进程在现代性方面亦即现代人的心性结构领域所造成的矛盾是:一方面,现代人类在族类总体上日新月异地获得超自然的全面发展,而另一方面,现代个体却相应地愈来愈失去个体的自足独立性,被专业—职业分工分化为社会机构的零件;一方面,现代人凭藉科学技术为自己生产出越来越富裕多样的对象产品,另一方面,现代人又愈来愈脱离自然界而成为人造世界的寄生者;与之相关,现代人越来越理性化,但在感觉上却越来越单一化、片面化……这一系列分裂导致集中体现现代人价值观的“自由”的分裂或悖论:与古代人相比,现代人特别是现代个体,既是无可比拟的自由,又陷入空前狭窄的限定性处境中。

如前章所述,伴随现代性矛盾所兴起的人文主义思潮,从卢梭、赫尔德、康德、席勒到马克思,其反思批判正是以对人的分裂(异化)为中轴展开的。

也正是在对上述现代人的现代性分裂的反思批判中,产生了现代人性的理想——一种作为整合与矫正现代性分裂的“全面发展的人”。这一理想经历了种种演化形态。

作为现代性开端代表的文艺复兴的人文主义者,以达·芬奇、米开朗基罗等在艺术、科学、技术广泛领域施展才能的“全才”而著称。“文艺复兴……由于它首先认识和揭示了丰满的完整的人性而取得了一项尤为伟大的成就。”[①]现代人文学

① 布克哈特:《意大利文艺复兴时期的文化》,商务印书馆1979年版,第302页。

科观念正是以此为历史背景而复兴与阐扬了古希腊罗马的完整的人的观念。

启蒙运动开始激化的现代性分裂刺激了现代辩证法与历史哲学的兴起，在对分工制度的批判中发展出完整人性的理想：

卢梭《爱弥尔》表示出对自然母体和谐性的关注；歌德《威廉·麦斯特》与荷尔德林《许佩里翁》对完整人格作了艺术典型化；康德论证了审美判断力整合自然与自由两界分立的人文主体统一性；席勒批判现代生活使“欣赏和劳动脱节、手段和目的脱节、努力与报酬脱节”、将人“永远束缚在整体中一个孤零零的断片上”，主张以审美教育使人“成为一个全面的完整的人”；[①]黑格尔更提出，“社会和国家的目的在于使一切人类的潜能以及一切个人的能力在一切方面和一切方向都可以得到发展和表现”。[②]

空想社会主义的贡献则是把人的全面发展的理想同一个超越资本主义私有制的理想社会相关联。圣西门的临终遗言是：“我终生的全部工作的目的，就是为一切社会成员创造最广泛的可能来发展他们的才能”。[③] 傅立叶空想社会主义的社会基本单元“谢利叶”制度，则是通过广泛从事各式活动，以“实现体力和智力的全面发展。”[④]欧文强调对儿童从小就要“培养他们的智、德、体、行方面的品质，把他们教育成全面发展的人。”[⑤]

……

但这些人文理想一般具有两个缺陷：一是过分倚重教育，而未能与社会存在自身的运动内在关联。马克思更进一步揭示了这种主张背后的社会精英本位的观念。[⑥] 二是具有把古代理想化、厌弃工业文明与现代化基点的浪漫主义倾向。从卢梭到赫尔德、法国经济浪漫主义者西斯蒙第(J. C. L. S. de. Sismondi)、前述英国手工业运动，都是此种代表。

从根本上来说，任何人文批判都必须基于本时代自身的矛盾运动。这不仅是指人文批判乃是本时代问题的回应，而且指人文批判如果要成为现实的变革，最终必须落实为社会存在结构自身的转变。

从而，能否结合现代化—现代性内在矛盾结构及其运动规律，成为确立现代人文理想的关键所在。马克思历史唯物主义的人学观，正是此种现代人文理想

---

① 参见席勒：《审美教育书简》第 6 封信、第 2 封信。

② 参见黑格尔：《美学》第一卷，商务印书馆 1979 年版，第 59 页。

③ 《圣西门选集》下卷，商务印书馆 1962 年版，第 286 页。

④ 《傅立叶选集》第三卷，商务印书馆 1964 年版，第 217 页。

⑤ 《欧文选集》下卷，商务印书馆 1965 年版，第 13 页。

⑥ 马克思：“这种学说忘记了：环境正是由人来改变的，而教育者本人一定是受教育的。因此，这种学说必然会把社会分成两部分，其中一部分高出于社会之上。”(《马克思恩格斯全集》第 3 卷，人民出版社 1960 年版，第 4 页)

努力的重要代表。

## 三、马克思人文理想与现代性

### 1. 作为人文理想范型的“美的规律”的劳动

马克思在批评古典经济学囿限于赚钱谋生的雇佣劳动观时,深入探讨了作为人的本质的劳动特质。这种探讨是将人所特有的劳动(生产)与所谓动物的“生产”相比较,即在人与动物活动特性的差别性中确定人的劳动特质。从方法论角度看,这与孤立于人类自身,通过对无数不同的单个个体人的共性叠合(如无论男女老少、中外古今,人均有饮食性欲)的抽象而寻求“共同人性”的思路不同。马克思人性观的方法论包含着两个递进的要点:(1) 在人与动物的区别中确定人性。这实际上是启蒙主义以来的传统,即区别自然与自由。由此亦表明了马克思的现代性背景。(2) 在人与动物诸种区别点中确定那种本体论地位的亦即支配性的要素结构。马克思不是从人独有的意识精神形态——语言(这一点恰在当代被抽出拔高为人性代表)、宗教、艺术、伦理(这是传统人性观的基点)诸要素结构确立人性,而是抓住了劳动—实践这一特性。“劳动”以及对劳动更哲学概括意味的广义“实践”,是从猿人直立的外在形态,到协作交往的语言、超越直接环境的想象(宗教、艺术)诸意识精神的母体和基础。但这并不意味着劳动—实践与上述意识精神形态的分立,而是将语言、宗教、艺术等置于劳动—实践系统之中,确立它们的功能位置。古希腊以来,将人伦交往的“实践”(praxis)与使用工具加工物的“生产”(poesis)相对立(这种区别、对立在当代某些思想家那里进一步强化),脑力劳动与体力劳动相对立的古代传统在马克思人类学本体论的劳动—实践观中获得了统一性。因而,与考茨基为代表的第二国际非意识化的经济决定观不同,马克思的劳动—实践观不仅是现实有效的,而且是有意识与能动的——质而言之,是高度人文主体性的。马克思在面对古典经济学无条件接受、认肯雇佣资本劳动观念时,更特别突出劳动—实践的人文价值理想性:

> ……人的类特性恰恰就是自由的自觉的活动。
>
> ……有意识的生命活动把人同动物的生命活动直接区别开来。①

必须从人类学本体论高度理解作为人的本质的劳动。

自然物各以其单一的无意识的存在方式与周围环境进行物质变换,它们各有自己特定的环境:石与阳光、空气、雨雪、河流接触风化为砂,树与土地、阳光、

① 《马克思恩格斯全集》第42卷,人民出版社1979年版,第96页。

雨水、空气相互交换与影响,羊群摄水草而以排泄物肥沃土地……在自然物各自的环境中,存在着重复单一的自然因果关系,在有机生命的活动中甚至存在着为满足生命需求的复杂的有目的的本能反射动作,但其欲求的形式与内容依然是单一的。类人猿也如此。

以使用与制造工具为核心的劳动对自然的改变生成了一种新质。劳动工具突破了自然生物单一的反应模式而趋向于多样全面与自觉有意识的活动方式:一根棍棒即有挑、劈、刺、担、抬、撬等多种使用。从而,劳动工具不仅聚集了多样的自然因果关系,成为打通、联合各个自然物及其环境的中介,并且进一步开发、解放出各个自然物原先被单一存在方式限定了的潜能,创造出新的非自然自在的可能的因果联系,使自然物也获得了舒展与释放。孔雀石的纯净光彩凭借石匠的凿刀而显现于世,沉睡在山脉中的矿石经过冶炼、加工成为浇灌的水管,从而为植物生长提供友爱与帮助,被加速器释放出来的原子能则支持着灌溉系统的运转……

这就是自由。自由不是对自然进行人类利己主义的利用与统治,而是对自然与人的解放和提升。应当敞开一种超出传统人类中心立场的自由视野。自由不仅是对于人类而言,也是对于整个世界(含自然)而言。我们看到,原始自在的自然,不仅限定人,也限定物:矿石作为灌溉水管的属性能力,在劳动解放之前并非不存在,但其转化可能性的自由被限定了。人及其劳动的使命便是唤醒自然潜能,使包括人在内的各个自然物的小环境汇合并不断发展为"世界"。在"世界"中,万物以协调、配合与相互促进、扶助的方式各尽其材性。在使万物各尽其材的同时,人也就尽其(实现)人性。

这是一种人类性的目的论。因为在这一目的方向上,只有人是自觉意识并为之劳动的,或者用海德格尔的话来说,人是守护万物的牧者。但这一本体目的意义的劳动又是如此博大宏伟地超越出人类自身生存的手段性质,因而,人文主体性及现代劳动—实践观并非当代反人类中心论所以为的那样必定与自然生态对立,恰恰相反,包括反人类中心论在内的全部现代性批判,其真实根基正在于人文主体性劳动中。从而,决非偶然,近代劳动观念的上升,又首先是以神性为背景的。[1] 它提示了人性超越人类自我中心的一维。

---

① 奥古斯丁注释《创世记》时已强调了劳动的源初性与普遍性。圣徒本尼狄克特于六世纪创建的以"祈祷与劳动"为内容的西欧修道院及教皇格里高里一世之推广,成为近代资本主义劳动的精神渊源之一。但对劳动的神圣性的尊崇与践履不独基督教然,世界各大宗教均如此。这种以劳动神性为动力而支持近代经济发展的现象,除马克斯·韦伯在其《新教伦理与资本主义精神》以及汤因比在其《历史研究》第七部所述之外,亦可参考从百丈禅师创建丛林制度与劳作原则之后,中国明清商业经济与宗教之间的关系(参阅余英时:《中国近世宗教伦理与商人精神》,收入《士与中国文化》,上海人民出版社 1987 年版)。

继神学家神化劳动之后，近现代启蒙思想家又从逻辑与理性角度阐释劳动的这一自由特性。黑格尔著名的论述是：

> 劳动是受到限制或节制的欲望，亦即延迟了的满足的消逝，换句话说，劳动陶冶事物。对于对象的否定关系成为对象的形式并且成为一种有持久性的东西。[①]
>
> 手段是一个比外在合目的性的有限目的更高的东西；——犁是比由犁所造成的、作为目的的、直接的享受更尊贵些。工具保存下来，而直接的享受则会消逝并忘却。人以他的工具而具有支配外在自然界的威力，尽管就他的目的说来，他倒是要服从自然界的。[②]

马克思把劳动的理性本质还原于人的族类本质，并把这一本质视作区别于自然存在的自由的、最完美的体现：

> 通过实践创造对象世界，即改造无机界，证明了人是有意识的类存在物……诚然，动物也生产。它也为自己营造巢穴或住所，如蜜蜂、海狸、蚂蚁等。但是动物只生产它自己或它的幼仔所直接需要的东西；动物的生产是片面的，而人的生产是全面的；动物只是在直接的肉体需要的支配下生产，而人甚至不受肉体需要的支配也进行生产，并且只有不受这种需要的支配时才进行真正的生产；动物只生产自身，而人再生产整个自然界；动物的产品直接同它的肉体相联系，而人则自由地对待自己的产品。动物只是按照它所属的那个种的尺度和需要来建造，而人却懂得按照任何一个种的尺度来进行生产，并且懂得怎样处处都把内在的尺度运用到对象上去；因此，人也按照美的规律来建造。[③]

这是马克思实践论亦即人类学本体论中一段重要的文字，它把劳动作为区别于自然物的人性本质以最为纯粹也最为浪漫的形式表述出来了。因此，它代表着劳动最纯粹的自由一极。

马克思所强调的是，“动物只是按照它所属的那个种的尺度和需要来建造”，动物的内外尺度及其统一方式都是固定单一的，这属于前述“动物的生产是片面的”内容之一。与之对举，人却可能按照“任何”(jeber)外在尺度并“处

---

① 黑格尔：《精神现象学》上卷，商务印书馆 1979 年版，第 130 页。

② 黑格尔：《逻辑学》下卷，商务印书馆 1976 年版，第 438 页。

③ 《马克思恩格斯全集》第 42 卷，人民出版社 1979 年版，第 96—97 页。

处”(überall)依据内在尺度生产,则从一个方面说明了前述“人的生产是全面的”。“任何”与“处处”强调了不受限制的无限性与万能性,也就是时空中对象化了的自由。所以,“动物只生产自身”表现出“同一事情之无穷的重演”的“坏的无限”,亦即无出路的有限性,“而人再生产整个自然界”,却表现了“真正的无限性”①。

离开了“任何”与“处处”的无限性,现实的人的活动也不能维持自己的人性水平。单一操作的固定化和效能化势必最终把劳动的意识特征也作为多余因素除掉(如著名的吉尔布雷斯动作分解结论所要求的),以致经由机械手这一典型形态显露出它与动物反应本质上的同一性。

因此马克思紧扣的是无限性。这一意向强烈地透射在围绕两个尺度多角度使用的一系列全称限定词中:“任何”、“处处”、“全面”、“整个”……而根据概率论,“对世界有所主张的任何全称陈述的概率等于零”②。一种概率等于零的全称陈述也许永远不能成为现实,但正如歌德所睿智地讲出的,“十全十美是上天的尺度,而要达到十全十美的这种愿望,则是人类的尺度。”③

因此,“美的规律”的劳动实质上代表(象征)着作为人性理想的全面发展的人。这一理想成为现代性人性分裂状况的最高批判尺度。

**2. “全面发展的人”与马克思历史辩证法**

马克思所理解的“全面发展的人”,如前所述,即使是以“美的规律”的理想极致投射到地平线的远景,也不是虚幻之物,而是关于人的基本生存方式——劳动的一种形态。与浪漫主义为代表的反现代性态度不同,马克思的人性理想虽然处于现代性的批判位置,却将这种批判依托于现代化—现代性内在的矛盾运动。因而,即使是异化劳动,在马克思看来,那也并非激愤情绪的诅咒对象,而不仅是历史必然的,而且是人性进向更高状态的前提条件。马克思的人文理想是现代性的。

马克思关于人的全面发展理想包含着三个基本涵义④,它是指人的自然与文化潜能能够充分施展与实现;还指人的劳动—实践的生存活动方式超越现代分工的片面性,而达到完整全面的活动形态;同时要求个人的生存活动拥有尽可能丰富的社会交往关系。上述人的全面发展理想,基于迄今的社会历史呈现为历史辩证法的三阶段演进:

---

① 参阅《马克思恩格斯全集》第42卷,人民出版社1979年版,第96页第二自然段起始到第97页第二自然段结束。

② 参阅[英]A. F. 查尔默斯:《科学究竟是什么?》,商务印书馆1982年版,第27页。

③ 参阅《歌德的格言和感想集》,中国社会科学出版社1982年版,第61页。

④ 参阅丁学良:《马克思的“人的全面发展观”概览》,载《中国社会科学》1983年第3期。

> 人的依赖关系(起初完全是自然发生的),是最初的社会形态,在这种形态下,人的生产能力只是在狭窄的范围内和孤立的地点上发展着。以物的依赖性为基础的人的独立性,是第二大形态,在这种形态下,才形成普遍的社会物质交换、全面的关系、多方面的需求以及全面的能力的体系。建立在个人全面发展和他们共同的社会生产能力成为他们的社会财富这一基础上的自由个性,是第三个阶段。第二个阶段为第三个阶段创造条件。因此,家长制的、古代的(以及封建的)状态随着商业、奢侈、货币、交换价值的发展而没落下去,现代社会则随着这些东西一道发展起来。①

没有被现代分工制度肢解(异化)的古代生产者(如中世纪的自耕农与手工业匠人),在其虽然简单然而完整的工艺活动中维持着自己的整体性。但在这种囿限于一地域、一行业的生存状态中,“单个人显得比较全面,那正是因为他还没有造成自己丰富的关系,并且还没有使这种关系作为独立于他自身之外的社会权力和社会关系同他自己相对立。”“在这里,无论个人还是社会,都不能想象会有自由而充分的发展。”②

现代化—现代性通过全球化的市场交换使现代人进入了空前广阔而丰富的社会交往关系网络,并以空前巨大的生产力使现代人从衣食谋生性劳动中解放出了更多自由发展的时间,从而为自身全面的发展提供了更多的机会与可能。但这种空前广泛丰富的社会交往关系是以货币中介亦即人对物的依赖为前提的。与此同时,分工制度与私有制的结合,却不仅使个人受制于现代分工系统而零件化,而且在全面发展自身的自我实现中产生了严重的社会不公的分化:少数拥有财富权力者将社会自由时间变为个人的精神发展空间(但却放弃了劳动),多数劳动者被迫将劳动变成谋生的手段而终身束缚于单一化职业(甚至是工序)。

但现代化—现代性的上述巨大矛盾却恰为更高人文个性的全面发展提供了社会存在的现实前提条件。现代化—现代性在将人类个体片面化与抽象化的同时,也造就了人类整体的全面性与普遍性,从而为更高社会形态下每一个体的普遍性、全面性创造了前提。这就是现代历史辩证法的积极意义。作为现代化—现代性批判的共产主义,其本来的含义,也正是基于现代历史辩证法促进现代化—现代性矛盾转化向人的全面发展,以实现现代人文理想。因而,作为社会政治经济制度的共产主义有其人文主义的价值意义前提。

---

① 《马克思恩格斯全集》第46卷(上),人民出版社1979年版,第104页。

② 《马克思恩格斯全集》第46卷(上),人民出版社1979年版,第109页,第485页。

# 第三节 人文意义

## 一、人文主体与对象化的含义世界

### 1. 人文主体与对象化

人文理想是以人的理想形态为中心的理想。但正如狄尔泰所正确强调的，作为人文科学对象的“精神”并非囿限于孤闭自在的主观精神状态，而是积极能动对象化为世界存在的“客观精神”。这种源于黑格尔哲学的客观精神思想，在马克思那里演进为以劳动为基石的对象化原则：“正是在改造对象世界中，人才真正地证明自己是类存在物。……通过这种生产，自然界才表现为他的作品和他的现实。因此，劳动的对象是人的类生活的对象化：人不仅像在意识中那样理智地复现自己，而且能动地、现实地复现自己，从而在他所创造的世界中直观自身。”①

劳动对象化、社会规模化与历史规模化所造成的结果是，人文主体性无处不在地体现于人类劳动所触及的人化自然世界中，我们不仅从创造制作的劳动者身上，而且从无言的劳动产品和与之相关的自然材料，乃至阳光、雨露上，都可以发现人文的光辉——那不一定是具象的人，但却让我们感受、领悟到人文的意义。

这样，作为人文科学对象的人文主体就不是孤闭为与自然科学所研究的客体世界壁垒分割的独立世界，而体现为包括自然科学世界在内的人类全部对象化的世界。但这并非说任何存在物(例如一块石头)本身等同于人文主体，而是就此存在物对于人文主体的意义而言。

这种人文意义构成为人文科学最具普遍性质的对象。人文意义的广泛存在表明，人文科学的对象不仅是最高的理想，也是最为普遍的存在。对世界人文意义的透视感悟，表明人文主体生存于一个超越实体世界的符号含义世界中。

### 2. 含义世界

基于人化自然的世界，对于人来说，同时也是具有含义的世界。云，意味着雨水与气温。锄头，意味着农作工具，也可以流传到子孙手中令人怀念父辈。推而广之，世界作为物化形态的存在，其形、色、质、音都可以成为某种含义的符号。

含义符号化，也就是感性形态化：含义必须经由特定的物化形态(哪怕是抽象的文字)获得指示。

① 《马克思恩格斯全集》第42卷，人民出版社1979年版，第97页。

含义总是指称着对象,不管这对象是石、狗、人、事或神、灵、乌托邦。

但是含义又总是对于人而言。“对于……而言”这一中介规范很重要,它表明,含义不是绝对客观的对象指称,而总是人从特定角度出发与对象的关联。因此,含义不仅指称,而且表达与评价,即有意思。云,是水汽在天空的凝聚。当我们说“云”时,不仅是指称这一对象,也同时已经置身于主体对待云的某种态度之中:对庇荫或雨水的期盼、对雷雨的紧张、对云的审美欣赏……即使是似乎无谓的随便指称,说出“云”者已把“云”置于审视、判断的主体性眼光之下。

因此,含义世界是人与对象世界之间的关联域,含义不是物质,只是物质与人发生关系那部分的符号信息;含义也不是唯心论的意识自身,孤立自在的意识只有意向着外界对象时才有含义,意识也只有意向着才成为人类特有的意识。弗洛伊德精神分析学及解构主义揭示了谵言妄想的含义,它们恰恰不是意识所能主观产生,而有其意向对象与外在的客观规定性。一件古代艺术品丰富的含义,并未随古代艺术家意识的死亡而消失,它寄身于物态化的客观实在中,成为激发一代又一代人意识的对象。所以,含义世界是具有客观性的精神价值世界。

在汉语中,“含义”是一个笼统而宽泛的词,它需要分疏。一个与“含义”谐音并且常常通用的词是“涵义”。“涵义”因与形式逻辑的“内涵”或数理逻辑的“函项”(Function)关联,故是一个带有科学色彩的词。

“意义”有时被日常语言混同于“涵义”来用,如:“这个词的涵义是什么?”可等同于“这个词的意义是什么?”但在“意义”语用的某些领域却明确禁止用“涵义”取代,如“完成这一工作对于整个工程具有关键性意义”,句中“意义”不能以“涵义”替换。此类语用,通过介词结构“对于……”,将某一特定的涵义(“完成这一工作”)置于超出涵义自身的更大关系系统(“整个工程”)中判定其价值。从而使“意义”的价值论色彩大为鲜明。当这种关系系统趋向于最大系统时,“意义”便表现出典型的形而上学语用特征,如“人生意义”、“追问历史的意义”等。在这样的汉语语境中,“意义”绝不能用“涵义”替换,它已带有某种隐约的神圣感情。这后一类语用语境所显示的,正是汉语“意义”独特的语义。

## 二、涵义与意义

### 1. 涵义

“涵义”(Meaning)的特征是:

(1)“涵义”所指称的对象是确定(特定、具体)的,从而是可以经验证实的。

(2)“涵义”所表达的同样总是确定(特定、具体)的欲求。这种欲求终究受制于人的自然生存需要。

(3)“涵义”的主体欲求与指称对象构成功用技术性关系,从而,“涵义”性的价值是可交换的功利(手段)性价值,此种可交换性使“涵义”可归约计量化,从而与数学方法（含电脑类）构成算计；"涵义"性的关系具有突出的手段性质。

（4）内涵与外延已确定的"涵义"可"说"，即可纳入"是"的判断之下，成为具有真值的谓词（宾词）。如戴维森（Donald Davidson）所说，"一种恰当的意义（引者按：应译为"涵义"）理论必须表征符合某些条件的谓词。这样一种谓词恰恰适用于真语句。"①

（5）涵义谓词之间必须是逻辑性关系。但这种逻辑性的谓词真理放弃（如分析哲学一再强调的）对本原终极性的"物自身"——本体的把握，而体现的只是现象界的规律。这种规律在3、4两项背景下表现出貌离神合的二而一的特征：其一，它由于放弃了传统的绝对真理（本体论）而突出了实用主义：所谓真理，总是特定条件下人的操作运用；因此它既是人类中心论的又是相对主义与技术主义的；其二，由于倚重实证性与对象性（指称性在分析哲学中传统的重要地位），"涵义"规律又具有标榜客观性与科学性的特征：它隐去了自身的技术功利价值倾向而又坚持把情感愿望从真理论中清洗出去，只有"涵义"才是"知识"。

（6）当涵义中的意欲被完全（指称）对象化为客观技术时，涵义就转化为无人称的技术操作系统。这种操作系统一方面可以完全无意识地运转而依然具有涵义，另一方面它又对操作者具有超出个人理喻的强制规定性。从而，涵义操作系统操纵着个体的人，乃至操纵着整个人类。这种极端情况在现代工业文明社会中被称作异化。

涵义完全操作化后之所以依然保持涵义，是由于涵义操作技术结构系统的确定性运作体现着涵义特定的规律与目的的统一。但是这种个体操作无意识化（抄写八股文牍、按电钮或移动传送带上的产品）却表明这一行动已不再反馈于主体自我意识，从而主体不再调节与评价自己的行为，主体在执行涵义系统操作时已如机器人一样无动机。这一现象鲜明地暴露出涵义作为手段并不拥有内在目的这一要害性实质。特定涵义目的从个体无意识操作扩展为全社会非理性地追逐利润与战争，从而本是确定科学而理性的涵义在整体上反倒表现为非理性目的的荒诞异化，有涵义（操作可谋生致富）却荒诞。何为荒诞？荒诞即无意义。这里显示出了意义（Significance）的源初语义与语境，意义是对涵义终极目的的究问。在这一判断中，荒诞并不缺少直接的涵义（Meaning）内容，但惟其有涵义而终归无目的价值，故才荒诞。

荒诞意识是意义意识的觉醒抬头，它为"人"所独有。禽兽并不反省自身活动有无根本价值，它们只凭生物本能的操作行为而达到自然生存目标，就此而言，禽兽也拥有涵义内容。无荒诞感的人如果麻木或沉浸地操作于涵义系统，其人生与蚁群并无本质区别。操作工具在此沉沦为表面特征而失去了人区别于自

---

① 涂纪亮主编：《语言哲学名著选辑》，三联书店1988年版，第305页。

然物的实质特性。同样，以技术操作为骨骼的文明，其理性精神的内涵只是涵义，它不同于意义结晶的文化。作为技术操作自发产物的历史积累，“文明”不能在本质上区分开人类与禽兽：灯红酒绿或官邸威仪并不能保证独特的人性。

诚然，人类走出并日益超越动物界的基础是技术操作。分析哲学界定、厘清技术操作的涵义，以维护并促进技术与科学，这本身有着重要意义。但是，分析哲学主流拒斥涵义观念之外的其他精神意识观念为“无意义”，其中的价值取向却正有害于科学技术及其涵义观念自身。

分析哲学把涵义收缩为一次性的实在经验（“The”：这一个），本意是去虚妄、求精确，但这种反普遍性的趋向，从人类总体进程来看，却是向人类原始状态的退返。这是比列维·布留尔所研究的原始思维更为原始的动物式的直接感知与本能反应阶段。在这种阶段，人的原始劳动动作只是对现成物质手段的偶然使用，这些物质手段及其操作远未重复与固定为普遍适用与必然有效的观念，因而也并不存在独立于一次性（“The”）动作之外的技术程序与涵义观念。最简单的涵义观念——乃至语词也已是分析哲学戒防的超越性抽象结果，只有以这些观念为中介，劳动操作才逐渐凝聚为可以推广的技术程序构架。因此，人走出动物界的第一步已包含着超越性观念的引导作用。一种普遍性的观念脱离特定（“The”）时空经验后，固然可以演化为柏拉图式的理念王国而与切实的技术操作对立，但是，这种普遍性的观念又是统摄、凝聚个别散乱经验的知识系统的前提性框架。中国古代哲学由于弱化了这种普遍性的观念，从而纵有历史悠久的四大发明技术经验，却迟迟无法推广出行之有效的科学系统。从人类文明进程来看，技术之所以可能不断突破特定运用领域而不断扩大推广，新的技术之所以可能超前于既有生产方式而几乎无穷尽（“无限”：分析哲学取缔的语词之一）地涌现，都与这种永远超前的普遍性观念的引导有关。

从知识论来看，这种超前性的普遍观念又表现为相反相成的两个方面的功能：一方面，这种普遍观念包容、涵摄散乱的个别经验，成为类似熊十力的“翕”的聚合焦点或框架，从而使培根所强调的归纳有一肯定性或指示性的归宿；另一方面，这种普遍观念的普遍性又超越了任何已经归纳形成的涵义内容，从而它又不断（无限）地打破、消解既成的知识涵义，以形成新的知识涵义，这后一方面则表现为熊十力的“辟”，现代科学哲学中托马斯·库恩（T. Kuhn）所谓“科学革命”和费耶阿本德（P. Feyerabend）所谓“认识论无政府状态”（Epistemological Anarchy），即它又是否定性的。

但无论是聚合或消解，这种超越涵义的普遍性观念都呈现为一个焦点（消解，总得以更大的框架或更远的视点来打破现有的框架视界，从而并非标榜“空无”的禅宗或一味消解的后现代主义所自以为的“只破不立”）。这种认识论意义上的焦点同时体现出来的正是价值论意义上的目的。如现代系统论所揭示的,系统聚合以抗拒无序之熵,以价值论的目的即负反馈为关键前提。与对应于特定需求目的的功利价值涵义不同,超越于涵义的普遍性观念呈现出的是普遍性或根本终极性的目的和价值。① 后者正是认识(知识)论及其所代表的技术活动引导人类不断超越现状的根本动力。

这种既作为认识(知识)创生更新的焦点框架与深层动力,又作为价值根本基点的终极目的的普遍性超越性观念,就是有别于"涵义"的人文"意义"。

**2. 意义**

人文科学的现代倡导人狄尔泰使用了"Bedeut-samkeit"一词,并以此和"Bedeutung"相区别,在狄氏看来,某事物有价值的、有趣的、重要的、有关的或意味深长的,"可以用'爱好'(interest)或'重要性'(importance)来表示 meaning 的第二层含义。"②克乃夫·贝尔(Clive. Bell)著名的美学命题"美是有意义的形式。""意义"一词也是"Significant"("Significant Form")。这个英语词是强调"重大的"、"可以深层追究的"涵义(参见《韦氏大学词典》)。因此,本书主张以 Meaning-Significance 与汉语中的涵义—意义对举。

分析哲学自身也已认识到了单一的意义理论的局限,在其论述中实质已在勾画第二种"意义":"意义(Sinn)这个词在'生命的意义'这个短语中的使用,决不能与这个词在语言分析的背景下的使用相等同或相混淆。寻求生命的意义同语义问题无关;它不需要回顾弗雷格哲学传统中的'意义'(Meaning)。另一方面,如果人们问维特根斯坦(或者问任何'理解'他意指的东西的人),那么,当你说寻找生命的意义时,你是在什么意义上来使用'意义'这个词的?他可能不得不回答说,他不能回答你的问题!他不能说这个意义是什么,他不能用任何命题来描述它或描述没有它。因此,它被公认是'无意义的'、'先验的'、'超自然的'。但是,尽管如此,维特根斯坦会说它是极其重要的:它有绝对的伦理价值。"③维特根斯坦本人则说:"我不能想象有什么可以描述我所说的具有绝对价值的东西……那就是说:我现在认为,这些无意义的表达式不是无意义的,因为除了它们的无意义性就是它们的本质,我还没有找到正确的表达式。我用它们来超越世界,也就是说,超越有意义的语言。我的整个倾向以及我相信所有试图写或谈论伦理学与宗教的人的倾向都是要冲出语言的界限。但要冲出我们笼子的四壁是完全、绝对地无指望的。只要伦理学是由于想说一些关于生命的最终意义、关于绝对的善和绝对的有价值的东西而产生,它就不能是一门科学。它所

① 现代系统论认为,最佳系统以人道主义(个体的自由创造)为目的。参阅[美]E. 拉兹洛(E. Laszlo):《用系统论的观点看世界》第三章,中国社会科学出版社 1985 年版。

② [英]H. P. Rikman:《威廉·狄尔泰》,中国社会科学出版社 1989 年版,第 205 页。原译文中"meaning"均作"意义"。

③ [美]M. K. 穆尼茨:《当代分析哲学》,复旦大学出版社 1986 年版,第 252 页。

说的无论如何都不增加我们的知识。但它是人类内心一种倾向的证明，我个人对这倾向不禁深怀敬意，终身不会嘲笑它。”①

“意义”(Significance)的特征是：

(1)“意义”所指称的并非实在对象，而是某种精神境界，即意境，它具有无限性指趋。

(2)“意义”所表达的不是人的自然生存需求，也不是基于自然欲求之上的任何具体特定的目的，而是人超越动物界、实现人性的升华需要，它同样具有无限性特征。由于这一目的不再是受制于欲望驱使的外在目的，因而它呈现为黑格尔所说的不断从对象化回返与充实主体自身的内在目的。它不再是由此离去、直线外求，不再回返自我的“恶的无限”，而是外化与内化统一、圆形的“真正的无限”。② “真正的无限”或“内在目的”也就是终极目的。目的与价值的终极性，并非指涵义层面的功利目的和实用价值的量的无穷扩大(后者尽管以花色翻新的质的不断生产为特征，但就其满足占有欲望归一而言，那只是旧质——动物界生存法则的量的无穷重演)，而是指人性的质的规定。

如前所述，人性本质上是一种劳动状态。这一状态因技术而使人进入了远较其他自然物更为广阔的关系之中，但因此而统治万物却并非人性，那只是动物性量的放大。人性的特质不在于人所能掌握的因果关系的力量，而在于人利用这一力量协调、组织、照护万物，使自己成为自然界唯一不自私(超越自我)的生存者。这一人性特质又不是一项可以测达的指标，它毋宁是一种意向，一种前赴的方向。在这种意向下，终极目的价值的意义如同一个球形的领域，它的中心是力求无限地进入更广阔的关系之中，以承担起更多的工作责任，是为自由创造的极致。在边缘，则是关系的减少与生活视界的缩小，但即使在较为狭小的范围内承担责任，其活动依然具有人性意义。弗兰克(Viktok E. Frankl)在其《活出意义来》一书中正确地批评了把意义单纯系于自由创造的乐观主义。③ 人有不可避免的受动与限定一面，但甚至被囚禁或被病魔剥夺至无所作为的绝境，只要当事人自觉反思处境，即使仅仅将之纳入某一意义系统、摆脱了受动性的忧惧不安心态而泰然处之，那也获得了最低限度的意义。在这种无所作为的表面背后，个体已在一个更大的意义系统中自觉到了自己的位置而超越了绝境。这也就是在张载《西铭》中“存，吾顺事；殁，吾宁也”可与“民胞物与”居于同一意义层面的缘因。

---

① 维特根斯坦：“伦理学讲演”，载《哲学评论》，第74期第11—12页，转引自穆尼茨《当代分析哲学》。

② 参阅黑格尔：《小逻辑》，商务印书馆1979年版，第207、209页。

③ 弗兰克：《活出意义来》，三联书店1991年版，第67页。

意义不仅是扩展技术知识系统功能性的环节，而且更是引导、规范技术及其文明世界的终极目的尺度。这后一方面的强调表明，意义并非技术文明的手段，而是技术文明人性化的评判尺度。技术所扩展产生的文明世界有待意义的选择与裁剪。

(3) 意义对终极价值目的的追问，使意义与自我意识密切相关。但由于意义层面的“自我”是向人性本质升华的自我，而人性又是对物种自我中心态的超越，因而，意义所激起的自我意识，一方面拒斥无意识操作的浑噩状态而具有明朗的主体性意向——意义总须对“我”而言；但另一方面，意义层面的自我意识恰恰又是与自我中心及人类中心相反的自我超越意识：有了意义，意味着自我在一个更高更广阔的思维与价值体系中安顿了自我的位置，寻到了安身立命的根基。

(4) 意义是涵义的人性化，或者说，意义是对动物自我中心生存状态的超越。奉送茶水，其涵义是生理性的解渴，其意义却是友谊伦理。自然科学以前者为说明对象，而人文科学关注并揭示的则是后者。由于逻辑经验主义以个体生存世界为参照系，而将任何超越了个体直接(实用)生存经验的语言概念视为“空类”或“伪专名”，所以，意义概念总要超越或“溢出”宾词，无法成为逻辑判断的对象。“解渴”是机体对水分的满足，“友谊”却无相应的物理或生理科学经验承担宾格，而必须诉诸更加超越性的情意状态方能理解。由于意义对既定实在对象的超越性，意义理解更加呈现为语境的整体性。当我们说“意义是涵义的人性化”时，“人性”与“意义”一样不是普通的专名，它仍然有待于进一步的阐释。因此，意义居于哲学本体论层面。[1] 海德格尔追究的“Sein”或印欧语系的系词“to be”的语言哲学特性，都正是指其意义。

意义对既定现状的超越性张力与意义的意向希望或憧憬未来的情调内在相关。意义往往是有待于实现的前景。因此，可能性是意义的本质性特征。蒯因(Quine)说：“……‘可能’(Could)这个词，我们不可用‘将’替换之。长度不限的有意义(Meaning)序列是无限多样的；……我认为必须把‘可能’作为不可归约的词项。……给 K(有意义序列的类)追加无穷元素的背后有什么根据呢？……‘可能’的这种巨大的补充力量也许是印欧语系中的神话遗迹，它在虚拟语气中沿袭下来了。”[2]将“印欧语系中的神话遗迹”如扩展为“人类哲学(形上学)天性”，这段分析便正是语言分析哲学对本体论的一种深化。

“可能性”既为涵义知识的发展提供了空间，也突出了人改变现状的必要性

---

① 哲学本体论并非单指哲学史术语(如“Ontology”)，更不可将之仅仅归于西方语言的系词理论。作为形上思维体系，它是人类性而非民族性的。

② 引自涂纪亮主编：《语言哲学名著选辑》，三联书店 1988 年版，第 327—328 页。

与责任。意义的可能性巨大空场激发与召唤着人承担自己的责任。从而,期待或憧憬意义不仅意味着超越人类自我中心态,而且意味着摆脱不道德(不负责任)的宿命论。

当代人工智能研究的基本依据之一即是人的行为具有可确定的涵义(Meaning)性一面。然而,机器之所以永不可取代人,一个基本原因正在于人的行为涵义背后拥有无限可能性的意义(Significance)之源。德雷福斯(H. L. Deyfus)引用奥廷格尔的话指出:一种"全局性意义"是计算机修正误解的唯一依据:"对于意义的感知,好像就是第一性的,其他所有的东西,都是对意义的理解的结果。"[1]由此可推论的是,计算机不承担道德责任。

(5) 意义整体境界所具有的无限可能性超出了逻辑概念,但却呈现为审美直观的对象。从康德由特殊上升到普遍的反省判断力,到胡塞尔现象学描述的本质直观、罗素的用来谈论形上"存在"的摹状词(Description)、海德格尔揭示的通达存在意义的诗语,意义的审美把握方式被一再突出强调(详见后文)。

意义的上述诸特性与关于客体对象的限定性(确定性)的科学知识形成了鲜明的对照。这种关于意义的智慧领悟,曾被视作本体论(形上学)的一部分,在克服了自然本体论之后,它在本体论中愈占据主要地位并且越来越表现出"人学"的性质。康德在谈到一种与旧本体论地位相仿的"理性直观"时就曾直接断言:"为了把对理性存在的概念置于直观之下,除了将它人化之外别无他法。"[2]但"只有作为一个道德的存在者来说,人才能是世界的最后目的"。[3] 而当胡塞尔为反抗现代科学实证主义潮流而重建形而上学本体论时,他则把这种针对客体主义的"超验哲学"称作"人文科学",它的目标正是"意义":

> 它是一种在反对前科学的和科学的客观主义的斗争中回到作为一切客观意义的授予和对存有(Sein)的认定的最终所在地的认识的主体中去的哲学。……在这一基础上的哲学的说明将第一次揭示实证科学的成就的真正的意义,以及相应地揭示客观世界的真正的存有(Sein)意义,这也就是说,揭示作为超验的—主观的意义的客体世界之存有意义。[4]

可以这样说:意义(Significance)论就是人文学;只是这里所说人文学并非物

① 德雷福斯:《计算机不能做什么:人工智能的极限》,三联书店 1986 年版,第 279 页。
② 康德:《实用人类学》,重庆出版社 1987 年版,第 55 页。
③ 康德:《判断力批判》下卷,商务印书馆 1964 年版,第 110 页。
④ 胡塞尔:《欧洲科学危机和超验现象学》,上海译文出版社 1988 年版,第 120 页。

种之一的人类学(Anthropology)。因此有必要重复海德格尔的强调:意义是存在(Sein)的意义,尽管它由人(Dasein)揭示并使人(Dasein)成其为“人”(Dasein),但意义不专属(囿限)于人(Dasein)。

# 第三章

# 人文科学方法观

## 第一节 人文科学方法观特性

### 一、方法论与近现代科学

**1. 方法论在近现代科学中的突出地位**

近现代科学区别于古代学术的一大特征，是将方法论摆在科学的优先与基础的位置。古代学术以对传统的信仰而置身于规范中。规范性高于学者个人的主体性。近代科学的新型学术，则以主体认知—控制客体的方法论为特征。

近现代科学的观念代表几乎均有以方法论为专题的著作，而现代科学发展的各个重要阶段也均以方法论的变革讨论为先导。重视方法论成为以自然科学为范型的思维模式中重要的基点。

**2. 近现代科学方法论的性质**

近现代科学方法论本质上是人征服自然、主体支配客体的方法（工具）哲学，其对应的实践原型即技术。技术作为主体控制、支配客体对象的程序性操作结构，是外化的方法论。这一意义的方法论特别对应于前述以近代经典力学为范型的近现代科学、知识与思维模式。

但同样如前所述，以现代物理学为代表的科学变革也已包含着对经典力学方法论的变革。这一变革的要点在于动摇、改变主—客体二分格局，从而深刻改变主客体的性质与地位。

人文科学方法观需要以上述近现代科学方法论作为比较的对象。

### 二、人文科学方法观特性

**1. 人文科学方法观的性质**

如果说，现代科学方法论代表着人驭自然、主体支配客体的特定态度与结构模式，那么，人文科学又是在何种意义下谈论方法观呢？

例如，前面曾介绍过的文德尔班，以对个别性事物的个案研究来区分人文历史科学与自然科学，胡塞尔的现象学也重视自己独特的方法（还原、描述、直观等)。但这类人文方法观之所以区别于科学方法论——如人文方法的个别化、直觉性不同于科学方法的假设、观察、归纳与演绎逻辑,不仅是双方各自所采用的具体方法形态的不同,更重要也更深刻的根据在于,这些具体方法形态之所以不同,是由于规定这些方法的主体—客体及其关系性质有别。具体来讲,当人文科学意义下的客体对象不再是自然科学所支配的被动之物与无机均质原子时,人文对象的主体性与个性便要求人文主体以互为主体的态度看待对方与自己,在这种态度下,主体单方面支配客体的逻辑分析与数量统计等传统科学方法便随之失效。与此同时,一种体认交融的人文体验方法便自然形成人文科学独特的方法观。

对人文科学方法观的深层根据与前提条件的追究,指向对自然科学为范型的主—客体分立模式及其人类自我中心主义(主体自我中心立场)的消解。在这一消解中,人文科学努力探索建立反思现代性的新型人性主体态度。

但是,如果依据方法论的一般涵义,即把方法理解为主体认知、抵达与把握对象客体的途径,那么,前章关于人文科学对象诸丰富内容(人、个性、理想等)在方法论领域便要求大不同于自然科学方法的新途径与新形态。人文科学方法观由此而确定了自己新的性质。人文科学方法观的这种新质是如此不同于近现代科学方法论,以至伽达默尔在其作为人文科学方法论代表的阐释学(Hermeneutik)专著《真理与方法》中,断然否定人文科学方法观的阐释学是传统意义的"方法"论,而将人文科学意义下的主体"理解"归之于"真理"。

"真理"不属于个人私有,也不归于近现代以来的自我中心立场的人类(当代生态真理便表明了这一点),因而,对"真理"的"理解"与从人类自我中心立场支配客体对象的"方法论"有着深刻的区别。"理解"真理,要求超越个人意识,特别是超越支配客体对象的方法论意识。伽达默尔在《真理与方法》第2版序言中写道:"我们一般所探究的不仅是科学及其经验方式的问题——我们所探究的是人的世界经验和生活实践的问题。借用康德的话来说,我们是在探究:理解怎样得以可能?这是一个先于主体性的一切理解行为的问题,也是一个先于理解科学的方法论及其规范和规则的问题。我认为海德格尔对人类此在的时间性分析已经令人信服地表明:理解不属于主体的行为方式,而是此在本身的存在方式。……它标志着此在的根本运动性,这种运动性构成此在的有限性和历史性,因而也包括此在的全部世界经验。"[①]用今日教育学流行的语言来说,即理解不属于游离于主体之外的技术方法和程序,而是主体自身的素质。"此在"(Dasein),是海德格尔对真实生存着的人的称呼。"此在"区别于其他物体的最根本特性,是他能够寻问自己此时此地("Da")生存的根本意义,在海德格尔哲

① 伽达默尔:《真理与方法》上卷,上海译文出版社1999年版,第6页。

学中,这“意义”即“存在”(Sein)的真理。但是,对存在真理的“理解”,其根据条件都不是此时此地个体人的主体意识活动。因为现时进行的“理解”活动,是由理解活动之前的主体的生存条件、生存经历所制约的;而个体主体的生存条件与经历又必定是社会性与历史性的。因而,当某一个体现时地进行“理解”时,他实际是以自己的全部生存活动经验及其相关的社会历史条件为后盾的。后者甚至超逾了主体的意识视域而无意识地发生着影响作用。因而,真正的人文“理解”,不是囿限于主体方法论式的分析归纳的意识活动,而是运用主体全部真实生存活动经验的活动。这种“理解”涉及到超越个人生活经历的人类社会与历史。人文“理解”使个人进入到一个使他得以与无数其他个人的“理解”相互交流的更大文化共同体中。因而,无论从“理解”的前提条件角度或是从“理解”的目标来看,人文意义的“理解”都不是个人主义或人类自我中心主义的。从马克思唯物史观的“社会存在决定社会意识”的原理理解上述观点,我们便会注意到人文科学方法观一个重要的性质,那就是:人文科学方法不是边界有限而且明确的技术性操作及其意识活动,而是以社会存在为后盾的整体生存经验的活动。正是这一根本性质造成了人文科学方法观的若干特点。

**2. 人文科学方法观的若干特点**

(1) 生活世界对人文态度的制约性。

这也就是前述人文科学方法观的基本性质。以自然科学为代表的科学在面对自己的研究对象时,拥有一套超越于自己日常生活世界的工作方法,它完全是实验室里的理性技术规则。与之有别,人文科学面对自己的理解对象时,所采取的方法与态度却与自己的日常生活世界息息相关,也正是由于这样,所以说人文科学没有一套独立的方法技术。

这种与生活世界相关的人文态度方法,具体体现于下面一系列特性中。

(2) 自我相关性。

由于人文科学对象的人文主体意义性质,因而人文科学的研究主体与自己研究对象的关系是主体与主体之间的关系。尽管一个主体与另一个主体存在着差异性,但同属人文主体,特别是拥有人类性普遍文明与文化背景,因而主体之间存在着“人同此心,心同此理”的人文相通性。

正是在上述主体相通性基础上,“我”可以、也应当(请回忆前述康德著名的道德律令)将“你”或“他”也视作另一个“我”。由此才可能“将心比心”,感同身受地理解对方。

由此所产生的方法论特征是,“我”对“你”或“他”的理解,是“我”设身处地地化身为“你”或“他”,然后体会“你”或“他”的处境与心情。但是,“我”终究不可能完全等同于“你”或“他”,因而,在这种想象或移情中,“我”关于“你”或“他”的理解经验实际包含着两个部分:“我”对于自己生活经历及经验的联想与反省；"我"对于"你"或"他"新的生活处境经验的吸纳与扩大。这样，"我"对于"你"或"他"的理解，就既不是无自我根基的认知，也不是自我经验的重复——在人文性交往关系中，"我"通过对"你"或"他"的理解，不仅扩大了"我"的新经验，而且在更趋近完整性的意义下重新深化、理解了自我。

无论在上述哪一种意义上，人文科学的理解，都以"我"的自我理解（"我"移情为"你"或"他"而自我内观，"我"在"你"或"他"的新处境下重新理解自我）为中轴展开，因而可称作自我相关性：人文科学的对象性关系本质上是人文主体的自我运动关系，"我"对人文对象的认知理解具有自我理解性质。当然，如前所述，这种自我相关并非自我封闭的自我复制（那就成了以自我为中心的统治与扩张），一个关键要点在于，在人文理解中，"自我"与对方共同获得了提升。

（3）评价性。

前述李凯尔特建设人文科学时，基点之一即以价值及其评价性将人文科学与自然科学区分开来。

自然科学并非无价值立场，如前所述，近现代自然科学乃是人类高度自我张扬而全面进军自然的文化产物。但这种人役自然的价值立场在自然科学中却转化为高度理性化的知识学态度，对理性的信仰掩盖了在技术形态中才显露的人占有自然客体的单一价值立场。在人类中心主义立场看来，自然对象本身并无价值，它们只有在对于人的效用关系中才获得价值。

但由于人文科学的对象是人文主体性的，因而人文对象本身即是价值之源。从而，人文科学的研究态度必然是评价性的，而且人文评价在根本上指向终极价值（目的与意义），这是人文科学与社会科学一个重要的区别点。社会科学（经济学、法学等）以客体性的人及其规律为对象，因而社会科学同样必然关注人的价值取向行为。但是，社会科学对价值的研究有两点区别于人文科学：第一，社会科学所关注的人的价值取向行为是特定历史社会条件下人的现实利益行为，亦即是"涵义"性，而非超越特定利益格局的终极价值"意义"追究。后者在康德历史性的现象界与本体界划界后已不再属于经验科学。由于19世纪时代社会科学与人文科学尚混而不分，故李凯尔特在将"价值"确定为"文化科学"对象时并未强调对实用价值与精神价值的区分。第二，社会科学对社会规律的研究立场、态度与方法基本是追随、仿效自然科学的，因而以揭示社会规律的客观性为旨趣，而不对研究对象采取评价态度。马克斯·韦伯对19世纪新兴的社会科学的著名规范原则即是"价值中立"（Value-freedom），即强调社会科学研究者不得以好恶评价态度介入研究过程，从而保障社会科学的知识学性质。评价性亦即价值判断作为人类的行为，本身即可是社会科学的研究对象，但社会科学避免介入不同价值立场的争论，而以客观性、事实性的规律为对象。对于这些不同价值立场的介入性评价，则是人文科学正当的职能。但是，人文科学如果要保持自己的“科学”性质，同样应当留意马克斯·韦伯“价值中立”的告诫，即人文科学也同样没有理由放弃理性这一现代性基点而退返回古代巫师、教主、族长或狂热意识形态的立场。马克思和恩格斯在《德意志意识形态》中对意识形态的揭露批判之一，即意识形态以全社会、全人类的价值名义掩盖特定利益集团的价值立场。

人文科学如何正当履行评价功能，已是人文科学与社会科学共同的现代重大课题。人文科学应当从评价立场反思与引导社会科学（如中国现代化转型中经济学着眼于国民生产总值的研究而忽视与国民生产总值、社会分配相关的制度经济学规范）、自然科学（如只看到生物转基因技术的生物学进步而忽视由此对人类正负双刃剑的作用和意义），但必须清醒地意识到现代社会对人文评价的以下重要限制：

a. 评价主体的分散化与个体化。

古代社会的评价（即做出价值判断）的主体曾是巫师、巫王、教主、族长、意识形态专家等精神特权（同时往往即是社会特权）人物，他（或他们）代表全社会裁定价值，替全社会制定信仰，因而人类的大多数是沉默无言的“群”（参见前章引述马克思《关于费尔巴哈的提纲》与卢卡奇的分析）。人类社会现代化的一项重要指标，则是将做出价值判断乃至最高信仰的决定权归还于每一个社会公民。1517 年马丁·路德从教会手中为每一个体争回信仰自决权因而成为现代性开端的标志。从而，基于现代公民精神信仰自由的评价主体及其价值观势必是多样性的。在现代社会谈论统一的普遍价值，特别是以人文科学真理的名义客观地论证最高价值必须考虑到此种特殊话语权的合法性问题。

b. 评价方式的平等对话性与规范理性。

与古代巫王、教主凭借特权及魅力煽动或灌输价值观不同，现代化社会的价值认同必须是平等的对话交流的结果。这种对话交流的平等性与规范理性构成对话交流的前提规则，因而规范理性的形式规则优先于实质价值立场：后者只有在前者的格局框架规范下，才可能展开诸种差异的价值观的良性交流对话并进而指望趋于某种价值认同。

作为现代学术科学的人文科学与作为思潮立场的人文主义的区别在此便具有了重要的意义：人文科学必须保持必要的学术理性以保证自身的现代话语的正当性；即使是正当的人文精神评价态度，也无权僭越与否弃社会交往的理性限度。当然，上述困难并不能构成后现代主义思潮根本否弃人文评价与人文理想的理由。有关课题在本书第五章还将从另一角度继续讨论。

（4）知意情一体化。

人文科学与对象的自我相关性意味着人文科学的研究态度不可能是纯认知性的，而必然是包含认知、意志、情感于一体的完整人格体认。情感，特别是情绪,与人的生存状况有着比概念认知更为直接而源始的关联。19 世纪流行的“移情说”突出了以审美为典范的人文体认关系中情感的中介地位。实际沟通人文关系的是全面的人格身心活动。对对方的体认愈是整体性的,这种体认就愈是真切、内在与深刻。人文态度所要求的这种知、意、情整体性的体认,从另一个角度也说明了人文科学之所以无法依靠单一确定的方法、技术的原因。

与此相关,人文科学所追求的也不是纯知识,它的自我相关性、评价性、人格整体体认以及与生活世界的关联性,使人文科学在学术思维当中包含着情感态度与价值取向,这种特性使人文科学具有认知与评价关联的实践性。用中国传统哲学语言讲,人文科学的学习与研究具有“体用不二”的践行要求;人文科学的学习与研究,如孔子所说,不是为着应对环境、做给别人看的“为人”之学,而是为着自身人格修养的“为己”之学(《论语·宪问》)。

## 第二节 人文科学方法观的若干代表性形态

### 一、理解

理解,可与“善解人意”之“解”,以及“设身处地”、“体谅”、“将心比心”等语互训。在这一术语下所强调的是两个或两个以上的主体沟通性行为。

在科学主义文化模式中,即使是两个主体,也容易将对方视为“非我”之物(客体),而以主体自居去打量、把握与控制对方。人文科学的理解态度,则是尽量接近与深入对方,其极致乃是化身为对方,作为对方来思考与感觉。因而,理解作为沟通,其最高目标指向着张载《西铭》所说的“民,吾同胞;物,吾与也”的境界。

从方法观角度看,理解是差异性双方趋同、统一的活动。但理解并非对差异性双方互动性的强调,即不是基于“你理解我,我才理解你”的模式,而是诉诸自我本身的一种努力态度。因而,即使“你不理解我,我也理解你”。理解从而拥有超越人类自我中心立场的博大胸怀,甚至对并非人类主体的自然物——困顿的狗、迎接雨水的舒展的叶脉、乃至被礁石激起的河浪,也产生理解。

因此,在理解中作为主体的自我发生着相反相成的两种运动:

一方面,理解要求主体放弃自我中心、放弃主体性控制外界对象的习惯心态,从“自我”移置于对象。这是一个放弃主体性、改变为受动性的过程。只有软化乃至放弃坚执的自我主体心态,主体的感知觉才会从单向度受控于主体既有的知意情结构指令转向外界,去聆听异己的陌生的他人、他者的气息呼声。由此开始,才会愈渐深入对方的处境与心境,才能真正把他人、他者作为主体来理解。

另一方面，对异己的他人、他者的理解，终归是理解者主体性的活动。理解行为的主体性，不仅指主体自觉超越自我中心，亦即自我超越的能动性，而且理解主体在深入他人、他者而设身处地地体认对方时，所凭藉的根基仍然是自己的生活与精神经验。理解主体的理解过程，是理解主体以自身的经历、体验为原型，对异己新质的他人、他者的处境、心境的顺应性同化。① 因而，理解主体移情于他人、他者，乃是理解主体丰富与扩大自我经验，从而扩展主体的活动。此即张载阐发孟子"尽心"，所谓"大其心则能体天下之物"（《正蒙·大心篇》）的"大心"。

在整个理解行为的运动中，理解主体最重要的不是表达言说，而是虚怀以待的聆听。无言而专注于对方眼神的聆听，是人文教养在理解行为中基本的品质。这不仅是起码的礼貌，而且关系到理解主体面向他人、他者超越自我中心的开端。

聆听引领理解主体设身处地地体会到对方的处境、心境，由此产生同情与移情。19 世纪的移情说理论论证了移情的人类普遍性。作为理解的极致，移情在审美活动中获得了典范形态。主客体合而为一的移情，不仅是心理想象性的，而且是生理实在性的。因而，我们作为人性的人，不仅为他人的苦难不幸而感伤流泪或愤怒扼腕，而且与赛马场上竞驰的骏马一同感受到腿部肌肉的紧张，甚至面对一尊静物之瓶，只要我们全神贯注地努力"理解"它时，我们也能"化身为瓶"："双眼盯着瓶底，双足就压在地上。接着随着瓶体向上提起，她自己的身体也向上提起，随着瓶体上端展宽的瓶口的向下压力，自己也微微感觉到头部的向下压力……"②

正是基于"理解"这一人文素质能力，才可能引申出人文社会哲学观念的"宽恕"。

## 二、直觉

人文科学的直觉法区别于科学思维的分析方法。

分析是将对象切割而化整为零，因而分析不以整体为对象，这也符合康德将完整绝对的"事物本身"（物自体）从科学对象中划分出去的近代思维原则。

分析是对现象的扬弃。分析将现象作为本质的入口表征，对现象的分析旨

① "顺应"（accommodation），指主体既有的感知认知格局结构适应外界刺激而被改变；"同化"（assimilation），指主体以既有的感知认知格局结构吸纳外界刺激与作用于客体而保持自身统一性。这是瑞士心理学家皮亚杰（J. Piaget）的一对术语。

② ［英］浮龙·李（Vernon Lee）与汤姆生（C. A. Thomson）：《美与丑》，转引自朱光潜《西方美学史》下卷，人民文学出版社 1979 年版，第 621 页。

在追求在现象“背后”或“深处”的本质。分析法所持的事物观念乃是：事物真实存在的现象或样态是不足为据的表象，表象“背后”或“深处”的“本质”才代表事物对象。而事物的稳定性本质则凝聚为概念。分析是一个过程，这过程以将感性直观的现象抽象为本质概念为目标。因而，分析具有还原论（将事物还原为基本粒子或结构）的倾向。

但现代系统论与有机体观念揭示了分析与还原方法在运用于生命有机体时的根本性局限。我们不能将叶子作为根系的表象，而将根系视为叶子的本质：叶依赖根系汲收水分营养，根系反过来也依赖叶的光合作用。因而无法在叶与根之间单向度还原因果，而适宜于将之视为互为因果的统一的有机生命系统。同样，动物的脏器与血液也必须在统一系统之下确定各自的地位作用（中医的基本依据也在于此）。因而，有机生命体特别突出了整体系统大于局部的原则（现代系统论更将这一原则推广至全部事物）。

由于分析的对象是局部，因而伴随分析的深入，我们虽然会更细节地看清事物，却同时相应地对整体对象的印象越来越模糊与支离破碎。科学因而以抽象的概念（或结构）取代整体地位。但是，健全的日常经验即可判定：在“面包”这一符号概念中已失掉了真实的面包的色香与更为丰富的实在东西。后者永远不可能被前者日趋细密的关于“面包”的科学知识所取代。

对于从特定角度分析与抽象事物的科学而言，失掉上述真实丰富的整体性并不影响最终的技术操作程序。但是，对于不同于无机物的有机生命，特别是对于“人”来说，满足于这种分析与抽象却将丧失掉“人”与有机生命最为本真的性质。

“人”的主体性是高度发达的有机整体。这种主体性宛如精魄灵魂，它统驭性地体现于人的各个方面。值得注意的是，康德在高度概括性地分述了人的认知主体性与意志主体性后，将主体性的统一诉诸审美直观：在审美直观中，人才最为集中完整地获得把握。

当然，这种审美直观要求在对象方面出现（哪怕是瞬间）人性的典型形态，在主体方面则要求拥有直觉的素质。后一方面是指主体不仅具有敏感的心理素质，而且拥有生活经历所积累的较为丰富的“有意味的形式感”。某种社会阶层与类型、某种文化教养、某种气质性格，往往以某种或某些姿势、话语，甚至表情与眼神为内在流露的标志，它们之细微，乃至可称为“有意味的形式”。所交往的人与事可能淡忘掉了，但当时伴随这些人与事的瞬间形象与眼神却获得了直观的持存象征地位（如“我永远不会忘记他那似笑非笑的傲慢表情”）。当事人所积累的这些“有意味的形式感”成为他切身的生活经验，并成为比理性话语更为可靠的判断根据。例如，当一个竞选职位的人清楚周到地宣讲与道白了种种原则和道理后，一个下意识的手势（如翘起大姆指向后指戳——这与向前摇动的文化背景截然相反）、一个习惯语用词（如不同于“我们”的“咱们”）、一个瞬间即逝的眼神（如微闭一只眼的咧嘴），却会让拥有生活经验（见识过各色人等）的听者当即觉察到此人的文化习染背景。由于这种判断毋需分析与推论，是在瞬间触电般完成的，并且这种判断既具有超越偶然现象的本质深度，同时这种洞见又凝聚于对具体细节的直观感知，因而是对对象的人文意义（蕴涵）、灵魂精神的把握，它被称为直觉。

直觉由于是非过程性的瞬间感悟，因而具有"领悟"（"突然发觉"的洞识）或禅宗"顿悟"（当下即得，毋需过程）的特性。

直觉在更多的人文交往中并不一定是典型的"定性判断"，而往往是一种虽然清晰却难以构成全面、最后判断的"印象"，如在敏感度甚高的男女恋爱初次见面中，事后使用的即"印象"一词。这"印象"虽无法用概念逻辑地说明，但在当事主体心中却甚为信靠。

这并非说直觉印象可以取代分析判断，因为直觉印象所呈现的对象特性仍然有主次、深浅的区别，从而它们在关于对象基本性质的判定上意义会很不相同。特别不应忽视的是，"人"是丰富或者复杂多面的，任何简单化的判断对于"人"来说都是不相宜的。

"直觉"是一种人文素质。"操千曲而后晓声，观千剑而后识器"①，直觉力是丰富多样的实践生活经历"积淀"于人文主体心理中的财富。

## 三、智慧

智慧，在其最独特的意义上，是指面临不易直接用逻辑分析解决的矛盾时，凭藉生活与实践经验所采取的非常规的应对态度与方法。西方文化传统中，亚里士多德区分 Techne（技术）与 Phronesis（实践智慧），后者对应于汉语"智慧"。

智慧，往往是基于对人性（或世态）的深刻洞识和了解：

> 郑子产晨出，过东之间，闻妇人之哭也，抚其御之手而听之。有间，遣吏执而问之，则手绞其夫者也。异日其御问曰："夫子何以知之？"子产曰："其声惧。凡人于其亲爱也，始病而忧，临死而惧，已死而哀，今夫哭已死不哀而惧，是以知其有奸也！"②

子产从亲情之哭声于病中、病危、病殁不同的忧哭、惧哭、哀哭之错序反常，洞察了一起杀夫案。

这种智慧洞察往往是直觉性的：

---

① 刘勰：《文心雕龙·知音篇》。

② ［明］冯梦龙编著：《智囊全集》上册，花山文艺出版社 1988 年版，第 518 页。

秦桧为相,都堂左揆前有石榴一株,每著实,桧嘿数焉。亡其二,桧佯不问。一日将排马,忽顾左右取斧伐树。有亲吏在旁,仓卒对曰:"实佳甚,去之可惜!"桧反顾曰:"汝盗食吾榴!"吏叩头服。①

智慧在东方传统社会中往往以特定的文化哲学(如无为而无不为的老庄思想)为背景,特别运用于人际矛盾化解而转化为权术和管理艺术:

孔守正拜殿前都虞侯。一日侍宴北园,守正大醉,与王荣论边功于驾前,忿争失仪。侍臣请以属吏,上弗许。明日俱诣殿廷请罪。上曰:"朕亦大醉,漫不复省"。②

冯梦龙对这个装醉的皇帝评曰:"以狂药饮人,而责其勿乱,难矣。托之同醉,而朝廷之体不失,且彼亦未尝不知警也。"③这种基于东方传统"人治"社会的智慧,在现代形式化制度化亦即形式逻辑化的法制社会中已成为受清算的负面遗产。但是,此种不以二值取一的逻辑理性的明确处理问题的模糊乃至回避态度,对于关涉复杂因素甚或悖论性的人文现象来说,其非逻辑刚性的弹性或软性未尝不具有适宜性。辩证逻辑自古已有,现代又产生了探求更为复杂而系统性现象规律的模糊逻辑(Fuzzy Logic),东方传统智慧未尝不可经过现代洗礼而转化为资源。

智慧的闪现,往往是基于人文主体性的认知意志、情感和心理结构素质、当下现场的情境式反应。在这类场合智慧闪现为聪敏才气(灵机一动)。但在另外一些场合,智慧更多地就是过程性的经验与实践探索:

广汉尤善为钩距以得事情。钩距者,设欲知马价,则先问狗,已问羊,又问牛,然后及马,参伍其价,以类相准,则知马之贵践,不失实矣。唯广汉至精,能行之,他人效者莫能及。④

这里不仅是简单的类推比较算术,更重要的是实践性的人文智慧。广汉之"钩距"本事,实质是基于市场心态而炼就的表演术。《汉书》晋灼注释"钩距":

① [明]冯梦龙编著:《智囊全集》上册,花山文艺出版社 1988 年版,第 517 页。
② 同上,第 142 页。
③ 同上,第 142 页。
④ 同上,第 494 页。

"钩,致;距,闭也,使对者无疑,若不问而自知,众莫觉所由以闭,其术为距也。"以"真诚"的神情询问狗、羊、牛价,此为"钩";若使受"钩"者不疑,同时必须"距"绝表露出对"马"(问狗时则"距"羊……)的关心意向。一"钩"一"距"使被操纵的卖方在最接近实价的情态下吐露了行情。

但智慧的范围不限于人际关系的伦理交往。智慧同样还体现于人对器物的技艺性探索中。在面对一件无现成程序的工作时,手艺匠人凭长期的实践经验所积淀的局部经验模式,乃至完全无模式可依凭的手感引导,而用肢体和手工工具试验性施工于材料。这是处于既有技术程序之外的摸索,即以最源始的(手)"摸"这个词所真切表述的创新探索经验。这一领域也同样是近现代科学试验(发明)的领域。科学研究的前沿是无现成知识成果可运用其间的无路荒域,科学家所凭藉的唯有过去的经验。但这经验不是知识形态,而是发现与创造这些知识同时所内化(积淀)于科学家的思维、感知觉,乃至情感意态心理中的模式。这也就是人文素质(详后章)。这些心理模式会在新的情境或问题域中激话记忆,使得无数复杂的神经触角伸向新的对象,在试探性接触中以原有模式同化—顺应对方,在一次次失败后逐渐成功定型为新的模式,并以此表述出新的知识或规律。如同走过一条无落脚石的河溪,探索过程的每一步,都是基于人文主体心理的"空前"动作——这一动作无论是反复修改调剂比例、速度,或是修改拟想中的方程式和模型结构,都以智慧的原始意念为前导;而充分的数据收集与由此而明确的逻辑判断则阙如,它们恰恰是后续的工作。

基于这种探索性,我们也就理解了"摸着石头过河"的当代中国改革与政治智慧的关系。

所有上述过程性的智慧探索,我们都可以视之为本源意义的艺术。这一指称在现代生活的各个领域仍颇具生命力。当人们使用"政治艺术"、"管理艺术"、"交谈艺术"等名称时,就意味着那是可以施展智慧的领域。

## 四、描述

作为人文科学方法的描述,针对的是科学主义文化所习惯的逻辑推导与抽象概括。

19 世纪下半叶开始,"描述"成为新兴人文科学代表性的方法。狄尔泰成为描述心理学的奠基人之一。在后来的胡塞尔现象学方法中,"描述"同样占据着举足轻重的地位。

由于人文科学的对象是个性化的,因而人文科学较之自然科学与社会科学对于抽象概括有着更为根本的限定。在第一章介绍文德尔班关于人文科学与个性关系的理论时,对此已有说明。

在现代思想史上值得注意的一页是,19 世纪末到 20 世纪初,自然科学与人文科学分别从各自角度共同地强化了对抽象概括方法的批判与限定，并且同样提出了“描述”的地位问题。现代物理学革命重要的思想代表马赫（E. Mach）与人文科学代表狄尔泰共同奠基了描述心理学。现代科学思想重要代表形态的逻辑经验主义对滥用符号概念的批判与限定，也是为着维护作为“原子个体”的实在性，以保证逻辑概念的真实经验基础与有效性。他们用定冠词将概念特别是名词限定在特定时间—空间中如“The apple”——某个苹果，而不可泛用“苹果”概括。对于那些不能落实时—空限定范围的名词，特别是在现实生活中无经验原型的名词——如“飞马”、“天使”，罗素（B. A. W. Russell）不承认他们是“专名”，而称之为“摹状词”（Description）——描述性短语。这里表现出人文科学与科学主义倾向的理论在“描述”意义的理解上的重要不同。[①]

科学主义与人文科学都看到了概念符号抽象概括的局限性，同时也都注意到了在概念无法概括的领域“描述”的适宜性。但是，由于科学主义的科技实证经验的立场，个体及其经验的实在性（真实有效性）被限定在技术操作涵义下，想象之物，特别是人文意义性精神境界被看作虚拟乃至虚妄的消极现象，描述的方法只是处理这种消极现象的消极性手段。

但在人文科学看来，那些无法被概念概括的经验，才是包括概念概括在内的全部主体个性创造性活动的发源地。这也是真实的科学经验。著名的哥德尔（K. GÖdel）定理揭示与论证了任何一个一致的算术逻辑的不完全性，而且这种不完全性也是不能用逻辑体系本身所具有的方法克服解决的。爱因斯坦因而认为任何真正的创新都是逻辑概念之外的活动，它植根于同直接经验关联的“尚未理解的东西的残余”。[②] 胡塞尔把一切人文主体意向性视域中的相关物均称为“reell”（实项的），以区别于自然科学中“实在的”（real）东西，而且把这种通过感性具体直观而非概念理解的东西称为“事实”。现象学的口号即是“回到事实本身！”（Zur Sache Selbst！）现象学描述，正是“回到事实本身”的重要方法形态之一。

描述，必须是直观性的。也就是说，描述主体是以第一人称的意向性目光（包括想象）而亲自在场的。离开这种在场直观的语言就不是描述性语言，而是概括性语言。概括性语言脱离直观现场（“事实本身”）而转化为间接性符号。面对一个苹果，如果只说“这是一个苹果”，便仅仅是用一般概念化名词指称对象。这种事务性指称自有其必要性，但当我们总是用这种概括化方式指称对象时，真实的苹果便不再成为我们感受的对象，它在我们意识中便简约为一个符号了。如此扩大为全部生活世界，我们的生活世界也就失去了原有的丰富色彩与

---

① 详参尤西林：《摹状词与审美判断》，上海：《学术月刊》，1995(9)。

② 《爱因斯坦文集》第1卷，商务印书馆1979版，第299页。

独特个性,而抽象为在实用技术支配(概念化正发端于此)下的单一化符号世界。改换一下我们的心态,让我们静心关注地“看”(直观)这个苹果:

如拳头大小,呈深红色,最红处已透黑。果柄已干涸,黝黑地弯曲着。黄白色的斑纹隐隐可见。果体已无光泽,在上方有压凹,在这个暮春绚烂的正午光照下,它如同一件文物沉睡在茶几上。

对这个苹果“看”(直观)的记录,就是描述。描述,就是对现象学意义下的直观的记录:

(1) 描述须忠实于直观:“看”到什么就记录什么,既不能省略也不能增饰。描述无权超越直观而引申解释,更不能演变为概括。由于人文主体既有的认知意志和情感心理结构所必然带有的习惯定势,特别是在现代科技文化主潮下抽象观念化的强大习性,要忠实于直观并非易事。胡塞尔把“搁置”(Epoche)习惯成见作为回到直观事实本身的前提性功夫。所须“搁置”的不仅是客观的抽象概念(“这是一个苹果”、“这是一个富士苹果”、“这是一个陈旧苹果”等等阻塞直观的全称大判断),而且包括主观的欲望或成见(“这是我的水果点心”、“这是我最不爱吃的那种果子”等等自我中心的支配性定位判断)。只有“搁置”了种种成见观念后,直观才能充分自由地进行,记录直观的描述活动才能真切。

(2) 描述应力求具体细致,而避免笼统、抽象或一般化。因而描述所选用的语词应主要是形容词、副词和动词。应减少名词到最低限度,特别忌用专用术语或集合名词(如把苹果称“水果”。)一份成功的直观的描述记录,应栩栩如生地展现被直观的对象、氛围或境况,使读者、听众如临其境地获得内在的体认感受,其效果颇似一篇散文或一幅素描。这样,描述记录就深刻地接近了艺术活动。实质上,艺术也正可从此角度定义为对直观境界的描述。

(3) 描述不应误解为实证主义和经验主义意义下的心理学实录。人文科学方法的描述,乃是对人文主体意向对象、特别是人性境界——意境的保存与表述。人文意境,即使如空中之音、水中之月,也仍然处在沉浸于意境的人文主体直观意向中。在意境直观中逻辑概念的道路已中断,描述的挑战性也正在于此。描述关于直观意境的精微深邃的钩玄探幽,也因此是人文科学对人类精神世界最卓越的贡献之一。

## 五、个案性

### 1. 不同于例证的个案

在第一章介绍文德尔班的历史科学观念时,我们已初步了解了例证与个案的区别。人文事件(事实)在印证科学规律时属于例证;而在人文科学描述性研究中则是独立于普遍规律的个案。

以科学规律为中心的例证研究,重心不在于个别性事件本身,而在于这一事件与普遍规律的联系。因而例证提供的是从特定规律的角度模塑的事实，而删除或忽略掉了事实自身固有的其他特性与情况。事实作为例证强化、支持普遍规律，其另一面的含义则是普遍规律通过例证利用（使用）事实，即将事实纳入普遍规律以供技术操作。近现代认识论揭示并论证了人类这种以既定观念与结构框范、模塑外界对象的合理性。用康德的话说，人为自然立法，用知性规律"拷问"自然。认识的完整过程是：来自外界刺激的某一现象在重复印象中从个别现象归纳为一般规律，一般规律一旦确立，返回来又强化了主体从这一角度对外界事实的注意、收集。例证研究即属于后一阶段。由于人类不可能开始即完整、全面地认识对象，因而势必从特定生产消费的需要、背景出发而与外界对象实践地建立某一角度的联系。现代科技工商主义强化与偏执了这种从人类自身需要出发求索对象的单一方向，由此发展出的思维模式已无心于对象自身，"为求知而求知"的心态也只是在拥有独立地位的科学家那里才保持着。现代人的这一技术功利性认知与实践趋势对于人类自身认知与实践均构成了片面性与危机。"毁林开荒"曾是人类的普遍行为。这一行为依据的只是土地可耕种作物满足人的需要、林木可作建筑或家具材料。但除了人类感兴趣的"肥沃性"（包含诸种科学指标及规律）外，土地自身还有何种特性，土地与周围环境还有何种关系……此类考察，如果越出了人类利益的眼光，便很难被真正关注。力学原理使人类不仅取林木，还以竹代木、以化工产品的塑料代木……但木、竹、塑料自身的其他特性，以及这些特性对于人与物自身又有何种影响和作用，这种问题只是在生态被污染、破坏之后的现代性反思中才被提出来。现代系统科学、环境科学等学科超越了人类直接利益与应用型科技规律的眼光，已不再将事物本身仅仅当作印证规律的例证。

人文事件之多义性或多种解释，在日常生活与历史学中均经常发生。一个地区接连侦破罪案，既表明了警方的业绩能力，却也可以表明当地治安状况的恶劣。这一现象并不能简单作为某一观点的例证。历史，特别是中国正史，本朝立场是取舍褒贬的重要背景。因而，不仅史实评价，即使史实真相，也都浮动在不确定性中。

从而才有了"实事求是"与"一切从实际出发"的强调。但这种强调不能理解为与唯理主义或观念主义对立的经验主义立场。经验主义消极地对待深层本质意义的研究，就其实用主义与技术主义倾向而言，经验主义归根到底与唯理主义是互补的。人文科学的现代解释应是："实事求是"并非放弃理论本质追求，但它力求全面的观点；它尤其应清醒地意识到全面性不可能绝对达到，因而"事实"本身不仅是观点抽象的基础，而且是观点永不枯竭的源泉——我们总会不断地在"事实"中获得新的意义和理解。

因而，人文科学的个案法，其首要信念乃是对"事实"这种本体地位的依靠：

不是放弃对“事实”的理性研究，而是警戒对“事实”片面的与肤浅的概括，从而沉下心来围绕“事实”做尽可能周详的描述。如前所述，“描述”是基于事实体察的本质直观，它并不处在与理性区分的感性水平，而具有德国哲学传统中感性—知性（相当于现代人所说的逻辑概念性的理性）—理性（它包含着现代人所说的智慧直觉乃至非理性）三分法中的理性水准。一份成功的个案研究，不仅是以“事实”为中心所做的周详的调查报告，同时更应是关于“事实”的咀嚼、品味和心得。这样的个案研究是发酵、孕育科学假设与揭示规律的温床、母体。

**2. 作为个案教学的经典导读**

传统人文学科的文史哲诸科，从小学到大学，在教育的各个阶段上都保留着一种基本的教学方式，那就是作为经典导读的作品原著研读。与之对照，从大学阶段开始，另一类教学逐渐增多，那就是关于作品的规律性研究所构成的诸种“原理”、“概论”、“××学”等等。本书作为人文科学导论，区别于人文学科具体科目教学，也属于此类“原理”、“概论”课。

原理或概论是以概念范畴与逻辑所构成的理论体系，它是对原生态的文化精神形态的概括。问题是：原理概论在何种意义上无法取代作品的原著阅读？

教学历史的演变情况是，古代教育由于以权威文化为背景，主导教学方法的是孔子开端的“述而不作”式原典阅读，它在后来更演化为经学式的注疏阅读。在经学中，理论概括无由产生，读者无权僭越经学的权威地位而擅用个人的理性解释。这一情况由于现代理性主义的主流支配地位而产生了重大改变。现代学术的代表性形态是理论体系而不是经典注疏。理论以原著作品的本质形态代表自居，而视其他非原理性的思想为（不成熟的）“前”理论形态。这一思维趋势往往助长了原著作品阅读课失掉本位而追求概括性。例如，“《诗经》导读”可能以大大扩展了的社会背景、文化象征、手法归类乃至中外比较诸理论研究压倒作品阅读，对原著的研读被关于原著的概论取代。“马克思《1844 年经济学—哲学手稿》导读”，也可能变成“关于”这部手稿的研究理论介绍，如手稿的背景及思想界争论、手稿的结构与问题线索、手稿的若干专题剖析、手稿的现代意义，等等。学生从此种概论教授中当然会学习到理论观点与理论思维的方法，但是，如果满足于这种“关于”手稿文本的概论，则使学生失去了进入文本的阅读训练，从而削弱了人文学科教育的基本功。

经典文本阅读实质是人文科学的个案法运用于人文学科教学的一种传统悠久的形态。与概论教学相比，在一定程度上可说，经典文本阅读是在水中（而非在岸上）学习游泳。经典导读教学的基本原则即是引导学生尽可能直接地接触与深入文本，而不是用二手的理论概括取代文本。对经典原著文本的熟读乃至背诵，是在语感、语用上实践地理解文本。在反复吟咏体味中，对文本的熟悉便会深入到对语境的直觉领域。上述过程对于语言艺术作品的文学文本的理解具有基础的意义。对于理论经典文本来说,文本阅读则是对作者运思思路脉络的亲切体会,这对于思路艰深的哲学文本(如《老子》、《庄子》以及德国哲学)来说,尤其必要。

经典文本阅读的上述意义不能仅仅理解为对文本知识学的进入与掌握。任何经典文本的个案性研读,都包含着两个基本的教学目标:(1) 对特定经典文本的研读,是对该经典文本的思想内容与学术史地位的知识学掌握。这一方向的研读指向对象性的经典学术研究目标。(2) 对特定经典文本的研读,是人文科学个案方法的训练依托。这一方向下的研读不以特定经典文本的学术知识为目标,而是凭藉特定经典文本个案研读的实践经历,学习掌握更为普遍的人文科学方法。更具体地说,在经典导读这一教学方式中,学生较之一般课堂听讲更为主动。学生是导读课的真正主体,教师只是引导者。学生亲自阅读经典文本,逐行逐节地阅读,通过提问与讨论,使每一个学生都检验了自己的语文学能力、敏感发现与提出问题的能力、上下文对照与超文本对照的比较思维能力、抽象与提取结构的能力、重点段落仔细分析与深层挖掘的深度思维能力……这诸种能力,既是人文科学基础能力——阅读原典的训练,又是作为人文主体的学生践习、培养所获得的各项素质。经典文本阅读的个案法训练在此指向着人文主体自身素质的培养目标。

上述人文素质还主要着眼于学术研究能力,但一切人文学科文本不仅是知识学的,而且是人文价值意义性的。在人文学科文本中必定蕴含着人文意义的境界——这不仅指那些文学艺术作品的意境,而且包括文史哲学术类著作那些枯燥的事实材料和抽象的思辨逻辑所透露出来的人文境界。从而,浸淫于人文学科文本的个案性琢磨、体味,不仅是对文本知识理路的透彻认知,而且是与作者—作品的深层精神意向、信念、立场以及情趣、气质的贴近融合。后一方面对于读者的感染激励进入到了读者人文主体深层的素质。作为人类文化精华代表形态之一的经典文本,通过个案性研读,所能学习的不仅是知识与观点,而且是支撑知识观点的思想框架与运思方法,以及在最深层面上人文主体的个性创造、意志决断与情感态度。

# 第四章

# 人文科学与教育学

古典人文学科在现代知识学格局中已被分化瓦解,但以主体性人格发育培养为主旨的教育学、以纯粹直观人文主体性为内容的艺术—艺术学、审美—美学等少数学科因其本质上系于人类主体性自我意识而无法客体化为科学,故仍保持着突出的人文学科特性。鉴于人文学科传统的教育性质,本书选择教育学作为人文学科的代表形态来讨论。

## 第一节　素质教育的人文本质

### 一、素质概念

#### 1. 素质的人文主体性

素质概念,一般指以人的先天遗传为基础,在后天环境影响条件下主体通过实践所内化的稳定性素养品质。

"素质"与"能力"经常通用。二者的基本共同点在于,"素质"与"能力"都为主体自身所拥有,从而同客观性、公共性的技术与知识区分开来。技术作为人类合规律与合目的相统一的操作系统,包括有技术工具或设备、客观的技术程序与掌握技术或拥有技能的人。只有"技能"是属于主体的,工具与程序则是客观的公共性存在,它们独立于特定主体。知识与技术相仿,也由知识载体的书籍、教育、出版等机构,与知识概念体系以及拥有或依凭上述条件的知识分子所组成。只有在拥有知识概念这一点上可归于主体自身。

但是,"能力"却包含着对运用能力的客观条件(无论是工具设备的"硬件",还是程序或概念体系类"软件")的倚赖。狭义的"能力"不可能抽象存在,即它不可能真正独立于客观条件。我们可以说,一个人会操作机床或驾车,这属于这个人的能力("有技术"、"有本事"),但离开机床和汽车,此种能力便不是现实性的。我们也可以讲一个熟知牛顿三定律的人是有力学知识的人,但牛顿力学不属于这个特定主体,而属于人类公共社会。除非通过牛顿力学的学习而影响、塑造了这个人的思维方式,公共知识才转化为个体性主体人自身的素质。

因此,作为实践活动者的主体,素质确实是一种(实践活动的)能力,但素质并不等同于一般能力。素质独特的含义指向内化于主体自身而不能剥离的能力。例如,一个人的身体素质、敏锐的辨别力、气质、品德、意志力等等,便都属于主体自身的素质。因而,素质是一个纯粹主体性的概念。素质概念下的诸种能力因素有机地统一于特定的个体生命体中,而不能游离存在。素质因素构成主体之为主体最基本、也是最基础的材质。在未投入客观的实践之前,素质以潜能形态存在。在素质基础上主体可以走向更深广的人化自然世界并发展为愈益丰富、高级的新主体,但素质却是主体被剥除全部客观条件后维持主体人性最后的条件。素质这种纯然本已我属的人文主体性质,使之成为判定一个人本身的人性品级的核心依据:不是依据一个人的客观机遇、社会关系背景、学历、财富、地位、事业成就等外在性的指标,而是一个人自身的气质、品性、情怀、才能这类素质,才成为评价一个人最可靠、最核心的尺度(如我们在真正有眼光有品格的择偶者那里所看到的)。反过来说,拥有上述人文素质的人则必定是具有良好教养道德的人,同时也会是最灵巧有力地掌握知识与技术的成就事业者。因此,素质在严格的意义上是人文性的,并不存在与人文素质并列的科技素质或其他素质。后者乃是人文素质在不同实践情境条件下的变化运用形态。

**2. 素质的不同层次**

在宽泛的意义上,可以将主体的素质概念扩展到包括能力在内的全部主体性素养能力。但它们依据与主体关系的密切程度以及相应地依附于外在技术目标的程度,而可以区分为以下不同层次:

(1) 拥有操作特定技术程序(包括一切技术性或工具性知识)的能力:掌握了的技术为主体所拥有,它成为主体素质能力的一项最为外在的指标。通常称为“会开车”、“会用电脑”、“会××”……但如前所述,技术又毋宁说是将主体纳入公共程序的框架,它在根本上不属于主体。即使作为能力的技术,也是一个相对性与历史性的流动概念:在一个驾驶汽车与使用电脑还不普及的社会中,驾车与用电脑被视作“会……”的技术能力(“本事”)。但随着驾车与用电脑普及为社会绝大多数人的日用性活动,它们就如同今日社会中骑自行车乃至乘电梯一样,不再被视为技术能力了。

(2) 拥有基础性技能与原理性知识:在上述诸种“会××”的技能中,“会外语”是一项例外。由于它属于人类基础性能力——语言范畴,因而已深入内化到主体思维与情趣等基本层面。语言(包括外语)能力不能仅仅看作实用性的技术能力,而是掌握任何实用性技术所必需的一项基础性前提,因而语言能力是主体学习与交往的基本素质条件。与之相同,在知识体系中,原理性知识是生产实用技术性知识的母体与基础,因而构成主体的知识能力最稳定亦最具能动性的层面。这一点对于现代知识经济社会具有特别重要的意义(详后)。因此,我们可以一般性地在接受过技术职业训练的技工与研修、掌握了基础理论的工程师之间比较知识能力等素质。

(3) 作为主体自身的素质:这是前述狭义的亦即严格本义的素质概念。作为主体自身的素质,实际是主体生理与心理的能力。主体素质是人文文化性的,但它同时已包含着自然前提与基础:即使是最高层面的精神激情,也以自然生理的精力与体力为必要支持条件(这是体育在素质教育中必要地位的一个根据)。

纯粹的主体性素质已不再依附(依托)于外在的技术程序、知识概念体系或其他任何包含应用目标的结构,而如同基本粒子:作为主体最小单位的素质,也是最基础的素质,它们不是被组合的结构,而是组合与建构所有结构的主体性的品质基础。正是在这一意义上,主体性素质成为最具生产性与能动性的母体与基础。或者可以进一步如此强调:主体性素质是无形的,但它们是支持与建构一切有形结构体(从技术、知识到道德)的原动力。

主体性素质又可以进一步区分为以下层次:

a. 维持与保证现实活动最基本的能力:

这一层面的素质包括了生理与心理意义的健康身体、直接维持生活特别是技术知识与交往的心理素质:注意力、记忆力、逻辑理性的抽象力、分析、判断与综合力等。这类素质基本属于认知与实用工具型。离开了上述的基本素质,主体基本的生存活动将无法支撑。

b. 支持与调控实用型素质的素质:

以自制力、毅力、直觉、想象力等为代表。这类素质一般不属于直接的技术能力,但却直接支持或调控着技术能力。

自制力,其人类学原型即"自觉注意",它是人与动物分野的标记之一。动物(以及幼儿)受本能欲望支配而注意相关对象,但人却能够控制自己的意向投射,在与欲望无关甚至相反情境中仍然保持注意力:一个大红苹果可以吸引正在交谈的幼儿调转目光,但一个心理素质稳定成熟的主体,则可以控制自己不为窗外的嬉笑闹剧所动而保持听讲时的注意力,甚至在持续单调重复的操作超逾体力的情况下依然坚持注意工作对象。自制力从而演进为美德品质之一的毅力。黑格尔视自制为人性的关键性素质:"劳动是受到限制或节制的欲望。"[①]人类从而得以超越受欲望支配的自然状态,而使自己进入非直接消费的广阔的文明世界。自制,作为有所不为而有所为的自觉注意的调控,是选择并确立目标—目的的前提。在人对物的生产性活动中,自制是技术操作的前提,在人与人交往的伦理关系中,主体的自制则是解除自我中心的必要条件。当自我表现欲望受到自制而平等地倾听他人谈话时,就表现出礼貌与教养。这种自制而陶冶人性的过

① 黑格尔:《精神现象学》上卷,商务印书馆 1979 年版,第 130 页。

程，也就是伽达默尔视为人文主义传统第一范畴的“教化”（Bildung）：“人之为人的显著特征就在于，他脱离了直接性和本能性的东西，……教化作为向普遍性的提升，乃是人类的一项使命。它要求为了普遍性而舍弃特殊性。但是舍弃特殊性乃是否定性的，即对欲望的抑制，以及由此摆脱欲望对象和自由地驾驭欲望对象的客观性。”①

直觉是主体不倚靠客观对象分析数据而达到的洞识，想象则是主体在不直接感知实在对象时依然能不受时空限制地自由感知。因而，直觉与想象代表着主体对客观外界条件直接依赖性的超越，它们代表着在直接参与技术与生活操作的主体素质深层中更加自由与自主的素质。但它们是技术层面的素质能力必须直接倚靠的品质能力，因而，这一层面的素质作为技术操作的后盾仍然在根本上属于生存性功能。

c. 反省与超越生存现状的品质能力：

前述素质第一层面作为直接的生存操作性能力，第二层面作为支撑直接生存操作的更高的综合与动力，它们在总体上都属于生存性主体，其功能属性是技术涵义（Meaning）性的。但人文主体性更高的层面表现为对生存现状的反省与超越，与这一层面相应的是反思、信仰、终极关怀与激情等素质，其功能属性是意义（Significance）性的。

这一层面的素质在第二章人的理想性讨论中已有所说明。

激情不同于一般感情，它标志着主体高峰体验的升华状态。无论外显或隐含，激情对于一个人都是必要的，一个终生未曾领略过激情状态的人，是素质上有缺憾者。

反思，不仅是哲学家所必需的状态，也是任何一个成熟的主体必需的素质。反思意味着主体抽身于现实生存状态之外，因而有能力超脱于应对性活动之上，从而对主体自身进行更为客观而远大周详的思考检讨。它是关于思想的思想，因而是超越自我的必要条件。

终极关怀，表明主体有能力超越直接生存功利的涵义性目标、主体有能力追求更高、更根本的价值意义目的，从而主体拥有人生最重要的人文品质。这一品质是主体能否达到个性化与社会化的关键能力，也是主体统率全部素质、确立方向的能力。

信仰，在第二章已有专论。从素质角度看，信仰性与终极关怀密切相关，它们虽然是人的普遍性的主体特性，但并非每一个体都拥有明确而成熟的信仰和终极关怀。麻木不仁者、淹没于生存应对性事务的庸碌之徒，或者与之形式上极端相反的迷狂崇拜信徒都不是现代人文意义上拥有终极关怀的有信仰者。但同

① 伽达默尔：《真理与方法》上卷，上海译文出版社 1999 年版，第 14—15 页。

样如第二章信仰专节所述，人文信仰又必定是渗透于日常生活中的支撑性品质，我们不仅用以指称那些处于逆境甚至生命危急时刻的节操行为，也常常指称这样的日常行为：在杳无人影的夜半十字路口，一辆车面对自动闪亮了的交通红灯悄然伫立等候。在这位司机的职业自律行为的深处，人们应当感受到那平凡而令人起敬的信仰品质。

## 二、人文素质教育与知识经济时代

### 1. 知识经济与教育

20 世纪 70 年代以后，现代化的西方社会逐渐发生了深刻的变化，它同时兆示着人类现代化的新阶段。这些变化，从社会存在的经济基础来看，最重要的是“知识经济”（Knowledge Economy）的兴起。

“知识经济”这一概念从 20 世纪 80 年代末至 90 年代初确立，它划分出了不同于传统工业经济的新的生产方式时代。以资源配置为尺度，人类迄今的生产方式大体可以划分为以农业为代表的人力资源经济、以传统工业为代表的自然资源经济与以智力资源为首要依托的知识经济。

知识经济与同属现代的传统工业经济的重要区别在于，知识经济在资源配置上以智力资源、无形资产为第一要素。对于自然资源通过知识智力进行科学、合理、综合、集约的配置，主要不倚赖土地、石油等已经短缺的自然资源。与此同时，知识经济致力于通过智力资源开发富有的自然资源来创造新财富，逐步替代工业经济依托命脉的、在现代化进程中已经短缺的自然资源。例如信息科学技术的计算机芯片来自石头，新能源和可再生能源科学技术的受控热核聚变原料来自水中的氢。因此，在知识经济中对智力资源——人才和知识的占有比工业经济中对稀缺自然资源（土地、石油等）的占有更为重要。

知识经济时代的来临实际是现代化的历史发展趋势。早在培根时代“知识就是力量”的口号已显示了这一历史性开端，在 19 世纪，马克思进一步判断，现代资本主义的发展，正在使“知识，……变成了直接的生产力”。[①] 20 世纪末叶开始空前加速的生产领域与生产形态的更新形势证明，科学技术的研究开发已成为中枢与关键。人类正进入一个以知识（智力）资源的占有、配置、生产、分配、使用（消费）为最重要因素的知识经济时代。

知识经济直接依赖于开发、研究科学技术的现代研究所与大学。但是，研究所则倚赖培养（生产）知识人才的教育为基地与母体。从整体上看，教育（含教学科研一体的大学）已成为知识经济最重要的资源。

---

① 《马克思恩格斯全集》第 46 卷（下），人民出版社 1980 年版，第 219—220 页。

2. 知识教育与素质教育

然而,在现代化—现代性进步主义时代,在民族国家与工商科技竞争的背景下,知识经济之“知识”特别突出的特性乃是“创新性”。这意味着,适应知识经济时代的教育并非死记硬背既有知识的教育,而是培养知识更新与创造力的教育。从而,作为技术—知识母体的素质教育上升到了重大的地位。

在当代教育史上,知识经济这种对素质教育的要求曾不断压迫教育变革。1957 年苏联发射第一颗人造卫星上天所激化的美苏科技竞争,引发了美国针对传统实用主义教育而强化基础原理训练与创新素质培养的转变。以哈佛大学“知识研究中心”创立人 J. S. 布鲁纳(J. S. Bruner)为领导的全美中小学课程改革委员会的研究讨论强调:对任何学科知识的掌握,本质上是对该学科基本结构亦即基本原理或基本概念的理解与运用能力。基本原理或概念高于具体结论或知识,原理性思维素质高于具体的操作技术,前者具有扩展“迁移”(Transfer)的母体意义;在知识创新中,直觉预感与“猜测”的能力比依托逻辑概念的分析思维更为重要;学习的最好动机并非竞争,而是主体自身施展才能与创造的乐趣[①]……上述强调,均从不同角度指向人文素质。

鉴于知识经济中“知识”的上述素质创新涵义,因而,“知识经济”更为准确的提法是以智力为资源的“智能经济”。但由此产生的问题是,“人工智能”(Artificial Intelligence)——例如电脑在当代经济中举足轻重的地位,是否表明技术及技术性知识仍然是当代教育不可易移的重心?这一问题更普遍的意思是指,以信息科学技术、生命科学技术、新能源与可再生能源科学技术、新材料科学技术、空间科学技术、海洋科学技术、有益于环境的高新技术和管理科学(软科学)技术为代表的高科技依然是知识经济所依托的实体,与之相关的专业教育无疑理应占据最重要的位置。诚然,即使是知识经济时代,专业知识教育也不可能被素质教育所取代。素质教育的意义不是要返回前现代社会的封闭型人文修身,而恰恰是应现代化—现代性问题背景的需要,力求内在地结合科技专业教育而发挥人文学科作用:人文素质教育作为包括人工智能在内的科技专业发展创新的主体动力与源泉(人工智能哲学长期的争论中包含着一个共同的基点认识:人脑在根本上是电脑的主体;无法纯形式化的人脑及其意向,尤其是超出认识论的终极价值意义的信仰意义,是电脑永远无法取代的主体);人文素质教育为科技专业规范目的与意义。如本书前几章所述,现代人文学科教育的独特重要地位正在于后者。

---

① 参阅[美]J. S. 布鲁纳:《教育过程》第 2、3、4、5 章,上海人民出版社 1973 年版。

# 第二节　现代社会中的人文教育

## 一、现代家庭教育的人文特性

从对偶婚开始,人类文明即以家庭作为社会的基础单位。在自耕农与手工业时代,家庭不仅是再生产劳动力的单位,也是物质生产的单位。师徒授受式的生产与生活经验传递,使当时的家庭在很大程度上也承担着教育的职能。现代化对生产单位的社会化变革、商业流通所推广的普遍社会交往,以及现代性的社会职能分化性,使家庭的传统功能大多已移交给社会。

从教育角度看,现代家庭已将子女教育,特别是文化知识与专业职业教育托付给了社会(学校)。家庭(家长)只是协助配合学校教育。然而,除辅导子女课外学习之外,教育的一项传统内容——人文伦理教育,却仍然属于家庭。诚然,学校教育以及社会教育同样也包含着人文伦理教育,但是,由于家庭的血亲关系是青少年天然依赖并且交往更加细腻与生活化的伦理关系,因而,家庭教育在现代人文伦理教育中仍然占据着无可替代的重要地位。

家庭教育的人文特性在于,血亲依赖与家长监护养育,不仅是法律义务,而且首先是人类学的天然本能。正是凭藉这种人类学的天然血缘依赖以及家庭私人生活的深入细致交往,父母长者对幼辈拥有特殊的伦理乃至性格的示范力量。从理论高度抽象,幼辈自出生起开始的家庭生活,已不是自然生存,长辈对未成年幼辈的全部关系都实际上具有了伦理示范的人文教育性质。这是一种真正在“百姓日用即道”意义上的普泛人文伦理教育的关系。从日常最细微的使用器具、身体姿势与口语习惯,到观念形态的人生价值判断,父母长辈不仅言传而且身教,家庭生活天然地就是人文伦理学校。由于这是与血亲之爱不可分离的教育,因而它具有特殊的效果。

家庭人文教育在日趋社会化、交往理性化的现代社会受到了复杂的影响、改变。现代化—现代性进程中的矛盾也进入家庭。离异、代沟是现代家庭特有的困境。它们构成为现代人文伦理及其教育困境的一部分。20世纪末叶开始,基于现代化—现代性的批判反省,强化作为社会细胞与社会伦理生态重要组成部分的家庭伦理,成为重要的人文思潮。现代化—现代性对人类家庭血亲的分裂破坏不再被视为进步正当的代价。值得注意的是,这一思潮以自觉回应全球化的东方传统文化为背景,经过现代性洗礼的慈孝家庭伦理,成为维护人类伦理根基的代表形态。[1] 由于家庭伦理被视为人类伦理的源始形态与根基形态，因而维护家庭伦理，成为现代伦理与人文教育攸关重大的事情。

## 二、义务制教育的人文特性

各国均制定有义务制教育法规。义务制教育是一个国家根据本国财力、文化状况而对未成年人（或成年人）接受基础文化教育的规定。中国实行九年（即从入小学到初中毕业）义务制教育。义务制教育的本义，是基于本国条件面对社会成员必需的文化素质教育的制度性保障与要求。

义务制教育的关键词是“基础教育”。“基础教育”在此是为达到本国现有水平的合格国民所必需的文化知识教育。文化知识教育不是专业或职业教育，而是识字算术及基础科学知识的教育。语文、算术、数学、自然、地理、历史、国民政治、物理、化学、外语等科目均指向国民基本素质培养这一目标。因而，义务制教育的全部科目（包括通称为理科的数学、物理、化学等）均具有人文学科性质，人文素质教育是义务制教育的本质。

这一判断与古典人文学科教育（古希腊罗马 humanitas 及其“七艺”、先秦士君子成人之教的“六艺”）具有可比性：它们都是非专业或职业教育，都是为培养本时代合格“人”所必需的科目修习。

但是，在现代化竞争性的时代观念中，义务制教育往往被理解为专业职业教育特别是高等教育的准备阶段教育。以语文科为例：许多家长把语文学习只是视为实用性识字读书的工具科，完全遗失了语文阅读写作规范的母语思维的基础素质教育意义，也遗失掉了作为语言艺术的文学作品阅读对主体审美境界与伦理意志的陶冶教化意义。同样，一些家长往往以为子女报考文科专业大学而毋需学习数学、物理与化学，而完全忽视了数理化对主体逻辑思维的分析综合能力训练，以及对科学方法态度、科学精神的培养教化意义。无论是否读大学，上述教育目标均关系到任何一个合格国民基本主体素质的培养，因而都是不可或缺的。但这并不意味着义务制素质教育是最低限度标准的教育，相反，正是这些作为基础教育的素质教育，才为一个未来可能成就卓越事业的主体培养了全面匀称的良好素质与基础知识结构，使之不仅是聪敏、智慧与理性的，而且是拥有道德责任心的。

---

① 参见［美］罗兰·罗伯森（R. Robertson）：《全球化》第十章有关“家的意识形态”（ideology of home）综述，上海人民出版社 2000 年版，第 225 页。另可参阅［美］杨效斯：《家哲学》（未刊稿）、张祥龙：《全球伦理如何体现“家庭”与“孝道”的根本地位？》（《基督教文化学刊》第 6 辑，宗教文化出版社 2001 年版）等。

## 三、通识教育的人文特性

### 1. 通识教育的现代性背景及其人文特性

通识教育是区别于专业或职业教育的现代教育范畴。此词对应(对译)的英文 General Education 在 19 世纪以前一般指中小学教育的总称,19 世纪初美国帕卡德(A. S. Packard)首次在与大学专业教育对举的关系中确定它的涵义:

> 我们学院预计给青年一种 general education,一种古典的、文学的和科学的、一种尽可能综合的(comprehensive)教育,它是学生进行任何专业学习的准备,为学生提供任何知识分支的教学,这将使得学生在致力于学习一种特殊的、专门的知识之前对知识的总体状况有一个综合的、全面的了解。①

在这一解说中,General Education 对人文学科概念的依靠十分清楚。英语 general 是"全面的,普遍的,一般的",或解作"不限于(人的、事物的、时间的)一部分的"、"综合性的",因此 General Education 一般译为"普通教育"或"一般教育"。它有助于深化对前述义务制普通教育的人文学科性质的理解。但在高等教育范畴内,General Education 是针对专业教育而言的,这一概念产生于现代化—现代性专业分工化与人文科学思想兴起的 19 世纪,并在 20 世纪 30 年代后迅速流行开来。② 港台地区学术界通行的译名为"通识教育",此词现已为全球汉语学界认同采用。台湾学者高明士的解释是,清儒章学诚释"通"为"达","通者,所以通天下之不通也",而 General Education 首要的任务就是让学生学识贯通;同时,General Education 还要求"识","识"取唐儒刘知己对"学者博闻旧事,多识其物"中的"识"解,刘氏解"识"引用了孔子的"博闻,择其善而从之"。博闻是学问之要求,为 General Education 中"通"的功夫,但择善的功夫则取决于"见识"、"器识"。General Education 正是强调在掌握基本知识、技能的基础上培养人对自我以及自己和社会、自己和环境等各种关系做正确判断、正确选择的能力,这也就是"通"、"识"之统一。③

综上所述,通识教育就其广义而言,泛指人文学科的素质教育,这一意义的通识教育不仅是义务制普通教育的重要特性,而且与精英教育色彩的自由艺术、

---

① 转引自李曼丽、汪永铨:《关于"通识教育"概念内涵的讨论》,北京:《清华大学教育研究》,1999(1)。

② 参阅李曼丽、汪永铨:《关于"通识教育"概念内涵的讨论》。

③ 同上。

博雅教育(Liberal Arts, Liberal Education)相通;就其狭义而言,通识教育则是专指高等教育中与专业职业教育相对的公共课程教育。但是,国内通行的“公共课程”概念不仅是笼统外在的表述,而且在现代化—现代性专业分工主流观念压迫下,在人们实际心目中已降格为“无用”的辅修(副修)课程。“公共课程”必须依据人文学科获得现代性定位。这一术语应由更能彰示人文学科特质的“通识教育”取代。

从人文学科高度看,通识教育特别是对高等教育现代专业分工格局的本体性的整合均衡,它不仅关系到专业知识的整合能力、素质的培养,尤其是对大学生人生观、世界观的教化引导;因而,通识教育攸关“大学”的根本宗旨理念(详见后文)。在当代汉语教育的某些地区学校,为标识、高扬通识教育的这一人文学科特质,更进一步以人文素质教育性的“全人教育”(Holistic Education)含摄尚依托知识学的“通识教育”。[①]

**2. 通识教育与专业教育**

如同人文素质不等同于知识与技术一样,通识教育也不能取代专业教育。与古代教育相比,现代教育不能不以专业教育为主体。因而,在这种现代教育的基本格局中如何配置、落实通识教育,在很大程度上取决于通识教育与专业教育在具体课程设计安排中的关系。

(1) 与专业教育平行的通识教育。

与专业教育平行的通识教育,所依托的是人文学科的传统精神与科目。其中,尤以文史哲类课程或讲座为骨干。诸如中国文化史、中外哲学比较、中外艺术比较、唐诗宋词元曲讲座,被视为永久的保留性科目。如前所述,这些科目在人文学科中的悠久传统地位,缘自现代化—现代性分化状况中这些科目与主体教化的内在联系。随着社会与时代处境及问题的变化,通识教育的公共课科目内容必然会有变化,如现代化转型时代开设的现代化—现代性理论、城市化与现代化、全球化理论等,但传统文史哲类人文学科却将持久保留。同时,还应注意,通识教育的指导思想是人文学科教育观念,因而,当代通识教育科目中的社会科学科目(如制度经济学)与自然科学科目(如电子计算机原理)以及跨学科或新兴学科科目(如环境科学、基因工程与社会伦理),均不能在一般“文科”、“理科”观念下理解,而必须从特定时代背景下主体性整合素质教育的需要来定位。

---

① 参阅林治平主编:《全人教育国际学术研讨会论文集》,台北:宇宙光出版社,1996 年。以中原大学为代表的台湾教育理念改革,明确视“通识教育”为“全人教育”的一个环节,并整合为“全人化通识教育”,更进一步以这一第一教育理念包摄、定位专业教育与通识教育(详见后文)。王国维是中国近代最早提出“全人教育”观念的人:“教育之宗旨何在?使人为完全之人物而已。何谓完全之人物?谓人之能力无不发达且调和是也。”(《论教育之宗旨》,1906)这一观念与现代人文科学的“全面发展的人”的理念完全一致。

就此而言，现代通识科目与古典人文学科之“艺”是一脉相承的。

（2）与专业教育相融渗的通识教育。

在专业知识日趋细密的现代，通识教育相应增大的主体整合性素质培养的要求，限于学制时间定额与科目原理教材定型滞后、师资难觅等，不可能仅以增设通识科目或加大通识课程学分来解决。一个应对方式是增加讲座以补充正规科目。另一个重要的方式是结合专业教学设计“融渗教学”。①

“融渗教学”的观念在英语教育界多以“XYZ Across Curriculum”语词呈现。有别于传统教学法，在“融渗教学”中，包含有两个科目的结合关系：主修的（专业）学科称为“承载学科”，依托主修科目的附带（人文）学科称为“寄载学科”。在教学中，“承载学科”所讲授的专业知识要接受“寄载学科”的人文原理角度来衡判评估，由此而出现分段切割的两科目的轮换衔接。例如，生物遗传基因工程课教学，在完成专业主干教学之后，便转换为从社会学与伦理学角度对基因工程社会学与伦理学后果的评估，之后复又回到承载专业学科教学，结合寄载人文学科与社会科学的评估，对生物遗传基因工程的前提、条件与界限做出规定。又如结合电脑软件制作专业教学，引申出知识产权的法学与伦理学教学；结合现代科学技术史专业课中科学发现与直觉形态感的密切关联史实，转入美学与美育专题讲座。再如写作这类一般素质的训练，可以结合管理学专业教学、物理学与化学实验报告、社会学田野调查报告等实践作业的评比，归纳出问题与规律，反复修改写作报告，以提高科学论文的写作能力。

在上述“融渗教学”中，寄载的人文学科或社会科学由于是针对承载的专业学科特定的对象与问题，因而一方面具有问题情境的应用分析性质，从而易于理解并激发学生主动思考的兴趣；但是，另一方面，这种回应或引申性的教学讨论，又不易基于“寄载学科”自身原理的展开，因而不易深入与系统教学。但这正是“融渗教学”的特点所在。“寄载学科”在以“承载学科”为问题对象时，应在不远离问题情境的背景下尽量展开自身的学科原理，并布置阅读基本的学术文献，而防止流于从一般性常识就事论事。这样，即使“寄载学科”围绕“承载学科”问题讨论而化整为零，但仍保持着自身学科原理的水平高度，并在理论与实践相结合中实现了对主干专业教学的内在融渗。

“融渗教学”同时可与平行性通识教育课程相结合：前者可激活并充实后者，后者则为前者提供更为完整系统的学科原理。例如上述“融渗教学”案例便

---

① “融渗教学”一词及下文的“承载学科”、“寄载学科”术语采自台湾中原大学教务长王晃三教授《融渗策略在全人化通识教育之实践》（未刊稿）。谨志并致谢。

可汇聚为“工程伦理学”或“科技与社会”等独立的讲座课程。①

(3) 非课程形式的通识教育

课程形式的通识教育以前述学科课程与专题讲座为主干。非课程形式的通识教育则是指以人文精神为引导的课外活动。② 这是远较课程形式的通识教育丰富而松散的通识教育类型。其中包括有学生社团(学生会、系会、宿生自治会、级社、剧社、球队、书法学会、摄影会、读书会、远足会等)、学校通识教育办公室、辅导处等机构组织开展的各类活动,也包括非社团机构的自发性活动。这些活动或是固定的节庆(新年、春节、青年节、母亲节、教师节、圣诞节)与活动(春季活动会、各级年度体育竞赛与文艺会演、新生入学与毕业班离校的迎送会等),或是时事性讨论会(如美国“9.11”事件讨论会),或是社会实践行动(如赈灾、为危困同学募捐、就某一社会事变聚会讲演宣传等)……所有这些活动,无疑都会从观念到行为、技能切实地影响与塑造参与者。但是,是否有策划设计、是否有引导组织,效果却会很不相同。如果明确将上述(非课程形式)课外活动视为通识教育的重要组成部分,把课外活动(Extra Curriculum)视为潜在课程(Hidden Curriculum)或人文学科固有的践行形态,课外活动就成为校园文化这一通识教育形态的主干。

上述情况同时显示出通识教育—校园文化对机构团体的重要依赖。大学中的书院(College)便是支撑通识教育—校园文化的传统建制,有关讨论将在“大学”一节展开。

## 四、现代自由之艺

古典自由之艺通过对人的几种主要素质(感知、想象、思维、表达、操作与体力)的锻炼,以造就那一时代健全而典范的人性主体。但在技术结构占据支配地位的现代,人性主体的处境不可比拟的复杂化了。在现代社会中,古典人文学科教育只是在很小的范围内才获得了保存。欧美某些小巧精致的贵族化学校(如英国著名的伊顿公学)与牛津、剑桥、耶鲁等古典传统悠久的大学是古典人文教育的保留地。在这种学校中,严格意义的“自由之艺”(Liberal Arts)不仅在教育精神上,而且在科目课程教学中仍得以维持。

在技术专业化与商业化的现代,自由之艺的小范围的教育绿地,固然是为少数特权阶层或资产阶级子弟服务的精英教育,但这种近乎象牙塔环境的古典人

---

① 可参阅原国家教育委员会高等教育司编《高等教育面向21世纪教学内容和课程体系改革经验汇编》(Ⅱ),“材料类专业教改试点班课程计划”(第55—57页)与“《地球科学人才培养与教学改革总体研究》课题研究纲目”(第204—205页,高等教育出版社1997年版)等设计。

② “课程教育”与“非形式教育”是香港中文大学通识教育两大分类术语。

文学科修习，却在精神上仍可造成一种示范性的辐射影响，成为抗衡技术专业化教育的一种力量。

自由之艺在高度现代化或后现代(后工业)社会中有可能获得新生。自由时间与闲暇生活的比重已经趋于增大，由此所构成的新型行为与生活态度已经超逸出技术商业及其教育观念的挟制束缚。后现代条件下主体对于个性与自由、生活质量的追求已愈来愈人文化。非求职就业意义下的成人教育、终身教育，与个性自由发展的习艺(书法、摄影、外语、武术等)相结合，正在更高的现代条件下复活并发展古典自由之艺的人文教育形态。

## 五、美育

美育在当代中国美学与教育学中受到高度重视。但流行的美育观往往局限于艺术教育观念。

从美学来看，审美是基于人类学操作、制作工具的劳动活动的自由的形式感受，这一发端不仅早于艺术，而且早于作为艺术母体的巫术。包括巫术与其后纯粹形式化的艺术在内，均以源始的劳动动作所抽象出来的合规律与合目的相统一的自由形式感为前提条件。人类文明史上独立壮大的艺术形态，成为强制分工劳动所排挤出的自由形式感的绿洲与保护地，遂造成现代性条件下人的生存劳动与艺术审美的平行游离。这一状况早在19世纪莫里斯等人发起的手工艺活动中就受到批判，此后，技术自身的现代发展逐渐又使功利实用的技术与愉悦自身的艺术获得了统一的基础。现代审美的状况因而不再单一地倚赖非生活化的纯粹艺术的静观欣赏，而是更加接近于生活活动本身。以劳动为基础的生存行为本身的审美性质逐渐凸现。

因而，现代审美教育的方向不应再恪守静观性的艺术观赏陶冶，而是基于活动动作所培养生成的自由的形式感受：操作工具得心应手时的内在节奏感，恰到好处地处理完成一桩事务后的分寸感与合宜感，选择与驾驭语言中肯、真切表述时的技艺创作感……所有这些，代表着基本而普遍的生活形态的审美。因而，美育理论近于前述融渗通识教育，应当更加关注并设计、推进大千生活世界中各种无形而实在的审美教育。①

## 六、德育

当代中国的德育，有必要从前现代社会的意识形态说教回归定位于人文学科的伦理教育。德育应当融渗于普泛的交往行为中，落实于今日普遍认同的“做人”的教育目标，从语言说教落实到行为规范的“知行合一”，即形成不同于

---

① 参阅赵宋光：《论美育的功能》，载《美学》第3期，上海文艺出版社1982年版。

法制习惯的道德行为习惯。

但另一方面，现代社会的德育，又应注意尊重个人的自主意愿的权利，与法制教育有别，任何人也无权以前现代社会的教主资格灌输或强加他人以某种道德的价值信仰立场。这并非说不可以坚持自己的价值信仰立场，但即使是教育者，也无权以马克思《关于费尔巴哈的提纲》所批判的“高出于社会之上”的教育者身分自居，而只能是平等交往性的展示。人文价值观点并非如现代多元主义片面强调的无统一真理可言，但即使是代表着更高品级的精神观念，也无权强加于他人。信仰或坚持此观念的特定个体只是以向往与憧憬的态度交流、诉说，以展示其人文境界，吸引其他个体参与对话（详见第五章）。

因而，人文价值信仰的现代正当形态是平等地正面示范，而不宜侵入私人领域批判。以道德最高形态的理想主义为例，终生未嫁而献身于西伯利亚小镇教育的俄国乡村女教师瓦尔娃拉·瓦西里耶夫娜已成为感动与激励一代又一代人的德行榜样，德育的力量完全来自榜样示范。但由于社会或个人的种种原因而离开山村进城的某位小学教师，却不宜作为道德教育的对象——这并不意味着这位教师不处在人文价值的坐标尺度中，但他（她）有权选择自己（不妨碍社会与他人）的生活道路；只有当他（她）面对俄国乡村女教师无言的榜样时，内心深处才可能发生感触。这才是真实的德育，尽管它发生在私人权利的领域。

## 第三节 大学(University)理念

### 一、大学理念与现代性批判

1852 年出版的英国纽曼（J. H. Newman）大主教的《大学理念》一书，成为从大学教育角度参与现代性批判的人文科学的重要著作。纽曼在此书中如同柏拉图设计理想国（理念国）一样，也设计了一所理想大学。在这所大学中，教化、濡养君子、绅士成为最高目标，这一人文教养目标对于大学之外以商业生产为中心的现代化分工的社会进行了明确的批评。此后，以“大学理念”为书名或主题的著作连续不断，以至形成了一个以“大学理念”为主题的现代性批判论域，其中代表性的著作有：美国佛雷克斯纳（A. Flexner）的《大学》（1930）、德国雅斯贝尔斯（K. Jaspers）的《大学理念》（1946）、美国克尔（C. Kerr）的《大学功能》（1963）、德国哈贝马斯（J. Habermas）的《大学理念》（1986）、美国彼里坎（J. Pelikan）的《大学理念：一个回顾》（1992）……在中国，蔡元培在《中国现代大学观念及教育趋向》（1925）、《大学教育》（1930）中所阐发的“大学理念”及其北京大学范型，即使历经近一个世纪的沧桑巨变，依然在当代中国思想界的大学思考中享有经典地位。[①] 而以解构主义名世的当代法国著名哲学家德里达(J. Derrida)关于大学理念的执著思考(从1983年在美国的“大学在今天是否有‘存在之理’?”专题讲演,到2001年在中国的复旦大学接受名誉博士时的讲演“关于‘无条件’的大学”)则表明,大学理念已成为抗衡现代拜金主义与技术主义的重要基石,这是一个即使在后现代消解主义时代也无法消解的理念。

与现代关于大学(高等教育)的经费来源、毕业生就业去向等亟迫、重大而具体应对性的现实问题相比,关于大学理念的超迈反思形成了另一类型的“高等教育研究”。值得注意的是,此类思考兴起于人文科学现代建构的19世纪,这同时是从思想观念到社会运动(以社会主义为代表)空前激烈地批判现代化—现代性的时期。关于大学本性的思考成为现代性批判与人文科学现代建构重要的组成部分。

## 二、大学的起源与信仰教化的现代演化

有必要从区别于历史编纂学与实证社会科学的人文信仰发生学角度重新审视大学的诞生。

大学在12世纪初诞生于欧洲。[②] 与此相关的背景因素最重要的有以下几项:

**1. 近现代城市及其精神信仰空间的需求**

这里尤其须要注意的是,城市,如文化人类学研究所发现的,不能仅仅外在地归因于人类直接觅食、藏身与工商贸易的聚合结果,而同时还是起源于祭祀地点的固定化以及“精神世界”(Innerness)保存寄托的需要。[③] 城市特有的向心力,不只是由于它意味着财富、生存机遇与享受,而且更深刻地是因其所象征与代表的文明、文化的精神中心。

近代城市在工场制作与商贸市场将人群聚集之后已经形成,但城市及其开始现代化的社会,需要为自己寻找一种适合于近现代专业技术与商贸社会的新的精神信仰空间,它同时也是以城市为中心的现代社会的灵魂。这一精神空间实体曾经是教会。但大学诞生之前的10世纪,基督教会已严重地蜕化为最有权

① 蔡元培依据柏林大学洪堡的人文精神而承接现代大学理念,但自1927年国民党训政化进入大学,三民主义被列为必修课,即标志着现代大学在中国的夭折。中华人民共和国成立后不久,大学又纳入苏联技术专业大学体制。因而,迄至20世纪90年代,继人文精神讨论(1994)后,大学理念才作为一个启蒙性课题提出。这在某种意义上是继续蔡元培的话题与事业。

② 此指与近现代大学一脉相承的波隆那(Bologna)大学(1100)、巴黎大学(1150)、牛津大学(1168)等。此前阿拉伯的赫克曼大学、仪勒姆大学以及拜占庭帝国的君士坦丁堡大学,乃至中国古代的大学(“辟雍”)等,则不属此范围。

③ 参阅弗雷泽(J. G. Frazer):《金枝》(*The Golden Bough*),中国民间文艺出版社1987年版;[美]芒福德(L. Mumford):《城市发展史——起源、演变和前景》,中国建筑工业出版社1989年版。

势的世俗团体。对于基督教及其教会而言,政教合一使其代表精神世界并引领世俗社会的能力受到严重伤害;对于世俗社会而言,王权及新兴资本主义工商业却不只需要从一个世俗权势化的政教合一信仰体的压迫中获得挣脱解放(由此而指向后来的文艺复兴世俗化),而且也需要一种新的有意义的精神信仰空间(由此而指向后来的新教改革)。

**2. 修道院与经院哲学**

从5世纪到12世纪,一方面基督教会愈渐世俗中心化,另一方面自6世纪圣本尼狄克特(St. Benedict of Nursia)建立其修道会开始,基督教信仰通过远离世俗幸福的修道院生活磨炼,成为基督教信仰真正的精神空间。

从6世纪开始,修道院开始办学校,到了9世纪,修道院办学已蔚然成风。修道院学校不仅招收院内学生(Oblati),而且招收俗界走读生(Externi)。就其直接目标而言,修道院办学校是为着培养修士。但从基督教整体在中世纪的状况来看,修道院作为维护基督教信仰的团体聚集,此种扩张性的办学教育,正属于基督教信仰在政教合一困境下的精神空间的开拓或突围。这一开拓与突围后果深远地使基督教信仰将重心移向学校教育。

修道院学校以古典人文学科的"七艺"为内容,由此而指向后来的文艺复兴。"七艺"(特别是辩证法)用于基督教神学,而发展起经院哲学。经院哲学使信仰与理性结合,神学的学术性获得深化与精致化,由此而作为学术规范传统与学术观念态度、风气塑造了大学的灵魂。

经院哲学传递给后来大学的学术观念,其中最为珍贵的一个核心乃是对学术的信仰态度。学术论辩不是个人之争,而是互以对方的对立所构成的认识论差异为条件,在相互诘难中共同趋近真理的活动。因而,真理不是现代人辩论文化所以为的胜者占有的对象,而是论辩双方共同努力接近的信仰目标。真理在经院哲学中所享有的基督教信仰地位,使学术成为超出任何特定个人意志的信仰性对象。这就是后来大学中学术享有至高无上尊严的渊源。

**3. 行会与现代性社会功能的分化**

社会功能的分化及其在社会功能分化意义上相应的社会阶层的分化,是现代性(Modernity)的基本特性之一。它基于社会有机体功能分化(分工),而非基于世袭与暴力所形成的权力财富多寡来确定社会阶层。中世纪的行业公会(Universitas)正是现代性分化的社会基础。拉丁文 Universitas 指由一些有知识和技艺的人组成的传授知识技艺的联合体。行会的社团涵义后来由中古英语的 gild 和古斯堪的纳维亚语的 gildi 混合成的英语 guild(基尔特)承担。尽管组成行会的动机与直接的生存利益密切相关,但行会所凝聚、强化的近代社会职业意识及其职业文化,却超越了特定阶层的利益格局。其中特别侧重的是本行职业的传授与教育。但这种教育却超越了具体行业技术的传授。对各行业普遍需要的知识(当时是法学)、人文学科基础教育与神学信仰,使 Universitas 转化为 Universitates(大学),这就是今日英语的 University(大学)。“Universitates”最初称为“Studium Generale”,意即“来自各方的人一起参与学习”,它表明一个超行会的社会公共教育机构的产生。这恰是前述近现代社会职能分化中的定位,由于 Universitas 的信仰团体本义(由 unum“向一个东西”与 versito“定方向”两词合成),它特别满足了以城市为中心的现代社会对精神信仰空间的重建需要。

从而,大学这一职业行会的职业性质超越了大学师生自身协作利益的出发点,同时也超越了社会各个职业行会的特定利益格局与立场。大学承担了文化贮存、文化传播和交流以及文化创造和发展的专门功能。其中,尤其是作为各行业经营活动的涵义(Meaning)所具有的终极价值与意义(Significance),它不能够依据各行业直接的涵义(Meaning)自身来确定,中世纪的政教合一使基督教教会沦陷于世俗涵义(Meaning)中已无力阐释意义(Significance)境界,于是经由修道院中介,这一承担社会终极价值意义(Significance)保存与教化的功能便历史性地传递给了大学。一个重大的区别是,大学的意义教化继经院哲学统一理性与信仰之后,是与知识学相结合的:这同时也是**人文科学**的起源。如同巫师身兼神使与人类代言人双重身份而不能拥有私人身份及利益一样,大学行业也具有了社会最高代表的特殊意义。

所谓社会最高代表,在此并非指行政实体的首长,而是指大学行业人士更应超越自身特定的利益立场,甚至超越特定阶级、政党与王国、民族利益,从更高的人类社会整体与终极价值意义角度思考行事。处于这一位置上的人,远古时即巫师,至中古时仍是教士,但在近代社会开始的 11 世纪,它被一批大学人士所取代,这一社会职能的承担者被称作“知识分子”。

Universitates 及其知识分子因而在各行业公会中享有了特殊的地位。拉丁文“un-ns”从此指称着卓越崇高者。

由此可以得出的结论是:基督教创办大学,不能仅仅看作一桩历史事实,而同时是一个精神信仰演进的逻辑环节:在文艺复兴与现代历史行将来临的前夕,基督教的精神信仰教化从宗教形态转化为大学的人文精神,这是一个意义深远的现代性开端。大学从此不仅在基督教与政权分离的近代意义上,而且在独立于政治、经济与大众媒体的现代意义上成为政教分离的现代文明的一个致动因。诞生于基督教世俗化的近现代开端的大学,不仅从基督教那里承接了至高无上的意义阐释的权利与教化的资格,而且也从新兴的世俗人文意义那里获得了同样的委托。

启蒙运动以降,科技工商主义及其引发的现代化(外在的客观世界)与现代性(内在的心性精神世界)危机,均在深层需要上要求重建规范与引导科技理性的终极信仰。这信仰在 19 世纪以迥然别异于文艺复兴世俗化人文主义的新人文主义—人文精神形态出现。它一方面同经过启蒙理性批判洗礼的宗教精神联系,一方面又以现代理性的人文科学与现代复兴的古典人文学科为学术教育基地。这两方面都与大学相关。以柏林大学为代表的现代大学自此将中古大学的基督教神学信仰转变为人文精神信仰。人文精神与人文教育成为现代大学引人注目的话语。这也就是“大学理念”的基本涵义。

## 三、大学人文精神及其社会功能

只有从人文精神的高度,才能更深刻地理解与把握现代大学的功能与精神:

**1. 大学知识的特性**

(1) 大学所研修的知识,其主干并非实用的技术规则,而是技术的原理,即“知识的知识”。原理性知识为各类职业技术所倚凭、遵循,但并非其认知与传授的对象(“百姓日用而不知”),唯有大学将各行业技术所根据的原理作为知识研讨并传授为学术传统。这是大学与职业学校乃至专才学院的根本区别之一。知识体系本身的重要性超过了所研究的特定对象及其应用价值。大学精神之理念在此体现为“为知识而知识”,即“爱智”。此即古希腊最高科学的“哲学”(Philosophia)的本性,它在近代以后的科学领域中体现为区别于特定具体科学技术的科学精神。科学精神是科学及技术的原动力。科学精神构成大学精神之一。

(2) 大学知识超越实用技术的精神,同时体现为对技术分工专业知识的综合、整合。“meta”(超、元)“Physics”(物理科学)之“Metaphysics”汉译名“形而上学”,表明此“学”乃道体(本体)之大学问;而“爱智”之“智”,亦并非仅指近代科学意义的规律认知,而是真善美统一的人生最高智慧。因而,大学知识的整合性不仅指各科分支知识的系统化,而且更是指知识、意志、情感及相应各类学问与价值的有机统一。这种有机统一系于人格的全面发展与完善,由此而指向大学人文教化的最高目的。

正是这种有机整合性与完整人性的教化目标,使大学的系科与古典人文学科密切关联。以培养优秀自由民为目标的古希腊罗马的“七艺”与塑造士君子的中国先秦“六艺”,在现代大学人文精神背景下转化为大学人文(素质)教育的重要资源。

大学人文精神的人文价值整合统一性是大学完整统一性的内在保证。大学文理工商诸专业相隔系科之所以聚于一校而不落于外在空间聚合,正赖此大学精神纽带的维系。大学精神因而是超专业的。

承载大学人文精神的不仅是大学的专业知识,而且有那代代相传的学术传统风气(重实证或重思想、“兼容并包”的自由学术,等等)与社会个人观念(如“五四”以来北京大学突出的以天下为己任的责任使命感),还有大学社团活动、卓越教授的个人魅力、同学的聚合，乃至那古老的校园建筑与林木古藤……大学是一个活的生命体，而且是个性化的生命体（北京大学之别于天津大学、耶鲁大学之别于麻省理工学院，宛如一批卓尔特立的优秀人士）。"大学校园"成为上述因素的统一体。因而将大学简化为知识传授，就抽去了大学的人文精神而不复为大学。电脑时代的信息网络教育或诸种远程教育的"大学校"（Multiversity）之所以不可能取代大学，根本限定之一亦在于此。

**2. 大学知识分子的含义**

大学所培养的本源意义的知识分子，应是以人文关怀为理念的人文知识分子（详见第五章）。这一意义的知识分子特别应注意与技术专家角色区别开来。

(1) 就其系统的专业知识与深厚的超专业知识基础而言，大学所培养的知识分子作为博学之士不等于专家，但又是专家与职业技师的母体、源泉。这不仅指知识分子优秀的专业素质，而且指在专业技能与知识结构更新日趋加速的知识经济时代，大学知识分子深广的基础知识亦即原理性知识结构的更新、专业技术的"迁移"（Transfer）能力与自学（自我教育）能力。

(2) 大学原理性思维培养了知识分子追根究源的精神品格。但如前所述，原理性思维与追根究源的"本体论"思维习性乃植根于终极性信仰。因而，大学知识分子理性究问的深层气质乃是对真善美终极价值的执著向往。这一境界也是大学教育最深层亦即最高的培养目标。领略此一境界的大学知识分子从而可能超越一己利益与各类特定利益的狭隘限定，而得以区别于民族国家的"社会"最高最长远的公共性视野的思想行事。大学知识分子从而成为真正以天下为己任的大公无私者。大学则不仅作为科学原理的创新基地，也成为社会道义的策源地。

上述大学知识分子的特性，若用 Michael Confino 关于现代知识分子的著名概括来表述，即：深切关怀一切有关公共利益之事；将公共利益视为自身之事；将政治、社会问题视为道德问题；有一种义务感，不顾一切代价追求终极结论；深信现状事物须作改变。[①] 能够如此立身行事者，即为知识分子：这当然不限于大学，但培养这样的知识分子却是大学的天职。

明清之际启蒙思想家黄宗羲已指出："学校，所以养士也。然古之圣王，其意不仅此也，必使治天下之具皆出于学校，而后设学校之意始备。"这不仅指有形之规章制度、礼仪以学校为原型，而且"使朝廷之上，闾阎之细，渐摩濡染，莫不有诗书宽大之气。天子之所是未必是，天子之所非未必非，天子亦遂不敢自为非是，而公其非是于学校。"[②]现代民主法制社会的最终根据不仅是理性的，而且

① 转引自余英时：《士与中国文化》，上海人民出版社 1987 年版，第 3 页。

② ［明］黄宗羲：《明夷待访录·学校》。

是价值意义的,它们以教育机制为依托统一于大学。大学作为知识科学、理性与自由、公共精神的教化—策源中心,成为现代社会统一性的终极保证。因而,“大学教育乃是一个社会的心脏。”(耶鲁大学“Giamatti 座椅”铭言)

## 四、书院(College)的现代功能

修道院遗传给大学的一个建制是书院(College)。牛津、剑桥、耶鲁诸老校、名校皆设数十书院,剑桥“三一书院”、牛津“默登书院”享誉世界。中国香港中文大学在钱穆诸硕儒勉力下也设有新亚、崇基、联合、逸夫四书院。大学内的书院与以现代专业学科为轴心的系、科、研究所并存,深刻地显示了大学的人文教育结构。虽然系、科、研究所在现代大学的地位日益重要,但书院仍是大学传统的代表。例如,在美国“自由艺术学院”(Liberal Arts College)即质别于“理工技校”(Institute)。

中国古代书院,特别是宋明书院曾表现出蓬勃的人文精神。但随着时代精神的衰落,清季书院渐成形式而演变为官方科举的预科。西方修道院演变而来的书院,同样受到现代专业分科教育体制的挤压,但书院与系科却摩合成了功能互补的大学统一建制结构。

书院(College)以精神教化为中心来配置教育与生活活动。书院并非不拥有大学者、大科学家,但书院首先是精神团契。即使是专业教学,也以导师(Supervisor)与学生个别直接恳谈的导修(Supervision)进行。这种导修包含着从知识概念、研习方法到精神境界启示全面的教育。因而特别适宜于研究生教育。书院重要的特点是深入生活的各个领域的交流活动,传统书院即以共同食宿为基础。将书院这种特点与现代大学的社团活动相比较,我们会看出二者重要的衔接相仿之处,以至于可以把大学各种社团看作书院的现代衍化形态,只不过更加分散多元与不稳定了。

书院是人文通识教育的传统承担机构,随着人文通识教育在现代大学教育中的地位愈渐重要,系、科、研究所也结合本专业承担部分通识教育课程。

综合以上所述,展望未来的大学教育,如何结合通识教学课程、人文素质教育与社团活动所构成的大学校园文化,更进一步开掘与发展书院在大学中的特殊功能(今日国内盛行大学合并、系所升格为学院——College,但对学院—书院在大学中的传统地位作用却知之甚少),将是人文教育有意义的课题。

# 第四节　师范教育的人文学科特性

## 一、师范教育的特质

**1. 关于“师范性”**

师范教育的特性究竟应如何确定,这是一个迄今仍不易从理论上把握的问题。通常对此的理解着眼于培养教师这一教育目标。但这一理解仅仅停留于直观经验的层面,只是提供了进一步概括的基础。培养教师对于师范教育的基本特性究竟意味着什么?如何从哲学高度把握这一特性?似乎鲜有追究者。在实践中,师范性一般落实在教育理论、教学实习之类公共课的设置上,而作为教学主干的各系科专业课与普通院校并无大的区别。由于未能从原理高度统摄师范性的特质,此类师范性公共课往往处于与专业课外在关联的技能手段地位,而远非主导因素。这样,师范生与同专业的非师范生相比,似乎只是有限地增加了一些教育理论和教学实习,而双方专业课的共同性仍然居于决定性地位。

然而,作为师范教育质的规定性的师范性理应是一种基本的精神原则,它本应不仅体现在师范技能课中,而且应渗透于师范教育的全部课程乃至师范生的整个生活中。

**2. 师范教育目标的人文性质**

师范学校在18世纪末的问世,[①]自始便具有浓厚的人文学科特性。赫尔巴特(J. F. Herbart)19世纪初在哥尼斯堡创立的师范学院原称“示范学校”[②],师范即教育示范,亦即宣示颁布完整的教育典范。因此,整个师范教育——包括其中非人文类的系科专业——都首先应属于教育学范畴,即作为教育示范的体现。

师范生与非师范院校学生有一个主要区别点:他在日后的工作中面对的既非客体的物,也非客体的人(如作为医学对象的病人),而是尚未进入职业分工、包含着未来丰富潜能的主体的人。这使即如非传统人文学科的物理系师范生,也与理工院校的物理系学生在专业方向上自始便区别开来。这一点很容易被忽略:人们往往只看到他们所修专业内容的共同处,却忽视了非师范生的社会分工领域是人对物(客体)的研究或加工,而师范生对物的研究与加工却是传授给学生的知识技能,它在此只是中介环节而非最终目标,真正的对象是作为主体的

---

① 1794年法国创立了西方第一所师范学校。1897年上海南洋公学设师范院,是为中国最早的师范学校。

② 参阅[英]博伊德与金合著:《西方教育史》,人民教育出版社1985年版,第334页。

人——教师是与主体性的人打交道而不是与物性客体打交道。学生吸收特定知识（在此指物理学）而发展主体把握物质的运动、结构、规律（物理学）的能力，在此过程中发育、建构主体性结构，这才是师范物理教育的直接目标。由此可见，师范系科的专业，本质上是培养（教育）人（主体）而不是加工客体的手段技术，因而无论文理，均具有人文学科的共通特性。

从教师角度讲，非师范教育与师范教育作为教育，理应共同具有塑造主体的人文学科特性。但是，一方面，近现代社会分工加剧的方向迫使非师范院校把专业性提升到首要位置；特别是在现代科技条件下科学加速转化为直接生产力，这使非人文学科的现代科学专业教育与生产日益一体化，现代科技学院的系科专业在经济生产中日渐显赫的地位便证明了这一点。与之相比，师范教育的系科专业虽然也具有专业性的内容，但它作为知识技能形态并不直接成为生产活动，因而处于更远离经济基础的上层建筑与意识形态的地位。另一方面，非师范教育的对象（学生）虽是人文学科教育的主体性目标，但这些非师范教育的学生自己今后只以非主体性的客体为工作对象。因而，在非师范教育中人文学科并不构成、进入教学内容，它不是教师传授给学生的知识。这也意味着：非师范教育中教师的工作对象与学生日后专业的工作对象具有非同一性。相反地，在师范教育中，教师的工作对象与学生日后专业的工作对象都是具有主体潜能的学生（人），因而具有对象上的同一性。因此，人文学科不只是体现为师范教师的教育态度，而且还必须作为传授给学生的知识技能而直接进入专业内容。这也就是师范专业的双重性：它既有各自学科专业的内容，又有共同的人文学科的教育性质。

由于上述两个方面的差别，人文学科的特性在非师范教育中普遍不占重要地位。师范教育在这种近现代教育专业化背景下的问世，其“示范”性正是特别针对弥补人文学科的缺失而承担起维护教育完整职能的使命的。师范教育作为教育母机，其基本涵义正在于此。

## 二、师范教育的人文精神

师范教育的人文性不可混同为作为教育流派之一的人文主义教育，而是融渗、体现于师范教育的全部教学课程、教学方法与师范生活中的人文精神。人文精神在师范教育中比在一般教育（包括大学）中有着更为纯粹的体现。

由于师范院校主要承担的是社会基础教育的师资培养（职业技术教育在当代发展中国家地位的凸出也并不改变这一基本结构），因而各科的专业性不应游离于教育学之外，在传授专业知识的同时发展学生与该科相关的素质能力这一人文目标要比在职业教育（包括高等专业教育）中享有更高的地位。又由于基础教育的对象是青少年，他们在学校接受的不仅是未来职业操作所需要的基础知识，而且有作为未来公民所必需的道德责任心与价值观，而这类教育不仅属于德育课教师的工作，更重要的是它只有在主体实践地处理各科对象的操作中才能真实而具体地培养起来，[①]因而各科教师事实上对学生均负有伦理人格的教导责任。

基础教育中人文学科对专业知识的这种渗透与支配的特性，相应地就要求师范生在师范学习中始终应把培养人文素质与人文意向作为基本目标之一。

对师范生人文素质的要求，在根本上即是要树立将对象当作主体来看待的精神态度。借用当代犹太思想家马丁·布伯的话，也就是真正用“我”与“你”的主体间性（Intersubjectivity）的对话会面、交流而非“我”役使物性“它”的态度对待对方。具体来说，师范生不仅在理智、思维，而且在感情态度上都应善解人意、富于同情心与良好的感受体会的能力等。这类人文素质对于师范生不仅具有一般人的道德教养意义，而且具有更为直接的专业能力的性质。

为此，师范生不仅需要从直接应用的角度接受教育学、心理学、教育实习等培训，而且应当普遍接受修辞讲演、艺术等传统人文学科的培训与熏陶。而我国师范教育普遍未能对此引起注意，迄今唯有幼儿师范还保持着这一人文教育结构。更为重要的是，人文精神应当贯穿师范院校各系科和各门课程的教学中，并尽可能广泛地渗透于师范院校的文体活动、业余社团组织、校园环境风气等日常生活中，形成浓郁的人文氛围。借用伽达默尔所归纳的人文精神的首要特征“教化”（“Bildung”）一语，我们可以说，一个师范生应比其他人更有教养、更富于良好细腻的精神感受力，他们应处在更高的教化水平上。

师范教育的人文学科特性不仅平衡、维护专业化分工的现代教育条件下教育自身的完整性，而且是一个社会文明性的教育条件的保证。这种以人的全面发展为内涵的人文性，自人类迈入文明之后已成为人类社会的最高目标与尺度，因而作为人文教育基地与母体的师范教育在任何社会里都享有社会公共性的地位（国立性以及师范生普遍享受国家津贴的通行惯例等）。这一人类文明在今日商品经济时代理应受到同样的维护，它不仅是维持社会劳动力、智能人格的再生产基础，也是全民族与全社会健全、均衡发展的最基本的文化条件之一。

---

① 皮亚杰及现代认知心理学虽强调的是认知对于动作的依赖，但其中包含将此原理推广至包括道德观在内的全部人格主体领域的内容。参阅 J. 皮亚杰与 B. 英海尔德：《儿童心理学》，第四章以及 J. 皮亚杰：《结构主义》，商务印书馆 1984 年版，第 71—72 页。

# 第五章

# 人文社会观

## 第一节　人文科学社会观的内涵与特性

### 一、区别于社会科学的人文科学社会观

人文科学社会观的根本原理，已由本书第二、三章分别从人文科学的对象与方法角度阐明。人文社会观是人文科学基本原理在社会范畴中的具体运用。这里需要注意的是，社会科学比自然科学要更接近于人文科学，人文科学社会观是对社会科学社会涵义（Meaning）的意义（Significance）的阐释，社会科学又反过来以人文科学社会观为信念背景，二者在对象、方法诸方面既相区别又彼此关联、依赖。正因此，在与习常的社会科学、社会观念相区别中把握人文科学社会观，是一桩需要运用人文科学思维能力的细心工作。

以“家”的观念为例。社会学涵义的家亦即家庭（Family），是指以婚姻、血统或收养关系所构成的社会团体单位。社会科学涵义的家庭是实体对象，它可以分别从不同角度获得经济学、社会学、政治学、实证历史学、人类学、法学等学科的研究。社会科学各学科的有关研究及其知识学结论，具有马克斯·韦伯所说的价值中立的科学诸特性（参阅第一章第二节）。

人文科学意义的“家”，可以在对上述社会科学诸涵义的家庭阐释中抽象出来。例如人文学科的伦理学从家庭的分工分析家庭成员的责任与义务观念，以及前述人文素质教育与家庭生活的重要关系等。上述例子中，人文学科或人文科学与社会科学的观念分析具有密切的相互依赖关系。但当我们进一步展开人文科学与人文学科的意义阐释时，便会产生人文科学特有的家庭意义观念——“家园”（Home）。“家园”有其社会科学涵义的家庭原型基础，例如卧室、院子及其居家（House）经历。正是依托实在的家庭生活，才会积淀生成“家园”的人文意义经验：身体与心灵的栖息地、安全的避风港、温馨、舒适、放松、自在、自我的自由舒展、可以不设防地倾吐痛苦与欢乐的地方、人伦交往的善心发端……这些人文经验进一步升华为人文文化的“家园观念”，它更加抽象，也更加普遍，从而与社会科学涵义的家庭不再同一：融洽亲密的工作小团体不是家庭，却可以是

"家园",这是在宗教、政党或类似的精神团契中都可以实现的经验事实。相反,现代社会中许多家庭却反目为仇,即使没有离婚,却不再是"家园"。现代人的"无家感"与"寻找家园"的呼声,都是在纯粹的人文意义上使用"家"这一概念的。

从上述例证分析可以看出,人文科学意义的社会观念不是指物质实体对象,而是社会的人文意义。第二章关于人文意义的全部特性都适合于人文社会观,其中特别重要的是,人文社会观不可能以中性知识形态出现,而是价值理想。

## 二、人文科学社会观的现代性批判背景

一般而言,人类社会自始即包含着社会科学涵义与人文科学意义不同维度的内容。然而,现代社会与古代社会历史性的断裂,使上述两个方面内容的特性及其关系模态均发生了重大的改变。

古代社会受制于远古的巫史文化观念,因而社会的构成与合法性等一系列社会学的基本涵义内容,均具有严重的神学意义。就此而言,可以说古代社会是"意义"吞并"涵义"的未分化社会。

现代社会科学与人文科学共同揭示出,现代社会观念区别于古代传统社会观念的首要标志乃是理性化。以政治权威为中心的国家在现代不再凭藉巫史、宗教与血缘,甚至不再凭藉阶级集团,而是依据理性化的制度。这导致对现代社会的理性解释与论证的社会科学涵义的社会观念。因而,现代社会观同现代化—现代性时代科学主义主流文化对应,是社会科学涵义居于支配地位的社会观。例如,前述家庭观念,其现代涵义即首先是指劳动力再生产的单位,是维系社会传统与政治稳定的结构性要素。家庭伦理与教育的功能意义也首先是于上述社会科学与角度(例如法学、政治学、经济学)获得阐释。这种社会科学涵义的社会观念是确定性与量化的,因而是"硬性"的。而与之不同的关于伦理、教育自身的人文意义,对于政治、法律而言却是"软性"的,因而在关于国计民生大局的政策思考时是次要的。人文科学的伦理或教育只有依附于政治、经济,并陈明自己对于后者的特殊重要利害关系(如"放松教育将导致少年犯罪并影响社会安全"),才能进入社会的主流话语。

现代社会运行的上述基本特性,使现代社会观中的人文意义愈渐弱化。正是针对这一现代形势,人文科学的社会意义观念才从各个角度增强了自己的批判性。这一背景使人文意义的社会观成为人文科学现代兴起与建构的重要组成部分。

# 第二节 家园与思乡(Nostalgia)

## 一、“无家可归”(Homelessness)的现代内涵

### 1. 家庭伦理的现代危机

作为现代性基石的个体人格—人权观念,使作为传统社会基石的家庭不再居于本体—母体地位——相反地,家庭以及社会反而需要依据个体人来建构。这一变动在为现代民主、自由奠定基础的同时,却逐渐积累产生了现代的伦理危机。家庭伦理危机是整个现代社会伦理危机的组成部分,而且是这一危机核心与基础的部分。现代社会工具理性的冷漠算计,返转侵蚀到了血亲家庭这一伦理发源地。

在个体本位的现代功利理性观念下,夫妻是生理需要交换价值的性伙伴,是经济互助组,也是生活照顾与感情慰藉的互助组。爱情失去了在传统宗教与文化中的神圣性与献身性(《圣经 · 创世记》:“这是我骨中的骨,肉中的肉,可以称她为‘女人’,因为她是从男人身上取出来的。”“因此,人要离开父母与妻子连合,二人成为一体。”佛家:千年修得共枕眠。汉乐府:“上邪!我欲与君相知,长命无绝衰。山无陵,江水为竭,冬雷震震,夏雨雪,天地合,乃敢与君绝!”中国民间传说中永恒伫立的“望夫石”、为信守约会而不避洪水与桥墩化为一体的女子……)。[①]

同样,老人不仅失去传统的敬重孝顺,而且被许多现代家庭视为负担,甚至受到虐待,以至成为现代普遍性的社会问题。

与此相反,现代家庭中的青年一代则普遍养尊处优、娇惯任性、自我中心。现代青年固然自主独立意识空前增强,但缺少规范与责任感,并由此与家庭传统伦理冲突,形成今日所谓的“代沟”。

这样,从总体来看,现代家庭伦理的问题性与矛盾冲突的一面空前突出了,在许多方面以至形成了危机。这种社会科学涵义下的家庭伦理危机是人文科学意义的家园危机的重要基础。现代社会中夫妻离异与婚外恋、老人福利院的兴起、少年离家,这些均表明,现代家庭已与人文意义的家园不再同一了。

### 2. 全球化与本土文化的衰落

现代化的历史是现代生产交往方式从西欧、南欧发端,逐渐扩展向全球的过程。全球化不仅是现代生产方式、市场交易、社会交往行为与科技活动的同质一

① 参阅今道友信:《关于爱》,三联书店 1987 年版。

体化扩展，而且势必伴随其后将相应的消费方式、价值观念、伦理原则、审美形态诸文化特质扩展向全球。

这里出现的问题是，现代化文明已被人类大多数作为优越的价值与无法拒绝的历史命运接受下来了，然而，现代化文明所对应的现代性文化是否亦须作如是观？这一问题的重大性在于，现代化文明可以被作为外在的工具技术利用，而现代性文化却直接就是人文主体自身的心性结构，因而后者关乎人之为人的根本性质。这是一个人文意义的本体价值观问题。本土文化，亦即生于斯死于斯、千百年来祖辈传承濡染的人文传统，它宛如自然界的动植物品种，有其生命有机体的演化连续性与不可取代的个性。人性、人文主体性、自我意识，都要求一种文化意义的“根基”与“故乡”意识，以认同与肯定自我的主体性。当然，文化传统是不断演化的，但是，割断文化传统却可能危及文化人格的生命，民国初期王国维、梁巨川（梁漱溟之父）等传统文化人，纯因文化命运而自杀，即是例子。

从而，抗拒同质化于优势大一统的全球性文化、自觉保存与维护本土传统文化，成为现代化伊始就持续不断的思潮与运动。

赫尔德所鼓吹的“文化民族主义”（Cultural Nationalism）代表了德国面对英法领导的现代化—现代性潮流时的民族自我意识。18 世纪法国大革命一项影响深远的开端，即开启了现代化基本的社会单元——民族国家的历史时代。从此，对民族国家（“法兰西”、“德意志”）的归属取代了君臣子民、政党组织、行会团体而成为现代文明社会最高的隶属关系纽带。而文化民族主义则成为多民族国家世界格局下推进民族国家现代化重要的意识形态。20 世纪的文化民族主义针对的则是以“美国文化”（生活方式）为代表的全球化霸权文化。稍后将介绍本土文化的种种自卫或反抗形态，但这里可以做出的一个总体性估计是，不管本土文化或民族传统文化获得了多少保存与维护，它们都是相对于以城市为中心的现代全球化文化的弱势对立物，它们只是在农村、小镇或边远地区还残留着原生状态。这种本土文化如此弱小，以至在当代更多的是作为全球化主流文化有意保护的古风遗物而存在。

传统地域文化或民族文化在全球化时代的衰落，使人文意义的“家园”所倚凭的切身环境——“故乡”（“家乡”）同样濒于消失。

**3. 自然生态危机与故乡的消失**

人文意义的家园及其环境范畴“故乡”（“家乡”），就其历史原型而言，属于前工业化的农牧业文明，因而与自然界有着根本性的依赖关联。家园之“园”与“故乡”（“家乡”）之“乡”，直接就是人所栖息的自然。家园与故乡观念所直观的意象乃是绿树、小屋、鸡犬与大地、蓝天。这种关联也决非偶然，历史地进入并构成人类生存环境的自然，由此而成为人文意义的家园、故乡的血肉相连的象征观念的一部分。

因而,现代化的重大负面后果之一的自然生态危机,从人文意义角度看,就不止是对于人外在的物质生存环境的破坏,而是更深层地毁坏了作为人文家园与故乡精神的历史渊源的自然依托。当蓝天因烟尘而灰暗、沥青的刺鼻异味取代了麦苗的清香时,毁坏的不仅是实在环境的故乡,而且也是作为精神象征的家园与故乡。

**4. 私人心理与直接体验的隔膜**

现代社会的悖论之一是,一方面使个体从家族等传统共同体中获得了空前的独立,另一方面又以空前普遍的社会结构将个人编入标准化生产的商贸与交往。后一方面所造成的结果是,个体在社会化的同时被公共理性模塑,并在一体化的快节奏社会工作中淡化了私人心理。与此相关,公共理性的形式化与抽象符号化,以及现代系统结构将人与物、人与人的分割定位,使人与物或他人的关系不再是直接的,而是经由系统结构间接性的联系,这导致个体生存失去了直接体验的真切性。这一点与中世纪工匠或自耕农以手工工具直接与原始自然物体对象接触不同,也与村落类的传统共同体中人与人的直接交往不同。

私人心理与直接体验的淡漠,使现代个体继失去依托传统家庭的家园与故乡之后,也在公寓独居与日常工作生活中难以维持自在、舒展并回味、咀嚼的自我精神空间。正是这后一点,使现代人最为普遍亦最为起码的家园观念受到威胁。这种状况的恶化形态,即19世纪提出,并在20世纪广泛进入人文反思与现代性批判的异化(Entfremdung)现象。这一概念在不同人文学派或理论中被赋予了强弱不等的价值批判内涵,但其中一个基本涵义是指异己性,即主体生存方式(包括客观环境)对主体的疏远、离异乃至否定。

现代化—现代性进程中的上述诸种问题与困境,也就是现代文化中流行的“无家可归”(Homelessness)、“思乡”(“怀乡”、“乡愁”:Nostalgia)、“寻找家园”等观念思潮的背景。罗兰·罗伯森引据学术界的研究成果指出,“乡愁范式有着四个主要预设:历史衰落的观点,某种失去整体的感觉,丧失表现性(Expressivity)、自发性的感觉,失去个人自主性的感觉。……在当代阶段,一度被认为是现代性的一种标志的对自发性和个人自主性的怀旧,已经成为乡愁的突出维度”。[1] 也就是说,必须将“无家可归”与“思乡”提升到人文科学的普遍概括高度,当作“某种人类疏离(Estrangerment)的基本状况”来理解。[2]

---

① 罗兰·罗伯森:《全球化》,上海人民出版社2000年版,第226页。

② 同上,第224页。

## 二、思乡与诗意栖居

**1. 思乡社会思潮运动**

(1) 文化民族主义。

如前一再介绍的赫尔德为代表的维护民族文化的运动,这也是迄至21世纪,现代文化历史中最有势力的本土文化思潮运动。其根本原因是由于文化民族主义是现代化基本社会单位——民族国家最重要的国家意识形态之一,因而获得了国家政权的支持。

文化民族主义有其重要的合理性。但是,文化民族主义也可能演变为第二次世界大战时代法西斯主义的血统种族民族主义。因而,对本民族文化的继承、维护不应具有敌视现代文明与异国民族文化的性质,而且恰恰需要与后者良性(平等、友好)地互利交流,并且构成全球化文化的个性差异与多样化。

(2) 保存本土文化运动。

这也是赫尔德等文化民族主义推动者最早开展的工作。它包括对民间文学、民俗文化、神话的收集整理,以及母语的维护与研究(如在英语占据国际第一语种统治地位的当代,法语国家与地区——加拿大魁北克省等对法语的行政保护;现代化转型中中国大陆对传媒语言与商行招牌、广告语言的规范化;对少数民族语言文化及地方方言的研究与出版,等等)……

但这里应注意的是,民族语言及文化的生命力根本上系于该民族社会生产与生活方式的生命力。第二次世界大战之后英语的国际地位直接依托以美国为首的英语国家地区强大的经济与国际行动能力(人们可以反过来设想,如若德国在第二次世界大战中成为战胜国,今日英语的位置是否会由德语占据),当代中国的富强使中文的学习与使用有所扩大也是例证。

(3) 纪念活动与考古文化。

现代社会学的研究表明,从19世纪70年代起,树碑立传成为超出个人的社会公共行为,并与宏大象征仪式与节日相结合,成为现代化国家与地区的时尚。而从19世纪中叶开始,收藏古物与普遍地搜求、发掘文物趋于狂热,并促成了考古学的确立。[①] 18世纪以来的博物馆在19世纪已成为现代化国家的城市的普遍设施。

(4) 团契性怀旧。

怀旧在现代早已超逾了个人的性情,而成为社会学意义的团契与阶层行为。"集体乡愁……指的是这样一种状况,其中……象征性客体具有高度公共的、广泛共享的和熟悉的特性,那些来自过去的符号资源……可以在千百万人中同时

① 罗兰·罗伯森:《全球化》,上海人民出版社2000年版,第213页。

激起一浪高过一浪的怀旧情绪。”①共同的经历成为共同的记忆与精神资源,即使它包含着痛苦,也作为当事人生命的历史而进入家园观念,例如美国越南战争的战友团体。这里重要的,是对现代性直线前进时间观以“未来”抹煞“过去”的反抗(参前第二章时间观讨论)。美国黑人非洲寻根热、中国“老三届”插队知青的怀旧团体(“北大荒兵团知青联谊会”等)、同乡会、海外华人客家联谊会,等等,都具有回溯历史的性质。

(5) 人文地理旅游。

旅游成为现代文化与生活的流行形态,包含着荒野旅游与人文地理旅游两大类型取向。前者是对城市生活与人工现代文化的厌倦性反拨,但它隐含着回返人类自然母体的意向。后者则直接是对人类历史传统文化的回忆与纪念。人文地理旅游指向激活历史并使之持存的精神承传的努力,它已成为现代人文教育的重要形式。

**2. 诗意栖居**

“诗意栖居”一语是海德格尔引用德国诗人荷尔德林的一句诗,并作为自己一篇讲演的题目。围绕“诗意栖居”的一系列思想构成海德格尔思想核心内容的重要部分,并成为20世纪人文家园哲学最具代表性的现代性反思。

胡塞尔所开创的现象学哲学,是针对科技主义知性概念思维而回返人文直觉思维的现代性思维方式的变革运动。现象学对第一人称的自我亲身在场性的强调,不仅是思维感受之根基意识,而且是最为普遍概括意义下的家园意识。这种哲学家园意识在海德格尔那里以新型本体论的“存在”观念出现,并在后期产生出以“存在”为背景的家园思想:

(1)“家园”是人“居住”的一种形态,即“诗意栖居”。当人诗意地栖居时,他就是在本源意义上“居住”,从而也就生存在“家园”中。

(2)“诗意栖居”有别于人宰治万物、自我中心的统治王国,而是人与“天空”、“大地”、“神圣者”四元友好的共同体:他们一方面亲密无间,你中有我、我中有你;另一方面又保持着自己的个性,并在这种个性差异关系中更加融洽。在这种状态中,人与天地神各自的本性都自由自在。这是一种免受伤害的居家状态,也是一种依傍于“存在”源泉的安全状态,因而是一种极乐世界。

(3) 人承担着“建筑”这“家园”的使命与责任。但这家园意义的“建筑”不是现代科技工具意义的使用与制作,而是符合上述诗意栖居的活动。因此,只有先合乎诗意的栖居观念,才会有家园意义上的“建筑”。这一家园意义的建筑,是上述四元一体的共同体世界聚合并保持着“存在”意义的“场所”的诞生过程,“家园”即此“场所”:不仅为家人与家畜“建筑”的房舍、棚圈是“家园”之“场

---

① 罗兰·罗伯森:《全球化》,上海人民出版社2000年版,第230页。

所”,为旅客避风雨休息提供的候车室是“家园”之“场所”(如通常见到的“旅客之家”标记),而且连接河流两岸大地、供人畜来往的小桥也是这种天地神人聚合的“家园”与“存在”“意义”在场的“场所”。

(4) 先于“建筑”之“栖居”,要求人回返现代科技工具理性之前的“母语”,这母语是诗意的,它在真正的诗人那里获得保存。诗性母体的语言不是技术工具,而是“存在”的“家”。因此,现代人必须高度尊敬并关注、聆听诗性语言,从中接受“存在”意义的信息。当人能够如上所述地诗意思维时就能够“栖居”,而当人能栖居时,就会懂得真正的建筑并将处处是家园。①

## 第三节 人文精神团契

### 一、团契的现代演变

#### 1. 共同体与社会

德国社会学家斐迪南·滕尼斯(F. Tönnies)的名著《共同体与社会》,②虽是19世纪中叶的著作,但这部社会学著作因其哲学高度,对人类群体生活两种类型的抽象区分,至今具有奠基性。特别是,此书实质是对古代群体类型与现代群体类型的比较研究,具有深刻的现代性社会理论背景,故与本章节论题关系更加密切。

共同体是前现代社会形态的代表。共同体是依凭人种血缘、地缘与共同的巫术宗教文化传统所形成的社会有机体,包括家庭、邻里、村落和乡镇。作为有机体,共同体不是个人意志所能制造(既不能创造,也不能重建)的对象,而是漫长历史演化的产物。共同体是先于个人并塑造、规定个人的母体。个人从共同体中获得成员资格与角色位置,并形成相应的伦理行为观念,这些观念不是理性反思的产物,也不系于明文契约,而是习俗。

“社会”在此则是专指现代社会形态。社会是众多个人基于自身利益与意志愿望的统一需要而理性制造的对象。社会的建设是有目的的个人协商并契约化的行为。个人是社会的策动者,个人在社会中并不融合一体,而是保持自己的独立自主性,因而,社会是联合体。

---

① 以上有关文献参阅海德格尔:《筑·居·思》、《…… 人诗意地栖居 ……》、《物》(见孙周兴选编《海德格尔选集》上卷,上海三联书店1996年版)、《赫贝尔——家之友》(见成穷等译《海德格尔诗学文集》,华中师范大学出版社1992年版)。

② [德]滕尼斯:《共同体与社会》,商务印书馆1999年版。

在上述滕尼斯的类型学比较中,古代社会的共同体与现代性具有系统的区别对举特性。但这是类型化抽象的对立。历史事实却并非如此简单、纯粹。例如,法国大革命是现代“社会”的创建,但法兰西共和国恰恰与此前的民族共同体联系,并凭藉此而创造出以民族国家为依托的现代社会模式。而即使如社会主义这样依据理论蓝图典型的社会创造类型,也有其民族共同体传统基础或倾向(如苏联之前的俄国村社、中华人民共和国成立之前的农业共同体传统)。

**2. 现代社会团契的基础**

滕尼斯的社会观重申了现代社会学与政治学关于现代社会的若干特性:个人是社会的策动者,个人之间是竞争性的利害关系,因而人性恶的一面凸出。这些基本特性规定了现代社会团契的如下特性:

(1) 现代社会中的个人根据自己的利益而组合团契:例如各类工会、阶级或阶层的政党、政府和国家,均是相同利益背景的个人的结合,或是不同利益背景的个人之间求同存异的妥协性结合。

(2) 现代社会的团契均承担、发挥着为社会所必需的功能,这些功能归根结底服务于各个人的利益。因而,上述功能是功利涵义(Meaning)性质的。例如,工会被解释为行业利益的代表与调节枢纽,工会不仅维护行业成员利益,而且因其调节功能而有利于社会稳定与各个阶层的整体利益。

(3) 社会团契是理性算计与理性交往、协商的单位。理性化与契约法律条文是现代团契自我约束与相互约束的必要条件。因而,法学、政治学、政治经济学等社会科学为现代团契的合理、正当和合法性提供论证。

## 二、现代精神团契的困境与前景

**1. 现代精神团契的困境**

上述现代团契的特性表明,个人的精神生活,特别是终极关怀不可能在现代团契中获得交流与满足。典型的现代社会是形式化、理性化、客观化、制度化的结构,这一结构依据可靠的科技运作,并宣称为大多数人分配尽量公平的利益。但社会成员的个人在根本上不可能沟通内心世界。更重要的是,现代社会政教分离的后果是,一种致力于实质社会利益目标的团体不容再兼有神圣教化的功能(详见后文)。马克斯·韦伯关于现代社会精神基本状况的判断是——

> 一个基本的事实,即他注定要生活在一个既没有神,也没有先知的时代,……
>
> 我们这个时代,因为它所独有的理性化和理智化,最主要的是因为世界已经除魅,它的命运便是,那些终极的最高贵的价值,已从公共生活中销声匿迹,它们或者遁入神秘生活的超验领域,或者走进了个人之

> 间直接的私人交往友爱之中。……今天，唯有在最小的团体中，在个人之间，才有着一些同先知的圣灵(pneuma)相感通的东西在极微弱地搏动，而在过去，这样的东西曾像燎原烈火一般，燃遍巨大的共同体，将他们凝聚在一起。如果我们强不能以为能，……学术界的先知所能创造的，只会是狂热的宗派，而绝对不会是真正的共同体。[①]

前现代社会的共同体，一个基本特性即政教合一：共同体不仅是生产与生活团契，而且是融合个人同一精神目标的教化团契。其典型即中世纪的基督教世界。但是，现代精神团契之困境，不仅在于一种挟仗权势的政教合一共同体已不再合法正当，而且以公共生活或共同体形态存在的精神生活也已失去其社会存在的基础与条件。而在前现代共同体时代，即使政教分离，作为公共精神生活的团契——教会依然正当合法而且保持着共同体的有机生命力。

在滕尼斯的现代社会群体类型学中找不到精神团契的位置。他所定义的"精神共同体"，"所涉及的是被视为神圣的场所或被崇拜的神"。[②] 这种前现代的精神共同体当然不可能在现代社会中发展其生命。与之对应，现代精神的支配权已转交给科学(主义)："原先精神生活完全植根于幻想，现在则依附于思维。……渊源于人民生活，但是与之长为一体的宗教，不得不把领导权让给科学，……"[③]而科学一旦"主义"化便不再保持其科学理性并排斥人文精神(参阅第一章并见第六章)。这样，不仅一个从乡村共同体走入城市社会的青年会感到孤独迷茫，而且生活在现代社会巨大形式化制度下的个人，同样渴求着精神交流的团契。

**2. 现代精神团契的人文性**

从以上分析可以看出，现代社会中以精神交流为目的的团契组合已经受到严重的限制。以对超自然的神性的信仰为核心的宗教团契虽然还依凭共同体的传统遗产而存在，但在数百年的现代化—现代性演进过程中，如前几章所述，这些传统宗教已通过对现代性矛盾的介入而客观上转化为现代人文精神的资源背景。传统教会对战争、和平、生态危机、伦理、科学技术等现代问题的表态与行动，虽然依据着神性信仰，但已经置身于本书第一章所叙述的现代性批判这一基本格局中。诚然，迄今为止，现代社会最大的精神团契仍然是传统宗教的教会，但它们不仅必须凭藉人文科学的现代性批判课题，而且被限定于非权力的多元对话的规则中。离开上述限定，宗教团体组织就不仅会摧毁多元平等信仰的格

---

① 马克斯·韦伯：《学术与政治》，三联书店1998年版，第46、48页。

② 滕尼斯：《共同体与社会》，商务印书馆1999年版，第65页。

③ 同上，第332—333页。

局而要求一元信仰独尊的霸主地位，而且势必将精神信仰的追求扩张为世俗权力统治的政教合一，从而成为敌视与破坏现代社会文明的原教旨主义(Fundamentalism)团契。与之相关的是邪教。本书第二章关于信仰的讨论中已将邪教定义为现代社会中反科学的迷信团契。现代社会中邪教滋生的可能性在于，巨大的自然灾变与人为祸患始终可能发生，并势必冲击人们知识学与伦理价值观的框架界限，由此所造成的个体无力自我把握与无所适从的人文自我意识的危机，会导致人文主体性拱手让渡给邪恶主宰。当代中国社会转型所带来的道德价值取向与生存就业等动荡，美国(2001)"9.11"灾患之后，都曾随之出现求卜算卦或重归教会的动向。去除其他复杂的背景和原因，一个可以肯定的事实是，即使是科技文明高度发达的现代社会，个人也有对纯精神团契的依赖与需求。

本书第二章关于人文意义涵盖性的讨论已经表明，现代人的精神生活的正当形态及性质是人文性的(即使它可能表现为神性形式)。因而，我们必须探求现代社会中人文精神团契的已有形态及其发展前景。

**3. 人文精神团契形态及其前景**

与自由主义区分并对立的现代社群主义(Communitarianism)，[①]由于着眼于现代社会整体的社会学构成，因而其 Community 不仅包括思想政治团体，而且包括阶级与阶层，亦即"完全性社群"(Overall Community)，所以并未独立地提出精神团体范畴。

我们将精神性的团体(Community)称作"团契"，强调人文主体的精神契合特性，以区别于由历史或社会结构所决定的社区、共同体或一般性团体。所谓"团契"，是一个源于拉丁词 Koinonia 的宗教术语，它意指有"同一的心、共一的灵"，而可以在根本生活态度上彼此认同、相互激励的精神团体。现代化对政教合一的否定与人文主义时代主流地位的确立，使精神团契成为人文精神团契。这里必须注意的是，民族共同体并非人文精神团契。

人文精神团契的现代特性在于，它是基于现代自由的个人主体性选择与创造的结果。现代人文精神团契，诸如生态保护团契、素食主义者协会，均是人文主体性超逾社会常规水平的高素质的现代个体高度自觉的人文价值取向的产物。现代人文精神团契几无例外地由文化教养甚高的成员组成。如欧洲共勉倡行朴素生活的怀特主义团契，[②]其发起骨干成员便有科学家、作家、大学校长、前政府部长。当代中国的著名民间环保团契"地球之家"，也是由留学回国的廖晓义女士与一批高文化品质的志愿者组成。

---

① 简扼的中文介绍参见俞可平:《社群主义》，中国社会科学出版社 1998 年版。

② 吉尔伯特·怀特(G. White)，18 世纪英国牧师，自然生态伦理学早期践行者，其生活方式与思想在 20 世纪发生较大影响，欧洲有怀特主义运动。

人文精神团契之所以称之为精神团契，在于这类团契赖以维系的团契意向具有超越现状的人文理想主义精神。任何团契均有其现实利益的内涵。环境保护或抵制作为商业社会主流生活方式的消费主义的朴素生活运动，都固有其现实的社会积极功能。但这类团契的价值取向超越了本时代一般人的生活方式及文化观念，因而其行为方式带有突出的理想主义色彩。就其整体社会影响后果而言，与其具体的改造目标（对某种污染行为的揭示或对某类生产—消费方式的批判）相比，毋宁说这类团契的活动更普遍、更深远的意义乃是其人文理想主义的生活态度本身的感召与影响。这一基点同时也是这类团契根本的维系力量。因而，可据此称之为精神团契。

"精神"一词，在此具有狄尔泰以来据之命名人文科学的中心范畴的意义。它在此代表着人文主体超越现状的创新性与自由性。与这一意义的"精神"相对的概念序列可包括受动性、物质利益性、谋生性等等。

因此，在现代社会建立初期，如工业革命之后那样全社会为物质财富挣扎的时代、新社会的人文精神团契也许除过艺术家的流派（如英国的"湖畔派"）外，不可能有更多的精神团契形态。人文精神团契发展的必要条件是社会生产力的高度发展与自由闲暇时间的增多。这一前提条件在还未普及为全社会成员所拥有时，尚只是少数的知识分子享有精神团契的自由。当代社会的发展已趋向于在更广泛的社会阶层中以更为多样的形式的精神团契结社。

现代社会的分化性，以及"小政府、大社会"的民主开放社会格局，为现代社会团契的发展提供了充足的空间。自由时间及闲暇的普及趋势（在现代中国特别是实行双休日制度以来），使精神团契开始成为普通民众的行为。这种精神团契不仅体现为对特定精神传统的怀念与保存，如前文提及的"老三届"、"北大荒兵团知青联谊会"以及"银河少儿合唱团团员会"等；也体现于某些理想主义色彩的社会关怀团体，从绿色环保、教育关怀、残疾人关怀、保护弱者律师协会、各类免费的知心恳谈电台、电话到种种志愿者行动团体；此外，还体现于养花鸟、戏曲票友、旅行远足等日常生活中的松散团契。上述团契，虽然依托于特定的具体活动内容（特别是依托于社会行动），但却包含着较为浓郁的精神意向，因而实质上是精神团契而非事务利益性团体。[①] 现代精神团契发展的另一个社会条

① 这也是马克思对早期共产主义者联盟的一种期望："当共产主义的手工业者联合起来的时候，他们的目的首先是学说、宣传等等。但是同时，他们也因此产生一种新的需要，即交往的需要，而作为手段出现的东西则成了目的。当法国社会主义工人联合起来的时候，人们就可以看出，这一实践运动取得了何等光辉的成果。吸烟、饮酒、吃饭等等在那里已经不再是联合的手段，或联络的手段。交往、联合以及仍然以交往为目的的叙谈，对他们说来已经足够了；人与人之间的兄弟情谊在他们那里不是空话，而是真情，并且他们那由于劳动而变得结实的形象向我们放射出人类崇高精神之光。"（《马克思恩格斯全集》第42卷，人民出版社1979年版，第140页）

件是交往条件的改善与提高，特别是国际互联网的迅猛发展，已使网上的联谊结社成为现实。

上述人文精神团契并非必定是固定持久的组织机构，往往系于某一社会行动事件而不断变换形态。

因此，马克斯·韦伯代表自由主义文化观对现代精神团契的悲观判断已为现代社会的发展所修改。诚然，现代人的私人精神空间的基点并未改变，但那最崇高的精神信仰已不再注定自闭于斗室内的冥冥想象中，而确实已曾对象化为无数共契同道者的社会历史行动。

## 第四节 自我与他人

### 一、主体性与相互主体性

**1. 主体性的现代困境**

如前所述，主体性是对人文科学对象的哲学概括。同时我们也已经知道，人文科学的主体性与科学的客体性对立又统一地共同构成了人对待自身与对待对象的现代性的心性结构。因此，人文主体性必须承担现代性所带来的全部矛盾，同时又必须努力转化并超越现代性的局限。

19 世纪的马克思主义已经致力于以实践范畴统一现代主体性与客体性的对立。20 世纪前半叶，海德格尔的《存在与时间》从存在论高度将科学主义的客体性与人文科学的主体性纳入同一反思的课题。从 20 世纪后半叶开始，以结构主义取代生存主义的学术与社会思潮嬗变为标志，“消解主体”甚至“去中心”(Decentering)成为西方哲学与社会思潮的重要方向，[①]这一方向在后现代主义思潮中发展成主流内容。

对主体性的反思与批评有多种角度。从社会哲学角度来看，当代消解主体性思想虽然同时针对着人类主体性与个体主体性，但主要是对个体(人)主义主体性的批判。

个体自我的觉醒并从传统共同体中独立为人格(Personality)，是现代社会得以确立的最重要的人文性的基础条件。现代个体自我及其人格观并非唯我论的个体(人)主义，它要求现代自我不仅自尊、而且平等地对待他人：全部自我个体人格都是平等的个性；“自我”与“他人”都是主体性人格。

---

① 参阅[美]弗莱德·R. 多尔迈(F. R. Dallmayr)《主体性的黄昏》里的综述，上海人民出版社 1992 年版。

然而,现代化—现代性发展历史的客观后果却是,在将个体自我(人格)推向本体地位后,无法保证人格之间真正的平等,并造成了"自我"与"他人"的一系列现代性矛盾。自我中心主义在事实上成为现代性的一个弊端。

从哲学高度看,"自我"主体如何与"他人"主体(另一个"自我")沟通,是关系到作为本体的自我主体是否确立的大问题。如果无数自我主体处于无法沟通的状态,如《庄子·秋水》中惠子与庄子关于你、我与鱼的辩论:"子非鱼,安知鱼之乐?""子非我,安知我不知鱼之乐?"这就使自我不成其为大全统一性的本体。现代西方人文哲学的代表——现象学为解决不同自我主体的统一性问题而提出了"相互主体性"(Intersubjectivity)课题。

**2. 相互主体性**

胡塞尔现象学为反抗现代科学客体主义而追寻客体的主体性根源,并建立起以"绝对主体性"的"先验自我"为基石的自我主体观,从而被称作"主体性的凯旋"。[①] 然而,"先验自我"所依托的是第一人称亲临现场的意向性活动,因而事实上是个体性的(尽管胡塞尔反对唯我论),而被称作"先验本我"。由此而产生的问题,便是"自我"与另一个"自我"(即"他人")的统一性问题,亦即先验的相互主体性(各个先验本我的共同体化)问题。[②] 于是便有了不同自我主体之间如何交际沟通并获得统一性的"相互主体性"课题。[③]

胡塞尔"相互主体性"理论的现代性特质在于,"相互主体性"的出发点与最终的基石均是"自我"个体的主体性建构活动,由于不可超越"自我",因而"相互主体性"居于"先验自我"的派生物地位,终究未能解决不同个体的先验自我的统一性问题。其次,"先验自我"关于"他人"与自我相互主体性的意向建构,尽管也涉及到情感性,但在根本上仍是作为主体的"自我"对于客体对象的感知与想象活动,这一活动的认知论特征表明,现象学仍然未脱出科学主义思维所笼罩的主—客体的现代性关系模式。这一模式的一个严重限定是未能清晰彻底地认识到:"自我"与"他人"的相互主体性问题是人文科学的伦理原则,而主—客体关系却是科学认知与技术利用模式,二者具有重大区别(详后)。

撇开上述限定,胡塞尔现象学的相互主体性理论的限度又在客观上印证了"先验自我"对"相互客体性"的最终支配地位,标志着"自我"的个体主体在现代性历史条件下的本体地位。由此所产生的两类反应模式是:

(1) 认可自我个体主体性的本体地位(但这绝非意味着选择唯我论立场),接受不同"自我"之间永远无法完全同一的事实,并视之为现代原则的个性与多

① 美国学者劳尔(Q. Lauer)关于胡塞尔现象学研究的一本书名。

② 参阅倪梁康:《胡塞尔现象学概念通释》,三联书店 1999 年版,第 446—447 页。

③ 同上,第 255—258 页。

元性的基础。不同“自我”之间力求交往又同时有所保留(中国传统伦理的著名原则:“和而不同”),由此区分了现代社会中“公共”与“私人”两个领域(详见后文),并发展出各自丰富的内容及其相互关系的特性。这便是基于个体自我的现代交往论模式。它在思想上多属于自由主义传统。

(2) 将自我主体性归属于社会本体,即强调个体自由的社会民主与共同体的前提条件。这一主张的思想资源与社会基础与前现代社会(当然包含着现代性转化)关系密切[①]。这一思想方向力图通过对现代性的批判转化,指向一种新型的社会共同体,以从根本上消除唯我主义的现代性弊端。它包括着社会主义、社群主义、共和主义等思想运动。

## 二、交往理论

德国哲学家哈贝马斯对当代交往理论进行了深入而系统的研究。[②] 本节内容将以哈贝马斯理论为主要参考,从人文科学原理角度对当代交往理论作扼要的述评。

**1. 交往的现代意义**

本书前边已介绍过古希腊时代亚里士多德区分“生产”(poiesis)与“实践”(praxis)的观点。“生产”(poiesis)是人对物的劳动改造与制造,“实践”(praxis)是人与人的伦理交往。亚里士多德这一区分是包括哈贝马斯理论在内的西方现代社会哲学与政治哲学重要的渊源之一。

马克思的历史唯物主义将生产与生产力空前地提高到社会发展的基础地位。哈贝马斯根据现代生产力的新形态,则强调了人对人交往的历史唯物主义的本体论意义。现代生产的发展,使人对物直接加工制造的第一线生产已不再享有近代与古代生产的本体性地位。科学与技术直接成为生产力的趋势,使知识的学习与教育系统对生产的发展越来越重要。特别是,新的科技及信息的传播已愈渐成为生产力发展(以及竞争)的首要条件。上述生产发展的现代特性是:从教育到科技信息流传,均不是人对物的关系,而是人与人之间的关系。因而,从历史唯物主义角度看,人与人之间的关系已突破了亚里士多德时代传统的伦理交往性质,而具有了生产力—生产方式的社会存在本体论意义。现代社会交往的开阔巨大图景是,在有限的直接生产(人对物的加工制造)背后,活跃着研究所的协作开发、管理协调、科技最新动态、通讯,以及较之近代大大延长了的

---

① 参阅[美]安东尼·J. 马塞拉(A. J. Marsella)等:《文化与自我:东方与西方的比较》,江苏文艺出版社 1989 年版。[苏俄]科恩(U. C. Кон):《自我论》三联书店 1986 年版。张再林:《我与你和我与它:中西社会本体论比较研究》,西北大学出版社 1999 年版。

② [德]哈贝马斯:《交往行动理论》(两卷),重庆出版社 1994 年版;《交往与社会进化》;重庆出版社 1989 年版;《重建历史唯物主义》,社会科学文献出版社 2000 年版,等。

学习—继承、接受教育与培训提高的活动。

这就是广义的交往行动。交往，是一个人与其他人（老师、作者、前人、发明家、传媒者、管理者……）关于生存、生产、人生意义诸种经验或观念的交流学习。哈贝马斯因而将学习提高到人类社会（特别是现代社会）得以延续与进化的动力机制的地位。它表明，人类社会（特别是现代社会）是高度社会系统化的有机整体，这不仅是对现时态横向空间关联的个人、团体、民族、国家与地区而言，而且也是着眼于历时态纵向时间—历史关联的人类诸种关系而言。现代社会空前强化的个体对社会系统的依存性，使交往行动成为个体的人或某一民族、国家、社区能否发展自身首要的条件。现代中国 20 世纪 70 年代末从封闭锁国转为改革开放所引起的巨大变化，就是一个例证。

但上述对交往的生产力意义的强调并非忽视交往固有的伦理意义。恰恰相反，人际交往固有的伦理性与科学认知、生产力的统一关系正由此得到揭示，并且共同提升到了社会存在本体论的高度。具体来说：

（1）社会进化与生产力发展对交往的依赖，同时包含着对交往的伦理前提的要求。有成效的交往必须是道德的，它体现为交往双方对彼此主体人格性与平等性的承认，由此才有了作为交往前提条件的真诚。交往的成效性基本上不系于技术性因素，即使客观状况差异极大，双方的真诚与善良也可能引导向理解。

（2）交往不仅是技术知识、组织知识、工具知识的生产力学习传播，而且是对话商谈以解决社会种种冲突的活动。这后一方面直接是将利益置于公正尺度下衡判的道德规范行为，它唤起交往双方对更高社会伦理规范的敬重与服从，从而使交往双方增强责任心与义务感乃至使命感。因而，交往的伦理规范性与教化性通过协调与解决行为冲突而维护着社会法律与制度的稳定，并成为将社会内在凝聚一体化的最普遍的方式。

**2．交往的现代性前提**

交往是现代性行为。交往已经意味着对从前现代共同体中独立出来的现代人格个体基点的承认，交往是在独立的现代个体人格之间发生的关系。它意味着将个体人格、平等诸现代原则作为交往的前提。

交往得以进行的前提条件也是现代性的。哈贝马斯关于个体自我互为主体性的交往条件理论，超出了传统自由主义的原子个体本位观，它同时也是对古典个体观的现代性发展。

近代主体性以意识，特别是自我意识为基点，这一观点受到了现代思想的种种修正与补充，本书第二章第一节关于现代主体观念的演变部分已有介绍。哈贝马斯对主体观的重要贡献，是吸收了 20 世纪语言哲学成果，将主体的基点从主观心理意识易移为客观的语言语用。与将语言主要看作表达意识的工具手段的近代语言观相反，现代语言学与语言哲学强调语言先于个体意识的社会历史存在性，一个民族的语言系统规范着个体具体的意识活动及其言说表达。即不是(个体)人“言说”“语言”，而是“语言”让(个体)人“言说”。正是语言这种先于个体意识活动的社会—历史普遍性与结构性，才使不同个体“自我”的交往言说获得了统一基础与可理解沟通的前提。

语言是交往的主要基础与媒介，因而，“言说”是社会交往最普遍亦最内在的行为。言说的语法规范形式、语词资源及其运用、语境气氛张力的酝酿等行为，同时也是从操作工具生产到社会人伦交往的全部社会行动最核心的活动形态。因此，语言的普遍性不仅对应于理性思维的普遍性，而且对应于现代社会法律行政等理性制度的普遍性。这里特别重要的是道德规范结构的普遍性。哈贝马斯发挥了皮亚杰的个体发生学的这样一个观点，即人在认知、语言能力学习成长中同时也接受了社会规范及其道德观念。因而，对语言运用的交往沟通，道德规范必然在深层发生作用。这样，也就揭示出了不同个体自我之间得以沟通交往并达成“相互主体性”的客观社会的前提条件。而这些客观条件在近代以来的原子式个体本位论那里却被掩盖了。

与依靠血缘宗法或神意命定统一个体自我的古代传统不同，以语言为核心的客观社会—历史结构又必须依靠个体自我的“言说”才能激活。社会本身不能自行进化，只有依托主体的交往行动，才能构成一个活的生命机体的社会进化系统。语言不同于血缘或神意，语言的客观规范性与特定言说的个人意识活动是同一个语言活动的两个方面。因而，语言的普遍社会规定性在扬弃了近代主观心理意识性主体观后并未消除现代主体性，而是揭示了现代主体性的社会历史文化的基础条件。因而，哈贝马斯通过将近代心理意识哲学转化为现代语言社会哲学，坚持并发展了现代性的主体性原则，同时在与社会科学相结合的方向上推进了人文科学。

哈贝马斯语言语用交往论的一个偏失，是对劳动生产(poiesis)人文意义的抹杀。黑格尔以来，特别是为马克思与恩格斯所奠定的人文主体观的基石，则是对生产活动的人类学本体论意义的发现。尽管现代工艺生产方式已经有了重大改变，但使用与制造工具的生产活动，不仅是从猿到人进化的人类学的关键条件，也是现代个体自我交往沟通的最根本的普遍性基础条件。问题只是需要将狭义的工具生产与广义的语言语用统一起来，这才是哈贝马斯用以命名其交往理论的基础学说的真正的**普遍语用学**(Universal Pragmatics)。

## 三、“我—你”

马丁·布伯(M. Buber，1878—1965)是享誉世界的德国宗教哲学家，他所提出来的"我与你"思想,[1]不仅开创了西方现代性反思的一个重要维度,而且深刻地重新规范了人文科学的主体观念。

**1. "我—你"与"我—它"**

同亚里士多德区分"生产"(poiesis)与"实践"(praxis)一样,布伯也将人生的活动还原为主体自我对待外界的两种态度,并凝聚为两个代词及两种构词结构:"我—你"与"我—它"。

"我"作为主体,在"我—它"态度关系中,将"它"(或"他"、"她")作为"我"的行为动词施加作用的宾词对象。"我"是主体,"它"("他"、"她")是"我"的客体。当我们说到"它"时,是指一个毋须平等正视的"东西","她"、"他"也在这种语境中与"我"不处于同等地位而推到旁边并贬低为客体对象。回忆第一章所述,我们已经知道,这种"我—它"或"我—他(她)"关系结构,正是近现代自然科学与社会科学所依托的主—客体思维—行为态度模式。"我"将自然物作为生活与生产资料对象纳入"生产"活动中、"我"将"他"或"她"在管理或统计等意义上作为社会客体操作安排,这是现代社会生活无法摆脱的两种基本生存态度,不如此,人类将无饭可吃,社会也将混乱无序。因此,"我—它"本身不是道德批评的对象,这一模式自有其合理运用领域。问题出在将"我—它"扩张为人生唯一的态度模式(如前边介绍过的唯科学主义思维模式)。比如,将自己的父母、妻儿、朋友以及广义上的所有个体自我的"他人"也作为客体之"它",使这个世界上只剩下一个"我"是主体性的人;或者使这个宇宙只剩下一个"人类"是主体性"我",星球万物全视为供人类使用的"它",前者形成唯我(个人)主义而危害社会,后者形成人类自我中心主义而导致生态危机。这两类危机发生在自然客体与社会客体领域,因而属于现代化危机。更隐蔽而深层的现代性危机发生在主体的心性领域。从人文科学角度来看,在这种唯"我—它"态度与行为习惯中,不仅危害了"它",而且将主体性"我"塑造成为自私自利、只知算计与赚取对象、封闭于自我欲望与工具理性思维,而无法感受更广大世界的畸形片面的个人。

正是针对上述滥用并扩张"我—它"模式的现代化与现代性危机,布伯概括出了与"我—它"对比的"我—你"关系。

布伯强调,"我—你"是一种关系,是不可拆分组合的双字词,即不可将"我—你"理解为"我"与"你":

> 原初词"我—你"可被消解成"我"与"你",然则"我"与"你"之机械组合并不能构成"我—你",因为"我—你"本质上先在于"我"。而

① [德]马丁·布伯:《我与你》,三联书店1986年版。

"我—它"却发端于"我"与"它"之组合,因为"它"本性上后在于"我"。[1]

科学技术态度的"我"建构并主宰着"我—它"关系,但这个自我意识十足的"我"却不能创立"我—你"关系,因为,在这个利用、支配性主体"我"面前,连父母妻儿也必得定位于客体性"它"。从而,确立对象"你"的主体性身份,需要一个有别于"我—它"关系中的"我"的"我"。但是,反过来看,一个有别于"我—它"关系中"我"的"我",又只有在对应于"你"的关系中才得以生成。因此,"我—你"作为一种完整的关系先于并塑造着"我"与"你"。

让我们试体会一下说出"你"这个词时的原始感觉。与说"它"(或"他"、"她")时不同:"它"不在面对我的现场,"它"是"我"与另一个"我"说话时提及指涉的事物;而"你"则必定面对着我,并且是作为"我"视作交谈另一方主体的另一个"我"。这意味着,在"你"的称呼中包含着最基本(起码)的相互主体性观念。一个反证是,人不将非人的自然对象称作"你"。但是,"我"可能会称呼依恋于膝旁的动物为"你"、称呼一条家乡的河为"你"(如"黄河大合唱"中一再深情称呼的)。在这种称呼中,"我"与自然物建立起了一种超越利用、支配的新型关系,在这一新关系中,"我"被提升到了更加自由开阔、善良与大度的新人性境界。在《我与你》中,布伯将"我—你"置于犹太—基督教的神学背景下,使"你"不仅指称人文科学意义的人性主体与伦理、审美意义的精神符号,而且指称上帝。因此,虽然"我—你"关系居于根源地位,但布伯的宗教信仰背景使"你"在这一关系中具有更为能动与本源的导向性质。进入"我—你"关系,不仅要"我"与"你"均由此成为人格主体,而且使"我"与"你"共同从"我—它"的谋生受动状态中升华到了最高的意义境界:在这一境界中,"我"与"你"都达到了纯粹而绝对的自身圆满状态。

**2. "我—你"与"仁"**

由于布伯将"我—你"的关系置于个体主体性"我"之上,一种类似于前现代的共同体关系便取代了现代社会中个体自我的本体基点地位。正是这一点使布伯的"我—你"思想重大地超出了现代性,同时与古代中国儒学的"仁"学在形式上接近而产生了比较的可能。

中华民族的第一套较为规范、系统的上层建筑与意识形态是周礼,它将原始巫术礼仪基础上的晚期氏族统治体系规范化与系统化了。孔子为代表的先秦儒家则以"仁"将外在的"礼"内化为一种思想模式和文化心理结构。[2]

---

① 马丁·布伯:《我与你》,三联书店1986年版,第38页。

② 参阅李泽厚:《孔子再评价》,北京:《中国社会科学》,1980(2)。

"仁"的社会存在基础是以血缘为纽带的氏族宗法差序等级关系。故孟子讲"亲亲,仁也"(《孟子·尽心上》)。"仁"的核心涵义因此是以血亲为基础的"爱"。孟子有著名的"四端"说:

> 所以谓人皆有不忍人之心者,今人乍见孺子将入于井,皆有怵惕恻隐之心,非所以内交于孺子之父母也,非所以要誉于乡党朋友也,非恶其声而然也。由是观之,无恻隐之心,非人也;无羞恶之心,非人也;无辞让之心,非人也;无是非之心,非人也。恻隐之心,仁之端也;羞恶之心,义之端也;辞让之心,礼之端也;是非之心,智之端也。人之有是四端也,犹其有四体也。(《孟子·公孙丑上》)
>
> 仁义礼智根于心。其生色也,然见于面,盎于背,施于四体,四体不言而喻。(《孟子·尽心上》)

与恻隐、羞恶、辞让、是非对应的仁义礼智基本是"我"与"他人"交往时的伦理准则。但这些交往准则是"根于心"、"不言而喻"的"良知"、"良能"。这与前述基于一套语言语用规范的哈贝马斯"普遍语用学"的现代交往论殊异。因此,必须注意:孟子所说的作为仁之开端的"恻隐之心"并非基于现代个体主体性的"同情心"(或19世纪所说的"移情"),即它不是一个独立个体基于主体道德判断的理性行动,而是"我"与"孺子"先天一体关联所发生的本能反应。孟子所强调的人本"性善"论,反映的是古代伦理的这样一个历史结构:血亲共同体关系先于并塑造了个体的道德主体。

因此,"仁"学伦理的本体基点不是现代性的个体主体性,[①]而是先在的共同体及其伦理习俗。就关系决定个体而言,仁学伦理与布伯的"我—你"伦理有共同点。仁学影响至今尚存的中国传统伦理,有一个布伯的"我—你"追求不及的优势,那就是"辞让"所代代衍生的中国人的伦理习惯:以谦让为美德的"他人"—"你"的优先观念。梁漱溟总结道:"西洋人是有我的,中国人是不要我的。"[②]这种抑制"自我"的伦理,其利与弊,在今日中国与世界,不同处境当有不同的意义。这里的关键环节仍是现代性问题背景下的创造性转化。

布伯的"我—你"模式,有其强烈的现代性批判背景,因而客观上属于现代人文科学重建主体性的努力方向。布伯肯定了"我—它"关系的必然性与合理

---

① 与此有别,宋明儒学(特别是陆王心学)在新的历史条件下将个体主体性(心性修养)提升到了本体高度,但是其宗法共同体社会的基础未变。直至现代社会条件下的当代新儒学(熊十力、唐君毅,特别是牟宗三),仁学才具有了现代主体性意义。

② 《梁漱溟全集》第一卷,山东人民出版社1989年版,第479页。

性，并将“我—它”与“我—你”作为人性二重性的本体性结构，这里面就包含着人文科学与自然社会科学合理关系的总体格局。人不能单纯生活于“我—你”关系中，而必得重返“我—它”的生存操忙中，同时又总要不断地处于“我—你”与“我—它”的张力关系中。这种二重性矛盾作为主体的真实处境，丰富与深化了人文主体的内涵。① 布伯现代性批判的强调是：

> 人呵，伫立在真理之一切庄严中且聆听这样的昭示：人无“它”不可生存，但仅靠“它”则生存者不复为人。②

他关注的中心是作为人性主体的“我”的命运，因而这是一个现代人文科学的命题。

## 四、“天下”社会观

### 1. 国家与社会

如同对应于社会科学涵义下的“家庭”有着人文科学意义上的“家园”一样，与社会科学涵义下的“国家”（或“政府”）对应的也有着人文科学意义上的“社会”。

但社会科学也有其“社会”概念。前述滕尼斯即是最早从社会学角度定义“社会”的人。严格的社会科学概念的“社会”是经验实在体，它具有“涵义”（Meaning）的所有特性（参见第二章）。但滕尼斯由于从人的意志创造角度确定“社会”，以区别于历史演化自然生成物的共同体，因而，“社会”与人的主体的意向性及观念（Idea）相关。“社会”从而包含了某种不确定、非实在的性质：

> 它是一个遥远的目标，社会的发展必然包括这个遥远的目标，而一个社会的存在就在这个目标实现的程度上是真实的，在一定的时间和在我们的意义上是真实的。因此，目标总是某种正在形成的东西，在这里，应该把这种东西设想为普遍的意志或者普遍的理智的主体。同时（正如我们所知），它是一个虚构的和有名无实的目标。它仿佛漂浮在空气中，犹如它从它的自觉的代表的头脑中产生的一样，这些代表不管相距多么遥远、边界有多大阻隔……都渴望交换、相互握手，他们建立着这个推论的完美境界，……因此，正如货币的构想是通过金属和纸来

① 参阅尤西林：《阐释并守护世界意义的人》第一章“劳动二重性”一节从马克思实践本体论角度对于这一问题的阐释，河南人民出版社 1996 年版。

② 马丁·布伯：《我与你》，三联书店 1986 年版，第 51 页。

> 体现一样，社会是由整个地球或者是一片有某种边界的领土来体现的。①

尽管“社会”依托于民族国家的领土而成为社会科学的实在对象，但是，由于“社会”是作为主体的人自觉建构的对象，因而，人文性的理想与价值意义目的便与“社会”无法分开。近代社会伊始即伴随着的种种乌托邦幻想，正是社会这种理念性的突出代表。

“国家”（及“政府”）是社会科学涵义的“社会”的集中体现者。“国家”（及“政府”）管理社会科学涵义的“社会”，它包括人口、资源、生产、商贸、教育、文化等等。但是，“社会”又是“国家”的主人（委托人）：“社会”不仅通过“国家”实现不同个体群体的利益，而且要求“国家”体现公正与道义。当“国家”（或“政府”）不履行职责时，“社会”便有权利收回自己委托的权力。因此，“社会”是“国家”的母体与价值衡判的尺度。这已显示出一种不同于社会科学实证涵义的人文形上意义的“社会”观。

区别于“国家”（或“政府”）的现代“社会”，是指作为“国家”权威合法性根据的人类自主性状态。值得注意的是，这种自主性状态的“社会”并不是历史事实，而是一种必要的**公设**：

> 为了正确地了解政治权力，并追溯它的起源，我们必须考究人类原来自然地处在什么状态。②
>
> 这种原始的共同占有诸物的概念并非来自经验，亦不受时间条件约束，因为这是真实历史中远古社会的一种想象的、无法证明的设想的占有。③
>
> 他们的问题是一种分析的问题而不是一种历史的问题。他们是在逻辑的意义上，而不是在年代的意义上理解“起源”这个术语的。他们所追求的不是国家的开端，而是国家的“原理”即它的“存在理由。”④

因此，“社会”在此毋宁说是作为一种伦理正义的逻辑环节，它已超出了社会科学的实证对象范围而成为人文意义**理念**（Idea）。人文意义的“社会”理念当然也有着相应的历史背景。“社会”观念在18世纪欧洲的流行，与正在兴起

---

① 滕尼斯：《共同体与社会》，商务印书馆1999年版，第109页。

② 洛克：《政府论》下篇，商务印书馆1983年版，第5页。

③ 康德：《法的形而上学原理》，商务印书馆1991年版，第77—78页。

④ 卡西尔（E. Cassirer）：《国家的神话》，华夏出版社1990年版，第205页。

的独立于王权国家的"市民社会"(Civil Society)密切关联。社会自治的发育,成为国家民主化进程实质性的基础和保证。这种政治性的民主的公共领域,即"社会",它确立了这样一种现代信念:"社会"作为"国家"的母体和目的,享有神圣的本性地位;"国家"应该服务于社会并历史地归于消亡而指向未来的社会自治。① 在这一历史进程中,"社会"作为价值根据既支持又制约、规范"国家"并成为国家更新的动力机制。

因此,"社会"是人文意义在与"国家"互动作用的关系中所形成的意义世界。作为意义世界,"社会"不可归结于非国家(政府)的实体。例如,联合国名之为"非政府团体"(Non-Government Organization)的妇女、儿童、残疾人、环保等"社会团体",它们固然是人文意义世界的"社会"必要的实体性依托,但并不等于"社会"。"社会"不是"国家"外在的异己物,任何文明阶段上的权力机构都已经置身于自己时代的"社会"背景之中了:它必须从"社会"获得权威合法性的支持,即使是暴政亦于此不可或缺。更为重要的,"社会"的理想观念(Idea)性使实体性"国家"无法与之对举。"社会"的视界超越了民族国家的利益眼界。例如全球化问题中的环境保护、核武器问题,都超出了国界,也不能局限于民族国家的战略来理解与处理。当然,"社会"作为理想性的"国家"或者作用于"国家"的理想,无法脱离与"国家"的关系,彻底否弃"国家"也意味着"社会"自身的消亡或转化。

**2. 有别于国家的"天下"**

"天下"是一个仍存活在现代中国人意识中的古汉语词。《辞海》(上海辞书出版社 1979 年版)释"天下":(1)古指中国范围内的全部土地;(2)指全世界。实质上将"天下"视为空间地理涵义的传统口语。但仔细体会以下语用语境,"天下"之义则甚为深远:孟子说大丈夫"行天下之大道"(《孟子・滕文公下》),闫乐向秦二世宣称"臣……为天下诛足下"(《史记・秦始皇本记》),范仲淹"以天下为己任",顾炎武讲"天下兴亡,匹夫有责",孙中山手书"天下为公",青年毛泽东倡言"天下者我们的天下"(《民众的大联合》)……此类语用,均强弱不等地显示着一种超出了空间地理实指的"天下"的独特语义,它既不是指某一特定国家,也不是泛指世界,而隐隐指向一个可以衡判人间权威的至高根据。

"天下"一词产生于殷周,指专属天子的大一统国土。由于"天子"代表与"天"神对应的人间最高统治,故"天下"包括了全部人间下界。"天下,谓天子之

① 这特别为马克思主义所强调。参阅马克思:《法兰西内战》、恩格斯:《家庭、私有制和国家的起源》、列宁:《国家与革命》等。某些现代马克思主义者甚至将议会也从国家划归社会,只承认国家的行政职能,参阅葛兰西(Gramsci Antonio):《狱中札记》第二部分[国家]条,中国社会科学出版社 2000 年版。

所主;国,谓诸侯之国;家,谓卿大夫之家。"[①]因而,"天下"具有神圣与至高无上性,而"国"与"家"则是有限性的派生实体。

春秋战国争霸,以"天子"为目标,因而"天下"名分成为统一的标帜,这个名存实亡的"天下"神圣象征的意味更为突出:"天下,神器,不可为也。为者败亡,执者失之。"(《老子》二十九章)"闻在宥天下,不闻治天下也。"(《庄子·在宥》)在对"天下"的种种诠释中,儒学突破性的贡献乃是扭转了"天下"系于"天子"或"天"的传统格局重心,而赋予"天下"以原始公社的社会原型内涵:

> 大道之行也,天下为公,选贤与能,讲信修睦。故人不独亲其亲,不独子其子,使老有所终,壮有所用,幼有所长,鳏寡孤独废疾者,皆有所养。男有分,女有归。货恶其弃于地也,不必藏于己。力恶其不出于身也,不必为己。是故谋闭而不兴,盗贼而不作,故外户而不闭。是谓大同。(《礼记·礼运》)

这段著名的文字全部是对"天下为公"的具体描述,空间地理泛指的天下缘此语用而获得了新的语境与语义。这就是:"为公"与"大同"。"天下"乃公有大同之社会,此时尚无国家。"天下为公"的"为"不仅有介词作用,更具有判断词"是"的意义,因此"天下为公"成为儒学经典性定义的"天下"语义,即"公天下"。

"公天下"全新地规定了"天子"与"天下"的关系:"天下非一人之天下,天下之天下也。"(《吕氏春秋·贵公》)"立天子以为天下,非立天下以为天子也。"(《吕氏春秋·威德》)"尧舜之位天下也,非私天下之利也,为天下位天下也。"(《商君书·修权》)于是便有了禅让的政权更迭传说。但禅让并非天子的个人意志行为,而根本上取决于"天"意与"民"意:

> 万章曰:"尧以天下与舜,有诸?"孟子曰:"否。天子不能以天下与人。""然则舜有天下也,孰与之?"曰:"天与之。""天与之者,谆谆然命之乎?"曰:"否。天下言,以行与事示之而已矣。"曰:"以行与事示之者,如之何?"曰:"天子能荐人于天,不能使天与之天下;诸侯能荐人于天子,不能使天子与之诸侯;大夫能荐人与诸侯,不能使诸侯与之大夫。昔者,尧荐舜于天,而天受之;暴之于民,而民受之;故曰:天不言,以行与事示之而已矣。""敢问荐之于天,而天受之;暴之于民,而民受之,如何?"曰:"使之主祭,而百神享之是天受之,使之主事,而事治,百姓安

---

① 《十三经注疏》,中华书局 1978 年版,第 2718 页。

之，是民受之也。……《太誓》曰：‘天视自我民视，天听自我民听，’此之谓也。”（《孟子·万章上》）

天子充当的只是推荐人的角色，“天受”、“民受”才是决定；而“天不言”，兆示于享祭与民意，因而禅让的本质结构是：“天”→“民”→“天下”→“天子”。这样，“天下”为“公”之“公”同时也就是神圣化了的“民”：

民之所欲，天必从之。（《左传·襄公三十一年》）

得天下有道，得其民斯得天下矣。（《孟子·离娄上》）

人主有能，以民为务者，则天下归之矣。（《吕氏春秋·爱类》）

用国者，得百姓之力者富，得百姓之死者强，得百姓之誉者荣。三得者具而天下归之，三得者亡而天下失之。（《荀子·王霸》）……

从而，殷周“天下”区别（高贵）于“国家”的名分古义也民主化了：“民为贵，社稷次之，君为轻。”（《孟子·尽心下》）同时也就是：“天下”为贵，“国家”次之①，“君”为轻。

民本亦即仁政，因而“天下”又与“仁”关联：“天下归仁焉。”（《论语·颜渊》）“三代之得天下也，以仁；其失天下也，以不仁。”（《孟子·离娄上》）

这样，原本只是中性指陈的特定历史名号或空间地理泛指的“天下”，在与儒学基本范畴“仁”、“民”、“公”等的语用关系中逐渐凝聚了一种特殊的语义和语境，成为正面价值规范性的术语，它代表着儒学的理想社会：“天下”成为“公天下”、“民天下”、“仁天下”的简称。

儒学对五帝大同“天下”的非历史性美化，远不止于原始公社血脉余绪的消极浪漫回音，其积极的阐释乃是历史性的，它不只是先秦儒学基于自身的时代问题改造现实的重大理论环节，而实际上为整个中华民族提供了影响至今的“社会”原型观念。这一贡献的意义在于：作为完美至善的社会，“天下”是一种永远高于（不同一于）现实国家的理想范型，因而是规范、超越、批判现实国家的绝对尺度。同时，作为国家母体，“天下”的公有与民本又是作为社会正义，亦即国家政府根本依据的逻辑前提的原初状态（Original Position）：“每种传统的正义观中都有一种对最初状态的阐释。”“这种原初状态当然不可以看作是一种实际的历史状态，也并非文明之初的那种真实的原始状况，它应被理解为一种用来达到某

① 中国君主专制时代，“国家”不仅在实质涵义上，而且在名称上都指代“君主”：“国家与公卿议，大策非凡所见，事必不从。”（《汉书·陈汤传》）“国家年小，不出胸怀。”（《晋书·陶侃传》）等。

种确定的正义观的纯粹假设的状态。”[①]“天下”原初状态的公有与民本特性此后深入人心，成为中国政治文化中社会正义观的基本准则，同时成为中国历代国家政府的权威合法性的渊源。

至今仍存活在现代中国人的口语中，有别于空间地理泛指的“天下”的独特语境涵义，就是为儒学所建立的这种作为权力源初依据的大公与民本观念。它内蓄着对社会公正道义的恃守与执著。

因此，儒学所阐释的(公)“天下”既未像道家那样脱离现实社会被虚无化，而始终作为社会范型与原初状态根据入世衡判、作用于国家，另一方面又未像法家那样以“天下”为统治对象、同化于世俗权力，而始终保持着“天下”形上超越的“道”或理念(Idea)地位，与“国家”确定地区别开来：

> 天下者，至重也，非至强莫之能任；至大也，非至辨莫之能分；至众也，非至明莫之能和。此三至者，非圣人莫之能尽。故非圣人莫之能王。圣人备道全美者也，是悬天下之权称也。
>
> 故可以夺人国，不可有夺人天下，可以有窃国，不可以有窃天下也。可以夺之者可以有国，而不可以有天下，窃可以得国，而不可以得天下。是何也？曰：国小具也，可以小人有也，可以小道得也，可以小力持也；天下者，大具也，不可以小人有也，不可以小道得也，不可以小力持也。国者，小人可以有之，然而未必不亡也。天下者，至大也，非圣人莫之能有也。(《荀子·正论》)

“天下”与“国”的区别，在此已完全与殷周名分古义无关，而成为形上之“道”与形下之器的判然对峙。“天下”不仅不属于国君，也不属于天子，而系于“圣人”。诸侯争夺易手的只是“国”，“天下”却不是可窃夺占有的实体对象，而是神圣存在。

至明清之际，顾炎武更将“天下”系于全社会民众，从此，“天下兴亡，匹夫有责”成为中国社会最富感召力的社会道义口号。几千年来，“天下为公”的社会主权观念为儒、道、法、墨、近代改良派、革命党及诸种社会反抗力量所凭藉利用，表明了这一观念拥有超出于政治派别或思潮人物之上的全社会、全民族的文化心理力量。

但是，“天下”反专制的民主涵义是指“公有”与“共享”，这与西方契约论民主所强调的“自由”与“平等”有重要区别。前者基于公共集体，后者的基础与归宿却是由商品经济哺育培养出来的独立个体，亦即康德哲学所概括的“主体”

---

① 罗尔斯(J. Rawls)：《正义论》，中国社会科学出版社1988年版，第116、10页。

(Subject)。

> 在集体财产制盛行而仍残存着原始公社结构的东方,有两个典型的特征:有组织的集团比个人更具有普遍性;以及普遍具有天然的集体思想——在这个集体里,每个人都有他特定的地位和职能。滕尼斯曾直截了当地发展了某些为人熟悉的马克思主义的概念,用他的话来说,西方一开始就有成为一种"社会"的趋势,而东方直至现在还主要是一种"共同体"。[①]

因此,"天下"社会观由复数"我们"所体现,而缺乏单数人称("个人法权")。与此不同,契约论的终极根据却是自然状态下的个人平等。

"公天下"的共同体凭藉原始公社的远古传统以及血亲基础,并不倚重知性逻辑的论证。近代以来的契约论却视政治社会为个体性反思与理性缔约的结果,从而突出强调"理性化"在政治现代化中的地位。

理性化的结晶则是法制化。洛克强调(《政府论》下篇,第 81 页),所谓的"社会",辞源于拉丁文"Civitas",即古罗马自由民(Civis)依据法律所组成的"城邦"。与之相应的英文"Commonwealth",即由明立之契约而结合于同一政体之下的人民团体,它与强调公有分享之"Community"绝不可混同。这种法制社会与血缘宗法之法治并不相同。独立于"国家"(政府)的法制不仅体现着"社会",而且是二者的理性统一。然而,本质上是礼制的宗法之治,其政教合一性质并没有给"天下"提供独立的基础,这不仅使"天下"缺少经常有效的制衡国家的法律手段,而且由于缺少这种稳定联系的机制,反过来使与国家外在对立的"天下"在许多时候变成了酝酿无政府的游民(群氓、痞子)的温床。而凭藉同乡旧缘之类的私交来腐蚀、破坏政府制度的朋党风习,至今仍是当代中国的一大顽症。这同时表明,"大公无私"的"天下"其实只是压抑了个体的理性发育,却不可能勾销个体,相反倒滋生出了原始野蛮、近乎动物的非社会的自私个体。这种自私性也正是中国传统共同体最深厚的基础条件。

与此相关的是为"天下"派生的"江湖"。"江湖"本是远避国家的特殊社区。"天下"之"士"在先秦早有复仇行侠的传统,而"江湖"成了这种非法传统的保护地。"水浒"实即"江湖",如金圣叹所训:"'水浒'也者,王土之滨则有水,又在水外则曰浒,远之也。"(《第五才子书施耐庵水浒传》序二)《水浒》成为中国民众文化的经典,体现了中国"天下"激烈反抗君权专制的一面。然而,"江湖习气"及准黑社会化的"江湖"实则是更为原始粗野的宗法形态并具有暴力策

---

① [意]梅洛悌(U. Meltti):《马克思与第三世界》,商务印书馆 1981 年版,第 83 页。

源地的性质，它不仅破坏“国家”，而且破坏了作为“社会”的“天下”本身。①

这当然不是褫夺“天下”—“社会”以武力批判“国家”这一终极权利，无论东西方，都曾对此权利给予充分解说。这里所强调的是，由于缺乏系统的人民参政法制，中国传统的“天下”与“国家”之间便致命地缺少一个中间的转换环节。这一缺失一方面使国家因缺乏有效的监督制衡机制而总是难以避免专制化，另一方面又难以使人民意志理性化为建设力量而常常蜕化、涣散为破坏性的无政府状态。史实已经大量证明，专制与群氓，这对立的两极恰恰是互以对方为前提条件的。而在中央计划经济分散化的现代转型期，江湖社会及其道德（义气）的复兴与向社会乃至国家的渗透，已是值得注意的问题。

从国家角度讲，只要国家内部尚未健全发育出来充分体现人民主权的立法与监督机构，人民主权的存在就必然会通过对立的外部“天下”显示自身；从人民角度讲，如果一味执著于与国家的外在僵持，人民自身及其“天下”社会就将始终滞留于涣散、低级的非组织状态：只有使“天下”有机地转化为国家自身的制衡机制，二者的对立才会建设性地呈现为促进互补，以致趋向同一的前景。

## 五、独立人格与公共精神

### 1. 公共领域与私人领域

现代社会的分化性体现之一，是将公共领域与私人领域划分开来了。它更具体地分化为国家、社会与个人三者的关系。在前现代社会，严格讲不存在私人领域，也不存在现代意义的公共领域，而是类公共性的共同体。各类共同体将个体编织进以血亲宗法为中心的人伦网络中，从居住到工作，均是公共时空。作为私人生活基地的家庭并不真正独立于家族，私人生活实质是“大家庭”生活。这种并非现代公共领域性的共同体也依然在当代存在。中华人民共和国成立后，以国家所有制为中轴，建立起单位制度。从工厂、机关、学校、商店到人民公社生产队，每一个体的生老病故、衣食住行、教育与工作，均依赖于单位组织。从中华人民共和国成立初的供给制、半供给制到后来的工资制，个体的全部生活都与单位组织以及本单位的人群密切相关。人民公社甚至曾经把个体私人生活基本内容之一的吃饭也公共食堂化了。

私人领域消失所造成的一个后果是，个体很难建立独立的人格及主体意识，国家、单位、家族的权威及其人际关系成为制约乃至塑造个体的决定性力量。由此而出现了人身依附或种种变相人身依附。由于共同体的法则支配了全部社会生活，因而个人生活的思想感情与行为习性也受到公共体群体习俗的笼罩与控

---

① 值得思索的是，汉语“社会”一词已被“江湖”浸染，经常含有“化外之域”的意味，如日常语言中说“莫把孩子推向社会”，在“社会上混了些年月”等。

制。集体或公共性标准因此压抑着个性化人格主体。

显而易见,这种大一统的共同体不可能有现代民主,而在公共生活完全吞并私人生活或者个人生活完全公共化后,共同体便成为了军事组织,个人便成为听命的士兵或大众中的一分子。这种社会结构一旦被某些邪恶分子或集团利用、操纵,便转变成专制乃至极权社会。① 纳粹德国便是这样的社会典型。

应当注意的是,法西斯主义得以统治德国这样业已现代化的民族国家,这表明现代民主不可能一劳永逸,现代分化开来的公共领域与私人领域也存在着倒退回无个人自由的大一统共同体的危险。更应注意的是,真正的公共领域的形成同私人领域的形成是现代社会同一过程的两个结果。与此相同,现代民主的公共领域被篡夺与个人自由被剥夺是同一事件的相关后果,因而必须将公私两个领域一并考察、对待,而不能将私人领域的萎缩归咎于公共领域的扩张。

从而,如何既保护个人自由与私人领域不受侵犯,又保障公共领域的民主公义性,便对人文主体的现代个人提出了复杂的伦理态度与要求。围绕这种公私两域复杂的伦理处境,现代人文思想提出了种种思路与观点。

**2. 信念伦理与责任伦理**

作为现代性开端的标志,早在 1517 年,马丁·路德已将最高终极信仰归于私人:对上帝的信仰是个体与上帝之间的事,他人即使是作为公共信仰机构的教会也无权干涉。资本主义私有制及其自由竞争历史地奠定了个体的独立自主性,并由此抽象出"主体"与"人格"观念。正是这种个体本位的现代性格局,而不是表层的世俗享乐主义,使终极信仰在社会公共生活中衰落了下去。

马克斯·韦伯从人文科学与社会学相结合的历史高度,提出了现代社会精神生活的分化性课题。前边关于"精神团契"一节曾引用过已成经典名言的韦伯的判断:现代社会已消除了古代宗教社会的神秘狂热,而成为理性化的技术系统。作为公共领域的集中体现,国家政府的职责及其行使方式具有"价值中立"的形式化与制度化的特性,犹如竞赛场上的裁判员,它无权赞同或反对各个个体(以及团体)具体的实质内容性的立场,但却有责任维护不同个体(以及团体)表达、交流、讨论各自主张共同必需的公平规则与秩序,即形式框架或制度。与此相应,要求各个个体在公共领域遵守起码的交往规则,即真诚、守信、理性、平等、求同存异、不自我中心与强加于人等(如后来哈贝马斯所总结的交往"普遍语用学"诸规则),这就是个体在公共领域中活动时必需的"责任伦理"(Ethics of Responsbility)。至于个体个性乃至私人一己性的爱好、观念甚至怪癖,只要不触犯法律或违背责任伦理,尽可以在私人领域中存在,政府与他人均无权干涉。也

---

① 参阅[奥]赖希(W. Reich):《法西斯主义群众心理学》,重庆出版社 1990 年版。[美]汉娜·阿伦特(H. Arendt):《极权主义的起源》,台北:时报文化出版公司 1995 年版。

正是在私人领域中，亦即在一己斗室夜半之际或少数同道密友谈心时，每个人关于人生的终极价值观与信仰才最为纯粹地浮现、表白出来。也就是说，现代人不是不可以在这个世俗功利的时代拥有自视为最高真理的信仰，但公共领域作为“求同”之处，并非多元终极真理争辩高低的战场，恰恰相反，公共领域是尊重不同观点并戒防一家之言统一社会的公共论坛。那些在公共制度中循规蹈矩办事工作的人，可以也应当在自己私人的心灵深处“存异”地怀抱信仰情怀，即使这情怀完全不适宜于其他人——这样的个人，是拥有“信念伦理”（Ethics of Conviction）的人。显然，“信念伦理”属于人文科学所说的意义世界，它确实为每一个人所需要，但在现代社会，它只是在少数人心中才清晰地存在着。与之相反，现代社会却要求每一个合格的公民必须具备“责任伦理”，我们称之为公民道德，它也属于人文科学的意义世界，但却是从属于功利交换行为的保障条件，现代社会的运行有赖于每一个公民承诺履行公共规则的责任心。换一个说法：“责任伦理”是必然付诸现实行动的，而“信念伦理”可能只栖息在心灵的深处。这表现出韦伯对终极意义的现代处境所作的消极悲观的估计。

**3. 积极自由与消极自由**

法国学者贡斯当（B. Constant）早在 1819 年即从历史角度切入了现代公共领域与私人领域的分化性问题。在其名著《古代人的自由和现代人的自由》中，[①]他以古希腊城邦为原型，将古代人的自由归结于政治参与权，而将现代人的自由归结于公民独立权。一个半世纪后，英国政治思想史家以赛亚·伯林（I. Berlin）将这一区分更普遍地抽象为积极自由与消极自由。[②]

简单地说，“积极自由”就是主体可以（或被允许）做某件事情的自由：我可以驾驶汽车（但不可以无证驾驶）、我可以自由评论政治（但不可以违背“四项基本原则”）、我可以重新选择工作（但不可以违反合同契约）……“消极自由”则是主体可以（或被允许）不做某件事情的自由：我因病而可以不去上班（其反面则是：我有病而被迫仍然去上班）、我从良心考虑而不在“文化大革命”批斗会上跟随红卫兵喊口号（其反面则是：虽然我不情愿，但仍然必须违心地喊口号）、我为心境清净而闭门谢客（其反面则是：我必须耐着性子敷衍待客），等等。

伯林认为，消极自由对于现代人的自由来说更为重要。主体“不去做”的自由的确是消极的，但它表达了现代民主社会从专制共同体解放出来并且警惕专制复辟的基本立场：免受强迫与奴役。它不仅表达了私有制社会中对于个体与私人领域的特殊保护，而且也反映出现代人道主义的最低要求。这的确是一项

---

① ［法］贡斯当：《古代人的自由和现代人的自由》，商务印书馆 1999 年版。

② ［英］以赛亚·伯林：《两种自由概念》，载《公共论丛》第 1 辑，三联书店 1995 年版，《公共论丛》第 2 辑，三联书店 1996 年版。

低调的起码的要求,但也正因为此,消极自由的权利也成为现代民主社会的边界警戒指标:高于它固然好,低于它则不复为现代民主社会。就此而言,免受强迫的“不做”自由,又是现代民主社会的一项基础自由。“你有权保持沉默!”警察拘捕犯罪嫌疑人时首先交代的这句话,便是人权自由的底线。因此,当一个政权犯错而拒不认错时,即使它不允许人批评,但只要不强迫公民违心表态支持自己,那么,这种“可以沉默”的自由也就为社会提供了民主的最后底线。

对消极自由的推重,还包含着对积极自由可能后果的警戒。伯林把积极自由的自我张扬,视为一元论专制取代现代多元论的起点,并置之于20世纪专制主义历史背景下剖析其危害。

20世纪以崇高理想统治社会的专制主义以及各种以最高自由与绝对真理、正义的名义所行施的惨烈国家战争、种族屠杀,使现代自由主义本能地倾向消极自由,并与后现代消解主义具有同样的“去中心化”的立场。

然而,现代公共精神的危机不仅来自以公共领域吞并私人领域的专制扩张,同时也来自公民放弃公共领域而蜕化为名符其实的私人。消极自由主义对积极自由的贬抑,由此所导致的公共领域的空场,恰恰为专制主义夺取社会权力提供了条件。希特勒合法接管魏玛共和国民主政权与纳粹德国利用英法绥靖主义而占领欧洲,都表明了消极自由主义思想在政治实践中的重大缺陷。正是针对现代社会的公共精神危机,现代社群主义与共和主义又复兴亚里士多德关于人是政治动物的古代自由观念,提倡个体积极参与或关心公共领域活动,[①]以维护现代民主制度。当代重返政治与公共领域的思潮中特别包含有这样一个人文科学的人性观念:人,特别是现代人,不应是离群索居的个体主义者,个体只有在超越私人生活的社会关怀与公共责任承担中,才可能臻于人性理想并发展自我。

当然,从人文科学角度看,消极自由作为一种现代人的现代性气质,又不能理解为萎缩、自闭与幽暗,而是在质朴善良的沉默中向不同意见者乃至恶意侵犯者表现出博爱、自制、审慎与宽容的胸怀气度。这也是“自由”(Liberal)的古典本义:“胸襟宽厚”(Liberality)。

**4. 公德与私德**

公德与私德仍是公共领域与私人领域不同的道德,但并不与前述责任伦理—信念伦理、积极自由—消极自由的角度重复。公德并非全是基本底线道德,私德也并不同于信念伦理那样的最高理想。特别是,公德—私德是19世纪末叶中西文明大碰撞、中国现代性思想兴起阶段所提出的反思性课题。

梁启超19世纪末叶对中国传统道德做出了一个明确的判断:“中国,……

① 代表人物有美国的麦金太尔(A. Maclntyre)、汉娜·阿伦特等。

偏于私德，而公德殆阙如。”[①]这一判断其实源于更早严复译介西方社会科学时所提出的观点。“贯穿严复所有著作的一个主题是对于西方的‘公共精神’（公心）的赞誉”。[②] 即使是穷人，作为公民也能以国家为己任，“而赴公战如私仇者”。[③] 与之相反，甲午惨败，中国人却如一盘散沙，各私其利，各守其位。严复的重要发现是，中国人的公德不具有西方基督教伦理所具有的抽象性与普遍性，而只是围绕一己血亲所放大的家庭、家族、同乡等特定关系圈子的伦理。因而其实只是“私”德。面对公共危机，中国民众的习惯心理是闭门观望，视为与己无关。严复身处西方列强欺凌的晚清末世，痛感救亡必须重建“新民德”。这一课题后来演化为鲁迅著名的“改造国民精神”的思想。它同时是“五四”新文化运动思想家共同关注的课题。梁漱溟将此列为东西文化的一大区别：“西方人极重对于社会的道德，就是公德，而中国人差不多不讲，所讲的都是这人对那人的道德，就是私德。”[④]因此，“私德”即私人关系之间的道德，而不是与公共领域对应的私人领域的个体自主性道德。在宗法共同体中并没有个体（私人）的独立地位。但宗法共同体压抑个体（私人）却并未因此生长起普遍的公共社会观念，而只是培养出精通私人关系的做人标准。梁漱溟的《乡村建设大意》的主题，即力陈中国传统社会缺乏团体生活，无公德是一根本缺陷。这一主题后来同样成为费孝通本土人类学名著《乡土中国》的主要课题。他从实证角度描述、分析之后，得出了这样的结论：由于中国人缺乏团体生活与现代国家观念，“因之，我们传统社会里所有的社会道德也只在私人联系中发生意义”。[⑤] “中国的道德和法律，都因之得看所施的对象和‘自己’的关系而加以程度上的伸缩”。[⑥]

这种“私德”，其实是“做人”的人际关系的习俗标准。中国传统宗法社会的公共域则在很大程度上是强化与监督“私德”的审判场。现代私人道德不得成为公判对象，而无公德的中国宗法共同体却发展出深厚的评议私德传统（如汉末组织制度化的“九品中正”），直至“文化大革命”时代全社会制度化的“斗私批修交心会”，每个人最隐秘的精神与私人行为都要成为公众评议的对象。这就是中国人历来看重个人“私德”与公众舆论，而相对漠视公共事务的社会制度背景。在这种公私不分的共同体中，个体根本无从发育起独立的人格。

因此，在中国社会现代化进程已经开始形成现代公共领域与私人领域的分化时，从人身依附及其私人关系依赖中获得解放的个体，如何以独立自由的人格

---

① 梁启超：《新民说・论公德》，《饮冰室文集》第 14 册。

② ［美］史华兹：《严复与西方》，职工教育出版社 1990 年版，第 57 页。

③ 严复：《原强》，《戊戌变法》卷三。

④ 《梁漱溟全集》第 1 集，山东人民出版社 1989 年版，第 369 页。

⑤ 费孝通：《乡土中国》，三联书店 1985 年版，第 28 页。

⑥ 同上，第 34 页。

自尊地生活在私人领域而践行真正的私德，同时又以理性与崇高的公共精神承担责任、义务而建构真正的公德，这从社会科学角度讲，关系到中国社会现代化的公民素质条件；从人文科学角度讲，即是中国现代人格主体的生成。这尚处在历史性的开端。

## 六、人文知识分子

如同对应于社会科学涵义的家庭与国家存在着人文科学意义的家园与社会（天下）一样，对应于社会科学涵义的知识分子也存在着人文科学意义的人文知识分子。

**1. 作为知识分子始祖原型的巫**

在古代巫术时期，巫术包含了文明时代逐渐分化开来的各类主要文化——科学、技术、宗教、艺术、伦理等的胚胎。巫术的主干是后来分化为把握精神意义的宗教信仰、哲学思维诸形态。巫术是对具体的实际生存活动（从生产、交往到战争）的意义（意味）的阐释。如第二章已述，这种阐释，不仅有指称认知的方面，还是表达意愿情感的方面。在科学尚未独立的古代，巫术将对自然因果的科学解释与价值意义的信仰贯通为一体，相互支持。例如，航海时本是（自发地）依据技术经验驾船（这与现代人无本质不同），但遇到超逾人的（技术）能力的不测风云，驾船人的信心发生危机，就可能放弃驾船而沉船。巫术在这时便适时运用：巫师通过一套符号性操演，向主宰神祈求，同时也可进一步利用符号操演中的“应验”（如杀一只鸡以献祭天神，若鸡啼鸣，则表明神已受祭），而给驾船者输入信心和勇气，从而振作精神，化险为夷。因此，巫术实质指向人的主体自我意识。由于人的主体自我意识构成生产、战争等活动的必要条件，因而巫术具有强烈的实用功能性质。①

巫术对实际生活现象超越性意义（“鸡啼是神受祭”）的解释，需要依赖复杂的巫术手段系统。行施巫术不仅涉及自然与人极为广博的“知识”，而且需要熟习利用形形色色的自然物（山、树、马、动物）与法器（“牺牲之物”、“彝器之量”等），要熟习巫术仪式与占卜类的规律性符号，并擅长饮酒用药及乐舞类刺激精神的活动。巫术如此庞杂的技术体系，特别是符号（原始文字）体系，必须有一个脱离直接生产的巫师阶层专门致力于此才能掌握并且流传、保存下去。巫师从而成为人类知识分子的始祖原型。由于巫术作为人与超越性神界对话交流的技术与强化自我意识的手段，主要属于后来的人文学科，因此，巫师特别是人文知识分子的原型。这同时表明，知识分子的源初形态及其性质主要是人文性的。

---

① 参阅文化人类学功能主义学派马林诺夫斯基（B. Malinowski）：《巫术、科学、宗教与神话》，李安宅编译，中国民间文艺出版社 1986 年版。

巫术与文明时代人文学科的关系，集中体现于哲学、宗教、艺术与伦理等学科的渊源衍生。

巫术超越特定实用技术知识、设定形上界，在其迷狂性消失后，便产生了"超科学"(Metaphsica)即"形而上学"，[①]它构成为哲学(Philosophia)的本体论部分。《周易》，特别是其中占筮部分，与其后历代的阐释，构成为中国古代哲学形而上学部分。

巫术先于宗教。[②] 尽管巫术与宗教都与神界交往，但由于巫术属于实践功用性目的，是实用技术想象中的延伸，因而属于人的手段。在宗教中，神界不仅进一步实在化、人格化，而且排除了人的实用目的而自身即成为目的。巫术的仪式、想象凝固为宗教的组织与教律。宗教强化、巩固了形而上超越界，并以之为本体确定了人对这一超越界的信仰关系。但是，文明时代的宗教不再以信仰取代自然因果律的科学而越来越立足于伦理。在科学昌明时代若仍以巫术心态用超自然信仰干预科学技术领域，即为迷信。迷信不是古代人的行为，而是将巫术运用于科学的现代人行为。

巫师履行仪式、运用法器、投入想象与激情的操演，使人类源自运用劳动工具的原始形式感获得了进一步的组织、稳固、定型与提升。无论是法器上镌刻的摹仿再现的兽纹，还是秩序井然的舞蹈仪式，在巫术衰落以后都成为意味不同的形式化活动，这就是艺术的起源。

巫术对人的身心强有力的震慑与控制，以及人在参与巫术时对禁忌规范的高度自律遵循，在此后除转化为宗教外，逐渐演化为更为普遍的伦理规范。与上述转化对应，哲学家、教士、艺术家、伦理教化者曾长期是构成人文知识分子的骨干。

巫术文化解体后，原先经由秘密仪式或种姓渠道传递的文化技能逐渐转变并下移、扩大为公开的教育内容，种姓或巫师团体亦随着学校与教育的产生而不断扩大并逐渐形成为知识阶层。[③]

**2. 现代社会的两类知识分子**

从巫术文化解体到现代社会诞生的漫长历史过程中，巫师演变为种种角色，但除过宗教团体的教士阶层外，中古文化人并无独立的社会阶层意义，而是依附于宫廷、贵族的弄臣、俳优、艺术家(画匠琴师)、文书、技师。第四章关于大学的

---

① "形而上学"在汉语中有两义：源于与"形而下者谓之器"对应的"形而上者谓之道"，特指一般意义上的哲学；另外，在近现代哲学中与辩证法相反的机械僵化的思维方式，亦称为形而上学。现代汉语已恢复了前一个含义，此处亦指道论之形而上学。

② 参阅弗雷泽(J. G. Frazer)：《金枝》上卷，第4章有关实证资料及逻辑论证，中国民间文艺出版社1987年版。

③ 参阅尤西林：《巫：知识分子的起源与衍化》，济南：《文史哲》，1996(4)。

起源一节已经介绍过近代城市、行会与大学的出现对于现代知识分子的基础意义。城市、行会和大学出现与发展的基础是前述“市民社会”。正是市民社会工商活动的需要，对法律、财会、医学以及各类专业工程技术人员的需要，构成了近现代意义的教育市场。甚至艺术品及其艺术家，也只是在交流订售的美术馆出现后，才获得独立。与此同时，才逐渐从沙龙扩展产生出普遍的阅读阶层与交流性的读书会，以及与之相应的社会化的印刷出版和文化知识的传播形态。上述社会条件和制度化背景，既是现代意义的公共领域产生形成的基础，①同时又是现代知识分子阶层诞生的基础。②

现代知识分子数百年来已经成为现代社会的领导力量。大学为科研、生产、商贸、管理、外交、国务输送了一代又一代的社会中坚与领导。现代知识分子已经成为以科技工商为轴心的民族国家最重要的功能性构成部分。同时，与科技主义成为社会统治观念相同，科技知识分子也支配了现代知识分子观念。拥有知识的多寡（“大学毕业”）以及脑力劳动与体力劳动的区别成为定义知识分子最流行的尺度。

然而，现代科技发展的趋势却是脑体分工差别的缩小。特别是由于自动化与电脑的结合，一方面使体力劳动中肌肉生理运动空前减少，相关地，神经联系的脑力劳动运动因素却大为增加；另一方面又使脑力劳动将相当一部分内容（如计算）转移给人工智能，而后者又成为传统体力劳动者可以方便操纵的工具。从现代科技的专业化加深趋势与相应的社会协作空前发展来看，它与整个现代社会的总体系统及结构对个性的支配规定的特征相一致，也使作为脑力劳动的传统特性的个体性无法立足。这样，脑体分工对于现代社会的多数机构成员来说已失去了明确的意义。由此产生的科技专家已不是传统的知识分子，就其划一的结构性执行角色而言，现代技术专家、国家行政官员（公务员）与控制台前的工人有着更多的一致性，大家都成了国家或公司的职能人员（职员）。集中体现上述趋势的一个象征是人工智能对人的挑战。然而，人工智能哲学的研究成果表明：人工智能进逼并取代的正是现代科技知识分子的技能性知识，不能取代的却是直觉、智慧，它尤其不能进入终极价值意义判断的领域。③ 显然，人工智能在挑战科技知识分子的同时留下了人文科学及人文知识分子的位置。

如第一章所述，恰恰是科技主义无力把握的终极价值意义的空场，导致唯科学主义在现代化进程中同时陷入了自身的危机与现代化的危机。这一危机不仅

---

① 参阅哈贝马斯：《公共领域的结构转型》，学林出版社 1999 年版。

② 参阅［美］刘易斯·科塞（L. Coser）：《理念人》，中央编译出版社 2001 年版。

③ 参阅［英］玛格丽特·博登（M. Ann Boden）主编：《人工智能哲学》，上海译文出版社 2001 年版。在本书看来，围绕“计算机能否取代人”而形成的两派观点，乐观派心目中的“人”是指自然—社会科学家及其科学技术，而怀疑派心目中的“人”则是指人文科学者及其人文学科。

是现代人文科学兴起的契机，也是现代人文知识分子观念兴起的重要时代背景。它同时是知识分子观念现代性定位的背景。

国际学术界一般公认“知识分子”一词有两个来源或社会原型：

（1）以左拉为代表的“德雷福斯案件”反对派。1894 年，一位法国军官德雷福斯（Alfred Dreyfus）因其犹太血统被歧视而错判徒刑。法国军方及政府在明知错判后，为维护军队尊严而拒不纠正。1898 年，著名作家左拉对此案发表公开批评文章《我控诉》而被审判，继后，一批著名的作家与科学家联合签名抗议。经过数年斗争，德雷福斯案终被平反。左拉及其德雷福斯冤案反对派此后被称作“知识分子”（Intellectual）。左拉等人挺身而出为德雷福斯辩护，具有极为抽象的理念性动机，即针对当时法兰西第三共和国的民权合法性危机而捍卫法国大革命所建立的人权与自由公正的现代原则。如科塞在其名著《理念人》中所写的，“那些致力于保护阿尔弗里德·德雷福斯并申诉他无罪的知识分子，很大程度上并不是为一种狭隘的政治动机所驱使。正如废奴主义者一样，他们屈尊涉足政治舞台，是为了捍卫一套原则，而不是为了猎取私利和政治权力。这是一种良心政治。他们以人类普遍观念和共同理想的名义反对当权者。‘德雷福斯案件’所以成为现代知识分子史的一个分水岭，就在于这个事件的过程中体现着对政治权力、社会秩序和民族国家的两种泾渭分明的态度。‘知识分子’一词现今的涵义，无论褒贬，都来自‘德雷福斯事件’”。[①]

（2）19 世纪末叶俄国反抗沙俄农奴制的精神群体。《大英百科全书》因而将“知识阶层”（Intelligentsia）作为一个历史性的专有名词特指这一俄国精神群体。俄国著名思想家别尔嘉耶夫强调，俄国“知识分子”并不以从事脑力劳动或有知识为必要条件，“俄国的知识分子是一种思想体系上的而非职业和经济上的群体”。“知识分子总是迷恋于某些思想，主要是社会思想，并无私地献身于这些思想。他们能够完全为思想而活”。[②]

以上述 19 世纪末叶法、俄原型为典范的现代知识分子，已不是指科技专家型知识分子。

**3. 阐释并守护意义的人**

有一点不可忽略：左拉等人不是政治反对派，而是自由平等理念的守护者。他们不是当时法国“国家”内部的某一派势力代表，而是作为“国家”合法性根据与价值规范尺度的“社会”（天下）代表。因而，知识分子关心的不仅是德雷福斯个人的遭遇，而更重要的是这一个人遭遇所包含的普遍“意义”（Significance）。

---

① 科塞：《理念人》，第 237 页。引文据原文（modern）将中译文“近代知识分子史”改为“现代知识分子史”。

② Н. А. Бердяев，*Истоки и смысл русского коммунизма*，Москв а，1990，Стр. 17—18。

第二章关于“涵义”与“意义”的详细对比中已经提到,人世间全部活动都有其特定的“涵义”内容,这些涵义内容可从人对自然的关系与人对人的关系的不同方面由自然科学与社会科学来研究;而这些涵义内容对于这些从事活动的主体究竟有何价值意义,则须由人文科学阐释。因而,人文知识分子就是阐释并守护意义的人。

但是,人的生存意义不同于科学分工的专业性知识,它属于人类各行各业每一个人所赖以安身立命的精神根基,每个人都强弱不等地具有人文自我意识。每个人对自己所从事的活动在意识深处都有着最起码的意义阐释。从文化人类学角度看,如前所述,人类的自我意识及意义阐释最初仅是少数巫师的活动,后来又曾长期为教士阶层所专有。只是随着近现代文明的到来,人类社会成员才开始普遍地获得独立的自我意识,并对自己及相关世界的意义进行阐释。现代性时代所带来的问题是:现代个体对人文意义的阐释虽然还保持着传统的某些共同规范,但已趋向于分散化与多元化;又由于现代公共领域与私人领域的分化,人文意义的最高形态——终极信仰已不再是公共讨论的话题。

这是前边我们已屡次提到的自由主义与后现代主义所强调的现代性格局:人文意义的阐释不是少数人的专职而归还于每一个体。诚然,这不仅是现代性的逻辑结论,也是历史趋势。然而,这一格局被僵化而且夸张了。现代化—现代性的历史事实是:现代个体远没有成熟到毋需普遍人文价值坐标自渡自救的地步;从逻辑上讲,个体的人文意义阐释与信念虽然是个体自主的行为,但人文意义的个性与社会普遍性并非对立的方面,而恰恰需要社会交往。

人文科学与社会科学相结合对现代社会的一个研究结论是,恰恰是对公共精神消极淡漠的原子式现代个体,在一定程度上成为现代社会无形控制的对象。空前包围并渗透个体生活的消费产品与大众传媒,使现代个体日趋依赖并信托于技术工具理性与大众消费文化。现代大众消费文化的一个重要性质是无个性的盲从时髦。亿万大众对诸类明星的狂热追随,从一个角度深刻地显示出了20世纪法西斯极权主义暴民拥戴领袖的社会心理基础。[①]

因此,现代公共领域的人文意义阐释不仅是重大的、必要的,而且需要守护。

**4. 人文知识分子的社会属性**

从社会身份地位或政治经济状况来看,人文知识分子并不构成特定的阶级或阶层。即使是从事传统人文学科、有着大体一致职业的人文知识分子,他们虽然同其他社会阶层一样有着自身现实的政治经济利益(因而会有作家协会、出版家协会、教师工会等行会类组织),但作为人文知识分子,他们所阐释并守护的人文意义并不基于自身阶层的特殊利益而属于全人类。这就是从身兼神使与

① 参前引注阿伦特、赖希著作,以及著名的法兰克福社会批判理论的大量分析。

人类代言人双重使命的巫师开始的大公无私与自我牺牲的传统,[①]也是从中国古代"以天下为己任"、"无恒产而有恒心"、"志于道"的"士",[②]到以"社会良心"自居的现代知识分子一以贯之的特征。

与基于使用价值或交换价值的其他社会分工角色不同,人文知识分子所阐释的终极人文意义不具有使用或交换价值,或者说,由于人文意义的本体价值地位,它是不可交换的。这使人文知识分子似乎飘逸于现实社会系统之外或边缘。因而,人文知识分子并非作为社会科学依据政治经济地位等状况编类统计的"知识阶级"或"知识阶层"。人文知识分子不是一种社会专业或职业。

那么,什么人是人文知识分子?

尽管从逻辑上讲,每一个现代人都具有人文意识。但是,只有将这种人文意识公之于众,即作为社会化的普遍言说话语,才具有人文知识分子的公共交往性质。康德把脱离蒙昧的现代人定位于自主运用理性。但运用理性却有"私下运用"与"公开运用"之别:"必须永远有公开运用自己理性的自由,并且唯有它才能带来人类的启蒙。……而我所理解的对自己理性的公开运用,则是任何人作为学者在全部听众面前所能做的那种运用。一个人在其所受任的一定公职岗位或者职务上所能运用的自己的理性,我就称之为私下运用。"[③]康德饶有深意地将专业职业(哪怕是公共性专业)与"私下运用"关联而与人文知识分子("任何人"都可以是的"学者")的"公开运用"区别开来。它意味着,一个政府官员虽则天然地与公共事务关联,但若仅仅作为个人谋生的职业而例行公事,则只是"私下运用理性";只有当他超越这一外在的社会分工,而以内在社会使命感面对公众时,才成为"公开运用理性"的人文知识分子。康德这一区分同时还包含着现代人文知识分子的一个关键特性:人文知识分子依据人文理性(而不是神性)关怀公共精神,但不拥有任何身份资格或特权背景;精神(意义)观念与权力的政教分离,是人文知识分子区别于教主权威首要的现代性背景与标志。人文知识分子是平等的对话者,而不是君临大众的教主。

人文意识还必须突破个人生活的自发性与附带性而集中为主题,对意义的阐释才超出私人意识而成为人文知识分子的社会性活动。这要求相应的文化符号系统及其教育、学术、传播的载体。因而,教育、艺术、伦理、哲学、语言与历史等人文学科领域的活动者拥有与人文知识分子活动一致的专业(乃至职业)联系的条件。但是,所有怀有强烈的人生自我意识并远超出一己命运思考、将之推

---

① 参阅尤西林:《阐释并守护世界意义的人:人文知识分子的起源与使命》,河南人民出版社 1996 年版,第 106—109 页。

② 参阅余英时:《士与中国文化》,上海人民出版社 1987 年版。

③ 康德:《答复这个问题:"什么是启蒙运动?"》,《历史理性批判文集》,商务印书馆 1991 年版,第 24—25 页。

广为人类普遍问题者，即使是非人文学科专业的人（例如物理学家爱因斯坦），甚而是民间智者，就其人文性的社会影响而言，也同样属于人文知识分子。相反，马克斯·韦伯所说的“无灵魂的专门家”，[1]虽然其中有以传统人文学科（如语言学或历史学）为业者，但当他无视对象包含的人文意义，而以物理学类实证科学为典范建立专业旨趣时，就不在人文知识分子之列。同样的专业，例如语言文字训诂，在黄宗羲、顾炎武与王夫之那里，是基于复兴民族文化的社会责任，而其后避席畏闻文字狱的乾嘉学者，其中一部分人却只是以之作为逃避社会人生的谋食之道，他们的工作便至多在技术意义上属于人文学科。相反，物理学家爱因斯坦一方面为原子能提供了科学涵义原理，但当他反省原子弹的社会后果并以人文意义规范原子能的应用时，他就是一个典型的人文知识分子。[2] 同样，物理学家杨振宁在其学科深层前沿的研究中感受到超越学科畛域的意义境界，并以《物理学与美》为讲题总结自己思路的最高境界时，他所讲的就是人文知识分子的话语。

人文知识分子的上述超专业性活动，从民族国家立场看，是对现代化专业分工趋势下社会整合功能的重要承担。因而，人文知识分子又被称作区别于专业分类的“有机（整合）知识分子”。

因此，与其说人文知识分子是基于人文学科专业的外在固定类聚的社会阶层，毋宁说是基于人文精神立场、态度和倾向的精神群体。应当说，这是包括狭义的社会学分类的知识分子在内的各行各业现代人最为崇高的精神团契。尽管这一精神团契完全是无形的。

---

① 马克斯·韦伯：《新教伦理与资本主义精神》，三联书店 1987 年版，第 143 页。

② 这是爱因斯坦一贯的态度：“关心人的本身，应当始终成为一切技术上奋斗的主要目标；关心怎样组织人的劳动和产品分配这样一些尚未解决的重大问题，用以保证我们科学思想的成果会造福于人类，而不致成为祸害。”见《爱因斯坦文集》第 3 卷，商务印书馆 1979 年版，第 73 页。

# 第六章

# 人文自然观

## 第一节　人文观与自然观

### 一、自然观在人文科学中的地位

自然观在人文科学中占据着基础的地位。

人文科学是关于主体性的人的研究。然而,如第二章关于人性论部分所分析过的,人性、人的主体性是以劳动这一人类学本体为原型基础的概念;而劳动,则是人类为维持生存而加工自然的方式,或者说,是人与自然之间进行物质变换的形态。

劳动,无论其现代形态发生何种演变,也无论在现代社会分工系统中各个人的劳动形式有多大的差异,但从人类社会整体来看,每个人均间接或直接地依赖着劳动始终不变的人类学性质,亦即为着维持哪怕是最低限度的生命新陈代谢而与自然变换物质的活动。因此马克思称劳动"是为了人类的需要而占有自然物,是人与自然之间的物质变换的一般条件,是人类生活的永恒的自然条件,因此,它不以人类生活的任何形式为转移,倒不如说,它是人类生活的一切社会形式所共有的。因此,我们不必来叙述一个劳动者与其他劳动者的关系。一边是人及其劳动,另一边是自然及其物质,这就够了。"①尽管在劳动系统中统一地存在着人对自然物的直接加工、人与他人的社会协作,以及人对自身上述活动的自我意识这三大类关系,但无论是从劳动的整体性质或是从劳动的开端而言,劳动都首先是人对自然的关系。只有以人对自然的关系为基础,才会有社会科学类的人际关系以及人文科学类的人对主体自身关系的发展。

一个时代的自然观,就是该时代特定生产方式下所形成的人们看待自然的态度与观念。因此,自然观不能理解为关于自然的纯粹认识。制约与限定这种认识的是特定历史条件下人们与自然所结成的物质变换关系亦即劳动形态,其中更重要的是人如何看待或理解自然对于人的价值意义。自然观是劳动自觉意

---

① 马克思:《资本论》第1卷,人民出版社1975年版,第208—209页。

识重要的组成部分。人以柔和的或粗暴的态度劳作于自然,这不仅是特定时代劳动方式的区别,而且必然包含着不同自然观念的制约或鼓动。由于一个时代所采取的劳动方式同时塑造着这一时代的人性及其主体特征,因而,特定时代人对自然的态度或自然观,成为该时代人文主体性最直观的标志。可以说,人以怎样的态度对待自然,人就以怎样的方式劳动生存,从而也就呈现为相应的人性特征。自然观深层地制约并规定着社会观与自我观。人文科学关于主体性人的全部研究,都必须以自然观为基础展开:自然观不仅是人文科学反思的起点,而且是人文科学现代性批判的最后落脚点。马克思将人文科学与自然科学的统一看作未来学科的最高形态,海德格尔将对最高意义的"存在"(Sein)的追求最终落实为新型的"物"(Ding)的观念,一种把"物"不再作为人所占有的死材料,而是视作"天地人神"四元和谐共处以实现"存在"意义的"场所"……这些现代性批判的代表性思想,都指向了自然(物)观的改变这一基点。

## 二、自然观与人文自然观

自然观拥有宗教、文化与意识形态的后盾。自然观是一套复杂的文化含义系统,因此我们应该依据第二章所介绍过的涵义与意义两大层面分梳开来。对于现代自然观来说,这尤为必要。

劳动的生存性,自发地要求为自己提供技术性的论证与支持的自然观,而不是反思与批判性的自然观。如第一章所分析过的,作为现代主义意识形态的唯科学主义,把现代生产方式所包含的认知模式与价值观扩张为现代生活的主流范型。这一范型的核心正是现代自然观念,即作为人的征服对象与无尽利用开发资源的自然。这也就是现代自然观的主要涵义。

现代人文自然观,作为现代人文科学的一部分,则是后起的,它是在现代自然观所导致的自然生态危机发生之后的反思与批判。

人文自然观是在对自然观涵义的意义反思与批判中所建立起来的新型自然观,它对于既有的自然观具有取代的性质。尽管这一取代从观念变成现实往往需要漫长的历史过程,它有待于生产方式、社会形态等基础条件的整体性转变。从而,更为常见的情况是,人文自然观一般总是作为脱离现实生活"常识"涵义的"浪漫主义"自然观出现,例如,英国18世纪的"湖畔派"诗社、美国19世纪自觉以瓦尔登湖畔的朴素生活方式挑战现代消费主义的梭罗(H. D. Thoreau);并且在相当长时期中不被主流社会所接受,而寄托于文化思潮与小型的民间团体活动的内容中。例如,作为现代人文自然观代表的生态学(Ecology),其思想观念早在18世纪已经开端,但直至1866年才获得学科命名,并延至20世纪60年代后期才真正发生社会影响,而直至20世纪末,这一新型人文自然观才实质性地转变为政府的决策原则。在这二百多年期间,生态自然观曾经依托殖民保留地的土著民族的前现代传统、浪漫派艺术家、卓尔不群的少数文化人士、分散的宗教团体等等社会边缘形态而存在，几乎无关大局。20 世纪 60 年代末，《增长的极限》报告书的问世，[①]标志着当时人类全球性生态危机的显性化，只是在实质性危及民族国家为单元的全球现代化形势下，人文自然观的生态意识才开始真正改变现代化传统自然观及其劳动方式。

# 第二节　人文自然观的历史演化

## 一、古代自然观与人文自然观

### 1. 自然神崇拜与人性抗争

远古原始初民从自然母体中初步分离出来，他们以极为简陋的劳动工具面对混茫神秘的原始大自然，凶险艰难的生存环境使原始人类处于被自然重新吞并的边缘。正是这种人在自然界面前的脆弱地位，使原始人对自然畏惧而又充满神秘与崇拜的感觉。原始人并没有分化出种种独立的对象意识，周围环境作为异己的整体对象，是原始人无法控制，反而必须依附的对象。这就是种种自然神崇拜——从树精、石精、河神、山神到天神的原始图腾。

巫术文化背景使原始人的自然神崇拜具有利用自然威力——但不是近代科学技术性的实际利用，而是在精神上利用——的性质，如挟仗风势雷电的震撼力激发勇气去狩猎、作战，等等。这其中已经包含了人性主体性的萌芽。但在这种原始人与自然的关系状况中，真正的人性乃是从自然神庇荫、护祐下解放出来的意识。这种从自然神崇拜观中分离出来的人性意识，在更晚近阶段典型地表现为反抗自然神的英雄意识。中国古代神话中后羿射日、女娲补天、夸父逐日、精卫填海等英雄传说，便代表着这种人与自然神抗争的新型自然观。古希腊神话中为人间盗火而遭天神宙斯折磨的普罗米修斯，其自觉抗争自然命运、不屈不挠的英雄形象，实际上成为西方文化史上最早的人性形象的代表之一。

因此，作为自然神崇拜的自然观对立面的古代人文自然观，视自然为暴君而与之抗争，以解放人性。

### 2. 和谐共处的农牧自然观

农牧业，特别是农业社会，是迄今人类历史上最为悠久的传统社会形态。在

---

① ［美］梅多斯（D. H. Meadows）等：《增长的极限》，商务印书馆 1984 年版。此书是罗马俱乐部集合国际学术界关于人类境况的第一个研究报告（1968）。尽管报告结论不无争议，但它针对现代化的核心即经济增长所做的根本性批判，所造成的思想震动远超出了具体结论，并成为环境经济学、未来学等兴起的里程碑，同时也深远地影响了后现代主义思潮。

漫长的人与自然的对抗与磨合中，人逐渐适应并掌握了自然的天时地利诸种条件，积累、定型为一整套适应自然规律的农牧业劳动生产与生活方式。除过天灾（旱、涝、地震、火山、洪水）与人祸（战乱）外，农业社会也是迄今人类历史上最为安定平稳的社会形态。

农牧业社会的自然观念，一方面部分地保留了上古自然神崇拜时代对自然的敬畏一面，例如农牧业诸种禁忌礼仪或节日，农业的休耕封山、牧业的迁徙、渔业的淡节晒网，不仅是劳动主体自身的休息，也是人对自然劳作的歇息节奏，而且意味着让自然也调整生息，它包含着人与自然明确的相互体谅与照顾的意识。农牧渔业劳作有节制限度，决不可恣意无度地滥采开发。对于传统的农牧地区来说，“开发”是一个陌生而危险的字眼，生产与活动的范围领域是祖辈流传下来的，它们是积淀着千百年经验教训的生活传统的实体组成部分。只有近代殖民与资本主义精神背景下的美洲才有从淘金到圈牧场的种种“开发”。因此，在传统农牧民意识的深处，仍然保留着远古时代对自然的潜在敬畏。

另一方面，农牧业社会的人类又是空前自由与自在的主体，而非远古匍匐于自然威力脚下的原始人类。因而，在农牧业社会的劳动与生活形态中，人类与自然达到了空前的和谐统一。在集中体现这种和谐统一的劳动方式中，人以自然肢体和自然延伸的手工工具，对自然形态的生产资料（土地、雨水、植物、动物、河川）进行自然形态的劳作：无论是种植、放牧、捕捞，都并不改变自然物的自然形态。因而，这种劳动，具有依循自然物的自然本性而使之成长或变化的照护性质，而不具有后来现代生产人工强力制造的特征。农牧业劳动没有“制造”出任何超自然的产品，其劳动产品都是自然物。这一社会传统中的生活消费，衣食住行都基本是自然形态的（例如没有如现代人那样飞上天空），因而活动影响及其排泄物与自然的物质变换是自然系统自身的变换，而没有发生现代人将自然界从未有的 DDT 或氟里昂排泄进自然系统那样的事。

因此，农牧业社会形态与自然的和谐关系，是对人类与自然双方各自存在的共同肯定。在这一社会形态的自然观中，严格讲自然并不是作为与主体性人类对置的对象，而是人无法与之剥离的生存环境或栖息家园，自然构成人文不可分离的一部分。

从而，农牧业社会的自然观，同时就是人文自然观：在这一传统社会中，生存劳动性的自然观与肯定人性意义的人文自然观也具有和谐统一的性质。

由于农牧业社会是与现代社会直接关联的传统社会形态，更由于这一社会形态所具有的上述和谐特性在今日的重要参照坐标意义——在现代性批判与后现代思潮中，例如在海德格尔所奠定的后现代哲学思维那里，对现代化与现代性的反省批判，其抽象的哲学思辨所依托指向的社会存在形态的原型，实质正是农牧业社会——因而，在现代性批判与对未来社会的建设性构思中，农牧业社会具有极为重要的思想观念、模式的意义。

## 二、现代自然观与生态危机

### 1. 现代自然观

现代社会生产方式起源于工场制造。工场制造不仅在量上，而且在质上改变了手工加工业。后者在农牧渔业社会是对自然材料有限度的加工改造，而且手及其手工工具对自然材料的加工，尽可能地保留着自然材料的自然质地与性能，手工艺因而与园艺类自然护理具有相通的性质。工场及其后来机器化的工厂，则是纯粹的制造，即用人工的方式创造出与自然物品迥异的工业产品。现代工业将自然界确定为原材料，通过不断扩大的制造活动，按照人类享受利用的单一方向，将自然物从外部形状到内部结构源源不尽地改变为全新的人工形态。因而，现代工业化生产方式具有与人类传统行为方式断裂的性质。

现代制造活动由于获得了近现代科学技术的支持，使其无论在速度、空间规模、力度或深入程度上，都无可比拟地空前地改造了原始自然界。只有在现代科学技术的水平上，才使17世纪以来的工业化将自然人化的速度空前加快，并且越来越快，乃至在20世纪末叶人类已经可以如握掌中般指地球为村落（“地球村”）。18世纪启蒙哲学意义的“人化自然”概念，在当代已成为最大的实体对象。

在“人化自然”历史进程的现代化阶段，人类通过卓有成效地改造自然，使之向着符合人类需要的方向生成，正是在这一过程中同时塑造、形成了现代性人性观念与自然观念：

（1）现代性的人性观念，是以“人工”为基础而与“自然”相区别，甚至相对立的观念。人，不仅脱离于自然界，而且视自然为原始、蛮荒，乃至引申为无教养、未经驯化，从而，人性是远离并超越自然状态的自由。从启蒙主义开始，人性的自由就与自然的必然成为对立的范畴，并随之形成了系列性的对比。

（2）人是能动的主体，而自然是被动的客体。在经典物理学的观念影响下，自然甚至被视为需要自然之外的上帝“第一推动”之后才能运动的惰性物体。即使在人文浪漫主义与生物学支持下恢复了自然的生命特性，感性的自然生命仍然处于比理性的人性低一等的昏暝无意识状态中。康德将整个宇宙自然的“意义”系于人性，甚至视整个宇宙自然的运动是“自然向人的生成”。

（3）由于人自身也来自自然，并且始终具有自然性，因而，这种人性高于自然的价值等级也移用于人性自身。不仅与自然生理联系密切的快感、感性低于远离自然本能性的理性与精神，而且人性自身的“恶”欲也归咎于自然性。启蒙运动所塑造的理性人性理想观念虽然不断地受到各种人文主义思想的冲击与修补，但迄至今日，理性仍是现代人性观的基石与最被认同的人性观念。

（4）人性比自然高贵，因而，伦理善不适用于自然。自然是供人发展自身所使用的材料。近代以来的人类劳动与生活,就是日甚一日地利用、榨取自然的历史。马克思强调了这一历史的资本主义制度背景。他说,资本占有的贪欲“剥夺了整个世界——人类世界和自然界——本身的价值。……在私有财产和钱的统治下形成的自然观,是对自然界的真正的蔑视和实际的贬低”。① 数百年资本主义工业现代化历史竟至使人类误以为这种生产与生活方式在人类历史上从来如此,而且会永远如此。经济增长成为理所当然的规律,自然界被想象为无穷尽的原材料库,同时又被想象为收容人类垃圾排泄物的无底洞。直至20世纪60年代末,以《增长的极限》当头棒喝为标志,这种现代自然观才开始幻灭并重大改变。

**2. 现代人文自然观与生态学时代**

现代人文自然观与现代科技主流自然观处于完全对立的位置。就一个时代的人文自然观意义与本时代现实生活自然观态度的关系而言,现代人文自然观与现代自然观的冲突对立性,是人类历史上空前(亦可能绝后)的历史现象。

现代自然观及现代化进程中自然状况的变迁,在人文主义自然观眼中不仅丑陋,而且犹如恶魔一样邪恶。在现代主义自然观看来,机器轰鸣、烟囱林立,象征着文明生机与发展进步,但在人文自然观看来,矿渣、废气、污水、浓烟、机器轰鸣却构成了对美丽清新的自然环境最为丑恶的污染破坏,而那些日益包围并充塞现代人日常生活的机器制造品,不仅是无个性特色的标准件,而且是失去自然生机的虚假代用品。②

从18世纪开始,浪漫主义不仅作为文艺思潮与流派,而且作为普遍性的哲学思想、社会思想,乃至日常生活风格持续有力地对抗着科技主流自然观。人文自然观不仅醉心于林泉湖畔,以现代性批判背景而对自然风景空前敏感与讴歌,而且针对人工技术恢复并高扬了有机体生命的高等地位。与外部自然环境相对应,现代人文观维护并标举人自身的自然性在人性中的地位。从感性到性欲,不再是耻于文明教化的自然本能,而成为健康完整的人性观念不可缺损的有机组成部分。而与感性关联的直觉,甚至在认识论与本体论方面是理性逻辑无法企及的最高能力。

现代人文思想所建构的自然观,特别深化了以下两个重要思想,这也是生态思想史迄今最重要的结论:③

(1) 自然的生态多样性与现代多元主义社会观的内在关联。自然界不可穷

---

① 《马克思恩格斯全集》第1卷,人民出版社1956年版,第448—449页。

② 这是现代人文主义批评的一个重要观点。特别是现代塑料仿制品普遍取代传统手工木器、竹器、藤器之后,甚至出现了可以飞腾的塑料和平鸽玩具,人的直接生存环境已彻底人工化而与自然隔绝。

③ 参阅[美]唐纳德·沃斯特(D. Worster):《自然的经济体系:生态思想史》,商务印书馆1999年版,第17章。

尽的多样生态，根本拒绝任何有限的、人为设计的与既定的自然观念模式。人类不能够以某一模式的优越性为根据偏爱，乃至人为地发展某种自然形态，而必须将生态多样性(不可单一性)作为一项不可逾越的绝对原则。这一原则与现代民主社会的多元化原则内在对应相关，从而表明了人文自然观的现代性。

生态多样性不仅是外部自然环境的本性，而且也是人自身的本性。因而生态自然观也极大地影响、塑造了现代人性观念。人自身的生理与心理、身与心，以及更为复杂的人性构成因素：情感、意志、理性、感性等等，也应当遵循生态多样性的平衡原则，才是健全的人性。从而，作为"小宇宙"的人自身也有其精神生态学与人体生态学。

(2) 由于自然界是过去亿万年演化的结果，相形之下，数百年历史的现代化及现代人类所拥有的能力与经验根本无法与之相比。真正的智慧应是从理性技术的冒险设计回返传统经验，尊重历史传统所积淀、包含的经验教训，向自然学习、向历史传统学习。

> 不管我们是否选择向过去学习，过去却是我们现实中最值得信赖的导师。我们再也不会把自然界定位成某种通过完全公正的科学研究可变得易于理解的永恒完善状态，也不会有新发现和权威性典籍加以依靠。只有通过认识经常变化的过去——人类与自然总是一个统一整体的过去——我们才能在并不完善的人类理性帮助下，发现哪些是我们认为有价值的，而哪些又是我们该防备的。①

这就是关于几百年生态思想史的结语文字。高歌猛进的现代人一下子似乎退回到无所作为的谦卑位置。万能而至尊的理性似乎让位给保守的经验主义。科学及技术不再承诺对自然的永恒认识与一揽子设计。但理性及其科技在决心放弃僭越造物主的野心后，才真正恢复到了清醒明智的状态：有限的人类什么是可以做的，什么是不可以做的。

1970 年 4 月 22 日作为第一个"地球日"，揭开了现代生态学时代的序幕。1972 年，不同国家、不同宗教信仰、政府与非政府的环境保护主义者齐集斯德哥尔摩举行联合国人类环境会议，标志着自然生态问题已真正成为全人类共识的普遍性问题。1992 年，世界各国政府首脑聚会发布《里约热内卢宣言》、《21 世纪行动纲领》与《地球宪章》等最高规格的文件，表明作为现代化主体的民族国家终于开始认真改变现代科技自然观。

但这并不意味着人文自然生态观已成为现代社会主流的自然观。所谓"可

① 唐纳德·沃斯特：《自然的经济体系：生态思想史》，商务印书馆 1999 年版，第 499 页。

持续发展”,即为了人类的长远利益(如子孙后代)而调整现代化与自然的关系,不根本改变自然观念,而单凭发展新的科学技术改善生态破坏,是否可能根本解决现代化与自然的恶性矛盾?

从生态学思想自身来说,恰恰是在生态学及其意识空前普及人类社会的当代,生态学理论及其实践却空前严重地暴露了其内部的混乱。“它陷入了各分支领域的嘈杂纷争中,……他们永远难以确定一个受到破坏的环境或健康正常的环境究竟是什么样子。因此,生态学无法为困惑不解的广大公众提供自然中任何明确的令人信服的标准。”①

## 第三节 生态伦理学的困境与新人文主义

同作为自然科学、社会科学与人文科学集合体的生态学相比,生态伦理学代表着现代人文—自然观最根本的理论立场。生态伦理学一方面丰富与发展了人文科学,同时又对人文科学与人文主义提出了新的挑战。人文科学在回应这一挑战并思考生态伦理学的困境问题的过程中不仅发展了人文自然观,而且深化了人文科学的现代性。

### 一、生态伦理学对人类中心主义的挑战

作为现代科技工业自然观的对立面,生态伦理学天然地倾向于援引前现代农牧社会的和谐自然观乃至古代自然神崇拜观。例如,对中国古代“天人合一”观的广泛援引,已构成现代生态思想的一个论域。但如本书前边已一再强调过的,古代思想作为现代人文主义思想的资源,其前提乃是现代性批判的现实立场,而在忽略或改造古代思想的本来含义及其历史背景的同时,古代思想已经由现代性阐释而发生转化。“天人合一”(如在汉儒那里所奠基)的神权与君权相互勾结的政治思想史背景,可以消除不计,但“合一”的古代基点是个体心性修养与礼仪,其中恰恰缺少人类学意义的劳动及其社会、历史规模的人化自然的中介环节。由于古代“天人合一”观没有提出独立的人文主体性的地位问题,因而也不进入人文主体性的现代困境,也就无从为现代自然观的现实批判与改造提供现实力量。

生态伦理学乃至整个生态学的一个自发而有力的倾向,正是欲在根本上否弃现代化历史乃至人类从自然界赖以分化独立出来的人类学本体劳动,从而在根本上否弃人文主义。因而,并非偶然,现代反人文主体性与反人文主义思潮往

① 唐纳德·沃斯特:《自然的经济体系:生态思想史》,商务印书馆 1999 年版,第 396 页。

往以生态思想为有力的根据。[①]

生态伦理学明确提出了一种不仅在利益立场与认知态度上，而且在物种地位上的“人类中心主义”(Anthropocentrism)概念，[②]并与之对立地标榜一种“非人类中心主义”立场。然而，我们是否应该与是否可能在批判唯科学主义及其弊害时同时否弃科学技术？是否可能存在一种离开人文主体性的生态伦理学？一种既区别于唯人类自我中心立场又立足于现代历史的人文主体性是否可能？我们将通过对生态伦理学各派的观点、学理与逻辑的严格分析来清理上述问题，同时通过对自然美所包含的生态伦理观念的个案剖析，展示一种超越传统人本主义的新人文主义。

## 二、生态伦理学的问题与困境

由于生态伦理学将伦理原则从人际范围扩大到人与自然物的关系，从而极大地改变了传统伦理学。但由此所产生的问题是：

(1) 伦理调节固然以伦理关系双方的差异性为目标，但伦理关系之可能建立，却以伦理关系双方具有某种同质性为基础。传统伦理学在人类性同质的前提下协调与规范人类内部差异各方(个人与个人、个人与社会的行为)，而生态伦理学面对人类与自然物的异质性存在双方，其伦理关系的同质性基础是什么？

(2) 传统伦理尽管存在着伦理关系双方的不平衡而有道德施行与道德接受的区别(如成人救助儿童、贤者不计恩怨感化罪人)，但道德接受者即使处于被动状态也依然是潜在的人性主体。因此，互为主体性是传统伦理学的一块基石。互为主体性以双方均具有意识与自我意识并能交流、理解为前提。但是，迄今没有根据能肯定自然物具有意识与自我意识；至少自然物不具有与人同等水平的意识交流能力。那么，在此情况下，一种具有伦理主体性质的自然观念依然需由人去判断，这种判断依据何在？同时，人如何可能居于主导地位而又保持对自然伦理主体身份的尊敬？

(3) 作为伦理尺度的善，其消极(弱化)功用在于限制与均衡伦理关系的双方，其积极(强化)功能则在于提高伦理关系的双方。因而善是既适宜于伦理关系的双方又超出其上的中介。生态伦理学对善的这种中介性具有格外复杂的要求：一方面善必须与人具有同质性(合乎人的目的)、同时与自然也具有同质性(合乎自然的目的)，另一方面善又必须在均衡人与自然双方之外具有超越并提升人与自然的理想品质。生态伦理学是否能够指示这种善？

(4) 依照当代元伦理学，任何伦理学的善必须拥有相应的直觉经验才能确

---

① 参阅[美]戴维·埃伦费尔德(D. Ehrenfeld)：《人道主义的僭妄》，国际文化出版公司 1988 年版。

② 参阅徐嵩龄主编：《环境伦理学进展——评论与阐释》，社会科学文献出版社 1999 年版。

证。生态伦理学这种成物、成人又升华人与物的善,是否有其现实的经验基础?落实生态伦理学此种善的直觉经验至关重要:它不仅是生态伦理学的公理的前提基础,而且是生态伦理行为的实践基础。

当代生态伦理学基于对上述四个问题的回答而趋于两大立场:

第一,基于传统伦理学亦即人类伦理学的立场。其中又可进一步区分为两种类型:

(1) 基于人类整体利益的生态伦理学。

这类伦理学从功利主义传统来确定人类利益,人类利益被理解为物种之一的人类生存发展。此种立场强调人类局部、近期利益与整体、长远利益的相关性,从人类整体长远利益出发克制、改变对自然竭泽而渔的急功近利态度,以人类持续发展的尺度取代高速增长的传统社会目标。但在这一尺度下,爱护自然与保护生态在根本上是为了人类自身的利益,自然依然是供人类利用的资源材料与工具手段,而并非具有自身内在的目的、与人互为主体的伦埋对象。

然而,即使是基于人类利益,但为了整体长远的持续发展而将自然纳入人类利益的观念予以保护,这仍应视为对狭隘的人类自我中心状态的突破与超越。沿此方向,作为技术手段环节的生态保护会逐渐培养起尊重与热爱自然的新型态度及经验基础,从而反过来消解与改变人类自我中心的出发点。因此,这种基于人类利益而开展的形而下的生态保护运动,具有超出自身立场的形而上的人文教化意义。也就是说,这类生态伦理学更为根本的意义乃是其实践运动对自身传统观念的消解与转化。

但这类生态伦理学理论在生态保护实践中同时还引导着另一方面,那就是基于人类自我中心态而强化对理性(康德所说“知性”:Verstand)与科技的倚赖,即相信理性的统筹与算计(M. 海德格尔:Reddendum)付诸科技实施,便可使生态系统更为持续长远并且最少负面后果地为人所用。这实质是人类统治更大的扩张,与上述人文教化方向相比,这一方面是强力性的。然而,康德早已论证指出了,作为整体的自然并非人类有限的知性(及其科技)所能把握的对象。整体的自然及其生态系统是生物圈数十亿年演化的成果,或者借用神学语言表述:那是上帝的创造。人类自身也只是这一整体系统中的一个分支,人类有其不可超越的客观限定,他只能看到人在宇宙特定位置角度可能看到的。[①]

① 参考当代人择原理(人的宇宙学原理:Anthropic Principle)。当代人择原理系渊源于著名物理学家狄拉克(P. Dirac)的思想而于20世纪60年代提出并在21世纪受到重大关注的一种关于人类与宇宙关系的宇宙观学说。这一理论突出了人类诞生与宇宙演化特定状态的内在关联性。宇宙现在的状态,特别是靠近地球周围的一些宇宙常数之所以适宜于人类生存并能被人类直觉认识,在于人与那部分宇宙拥有共同的初始条件。这一理论既为人类的自由意识提供了宇宙论背景,同时也揭示了人类自由意识受限于宇宙演化特定条件的发生学背景。

因而，基于人类整体利益而对自然生态在更大时空中凭藉知性的科技调节甚至重塑，这种为康德所禁戒的知性僭越，即使含有保护生态的好意，也可能伏有远非人类所能预料把握的危险后果。例如截源引水以保持水土，却可能毁灭某类鱼群的产卵地；捕杀狼以保护羊，却可能使食草动物过渡繁盛而毁灭草原，以至在暴雨冲刷土壤后毁灭这一地带的全部生物……生态学已不断向人类揭示出这类新的生态联系，然而它却永远不可能达到完整与全部的揭示。康德因此从哲学上早已指出过需要以有机生命亦即内在目的的方式去看待自然，这意味着对人类自我中心统治的知性技术手段的限定，也意味着真正以伦理主体来看待自然。

（2）爱护自然是为着陶冶人性，亦即视生态伦理为传统伦理内在的组成部分。

唯物史观已揭示人对自然的生产方式与人际社会关系之间存在着相互作用。法兰克福学派的社会批判理论则进一步揭示出"戡天"与"役人"的内在关联。马尔库塞认为，技术对自然的宰制与理性对人性爱欲的压抑，属于互为因果的同一行为的两个方面，因而"解放自然"具有社会革命的意义：

> 当前发生的事情是发现（或者主要是重新发现）自然在反对剥削社会的斗争中是一个同盟者，在剥削社会中，自然受到的侵害加剧了人受到的侵害。
>
> 自然的解放乃是人的解放的手段。①

马尔库塞的学生莱斯（William Leiss）则在《自然的控制》（1972）中指出，滥用科技所造成的生态危机，根源于支配科技行为的"控制自然"的观念，而控制自然与控制人具有相互包孕的关系，控制的真正对象是人而不是自然。生态伦理从而被归结于社会伦理。

与前述第一种基于物种生存的人类观念的生态伦理学有别，在这里人性具有形上自由的意义：

> 从控制到解放的翻转或转化关涉到对人性的逐步自我理解和自我训导……控制自然的任务应当理解为把人的欲望的非理性和破坏性的方面置于控制之下。这种努力的成功将是自然的解放——即人性的解

① H. 马尔库塞：《反革命和造反》，中译本载译文集《工业社会与新左派》，商务印书馆 1982 年版，第 127 页。

放。①

生态保护根本上取决于人类自我中心立场的转变，这一方面已在本质上不同于前述人类自我中心主义的生态伦理观。但是，将生态伦理完全还原为人类伦理，也就取消了自然独立的伦理主体地位。莱斯缺乏对自然本身的关注。从而，他所主张的人性自我转变成为封闭性的主观修养，这种人性自我转变明显缺少超越性活动所必需的外在客观的参照坐标。就此而言，莱斯由于未能看到确立异在于人的自然伦理的主体同教化人欲之间的关联，而片面地将前者消解掉，割裂了二者的对立统一关系，从而恰恰又坚持了一种新型的人类自我中心立场。

第二，基于生态系统的环境整体主义（Environmental Holism）。

此种立场视有机生命与无机物为同一生态系统，强调彼此之间的依存性与可转化性，从而将整体生态系统作为人与全部自然物的同质性基础。

与之有别的另一类生态伦理学强调有机生命的同质性，其实仍可归入环境整体主义。传统自然观念本已接受无机物与有机物的联系性，而当代信息论对信息交流普遍性的揭示、系统论关于系统整体的观念、耗散结构理论关于非平衡条件下无序混沌向有序组织与生命转化的研究，以及苏俄科学家维尔纳茨基（B. H. Bepnagckuǔ）在生物地球化学循环研究中关于生命与无机物循环关系的发现，②都支持了整体生态系统的观念。但仅凭生态系统同质性尚不足以建立生态伦理学：

（1）自然生态同质性无法提供人与自然超越自身的更高尺度，而只能在自然生态水平上调节、均衡人与自然。但如果仅此而已，这实质是将人类降低到与自然物（乃至无机物）同一的原始状态。尽管生命伦理学与环境整体主义都同时还强调物种个性的多元化，但物种涵义仍是指自然自在状态的物种。此种涵义下人的“个性”与岩石或虎豹的“个性”并无重要区别。这一理论倾向忽视了人性超越自然的本质：人类今日之自觉与自然均衡，亦并非意味着返回自然同一体，而恰恰相反地是进一步超越自然人性物种中心的狭隘眼界的表现。

环境整体主义从人类中心利己主义提高到人与自然协同演进的“系统利己主义”（W. K. Frankena 语），呼吁人类无私地热爱自然，但都未超出利己主义或利他主义的功利主义的眼界。这仅仅属于平等规范的消极（弱化）意义的善。

（2）由于环境整体主义贬抑人类积极性活动在生态伦理中的枢纽地位，从而又倾向于将承担此种整体主义的意识主体归诸神或泛化于物（物活论：Hylozoismus）。整体主义极力引导人否弃人类立场而与神或万物同一，但神意或

① ［加］威廉·莱斯：《自然的控制》，重庆出版社 1993 年版，第 168 页。

② B. H. 维尔纳茨基：《活物质》，商务印书馆 1989 年版，以及 B. N. Bepnagckuǔ：*Биосфера*，1967。

万物有灵观念的实际承担者却仍然是人。这里不仅存在着拔自己的头发离地的悖论,而且潜伏有僭越神性位格的狂妄的人类中心主义:因为这种关于万物是否有灵的判断恰恰属于上帝的眼光。①

(3) 由于自然宗教与活物质的科学理性观念在现代人类中均缺乏普遍的经验基础,所以环境整体主义迄今尚未找到环保实践所必需的感性经验资源,而被人类中心主义攻击为少数人的乌托邦。

整体主义的教训表明,生态伦理学不可能离弃人类根基。然而,这并不意味着只能因循人类中心主义的传统立场。

## 三、自然美:作为生态伦理学的善

在人类对待自然的态度中,有一种普遍而悠久的经验形态,它既非自然宗教崇拜,又非人类中心主义的功利权衡,而是对自然由衷地赞美。这就是自然审美。

迄今各派生态伦理学均已注意到了自然美对于生态伦理学的积极意义,但却存在着如下缺陷:

(1) 把自然美与实用价值等量齐观,视自然美为人类游乐与怡悦的手段。由于这种观点只停留于审美价值的外层,甚至贬低、歪曲了审美价值,因而已受到广泛的批评。②

(2) 即使超越实用价值予自然美以形上的精神意义,但仍将自然美片面地纳入人类中心主义而视为人类主体性的文化形式。

(3) 缺乏哲学水平的概括,未能从美学与伦理学结合的角度揭示自然美在生态伦理学中的地位。因此,即使如 E. Hargrove, John Muir 那样一再从经验层面强调自然美对于生态伦理学的特殊重要性,甚至美国生态保护之父 A. Leopold 将生态伦理尺度概括为“完整、稳定和美丽”三原则已在事实上承认审美对于生态伦理学的本体意义(三原则中“完整”也可归于审美形式规律),但依然缺少哲学论证。

当代生态伦理学缺乏哲学本体论高度的自然美理论,这与其注重社会运动而忽略形上深层理论的实践倾向与特性有关。但从美学角度看,当代美学依据

---

① 因此,极端的反人类中心论同任何独断论的本体论一样,都具有代神立言的特征。由于任何判断实际总是人的判断,这种代神立言的僭越也就成为一种变形的极端自我中心主义。整体主义的代表 H. Rolston 断定万物平等与自然有序时,口吻酷似佛陀(参阅其《尊重生命:禅宗能帮助我们建立一门环境伦理学吗?》,中译文载《哲学译丛》1994 年第 5 期)。

② 在生态伦理学内如 B. Devall 与 G. Sessions 以“荒野体验”抵制时尚性旅游(B. Devall and G. Sessions, *Deep Ecology*, Salt lake City: Gibbs Smith, Publisher, 1985.),以及法兰克福学派对视自然美为消费对象的批判等。

对康德美学的流行阐释将自然美视为人类主体性形式，从而阻断了自然美与自然的实质性关联，使自然美自始便无法从逻辑理论上进入生态伦理学。

因此，有必要重新阐释康德的自然美理论，以便为生态伦理学提供可能的哲学基础。

康德的哥白尼式转变，是以人类主体性文化建构取代客体中心地位。这一转变在审美判断中达到了主体性极致："一个客体的表象的美学性质是纯粹主体方面的东西，这就是说，构成这种性质的是和主体而不是客体有关。"[①]物自体(Ding an sich)在认识活动中尚是感性刺激来源与知性系统化焦点(目的)，在道德中则转化为自由的客观根据，而审美对象所呈现的却只是主体的合目的性的形式，也就是说，审美对象是人文性(以主体自身为对象)的。但问题是：应如何理解人文性？

自然美从而"作为形式(仅是主体)合目的性的概念来表述"[②]，而"对于自然界里的崇高的感觉就是对于自己本身的使命的崇敬，而经由某一种暗换付予了一自然界的对象(把这对于主体里的人类观念的崇敬变换为对于客体)"[③]；甚至"自然界在这里称作崇高，只是因为它提升想象力达到表述那些场合，在那场合里心情能够使自己感觉到它的使命的自身的崇高超越了自然"。[④] 因而，康德说在自然崇高性审美中人是"自我推重"的。

康德的上述论点典型地表现着启蒙主义从神学束缚下解放出来的人文主义(Humanism)热情，它邻近着人类主义(Anthropologism)。这确是康德哲学的基调。沿此方向，人类中心主义成为当代美学的主流。其表现或是将审美对象纯归于个体主观性的"审美态度"(英美距离说、快感论、联想论等)，或是将审美归于主体性的文化心理结构(中国实践派、苏俄社会派)。后者虽然攻击前者的个体主观意识基点，并强调主体性心理结构的社会历史客观背景，但其实践本体基于人类物种的生存劳作，因而并未超出人类中心主义。

但康德并非现代人类中心主义者。西方的精神信仰传统在康德哲学中成为抵制唯我主义与人类主义或人本主义(Anthorpologism)的重要支柱，并保护了本体论。康德哲学这一方面的一个深刻兆象便是时隐时现的对物自体的信念(Belief)，它在《判断力批判》中特别表现为第42节("关于对美的智性的兴趣")将自然美客体化(自然主体化)的倾向。

在第42节开始，康德针对人工美饰背离道德的文明流弊而强调："对于自

① 《判断力批判》上卷，商务印书馆1964年版，第27页。

② 《判断力批判》上卷，商务印书馆1964年版，第32页。

③ 同上，第97页。

④ 同上，第102页。

然美具有一个直接的兴趣(不单具有评定它的鉴赏力)时时是一个良善灵魂的标志。”[1]他进一步展开分析:

> 谁人孤独地(并且无意于把他所注意的一切说给别人听)观察着一朵野花、一只鸟、一个草虫等的美丽形体,以便去惊赞它,不愿意在大自然里缺少了它,纵使由此就会对于他有所损害,更少显示对于他有什么利益,这时他就是对于自然的美具有了一种直接的,并且是智性的兴趣了。这就是不但自然成品的形式方面,而且它的存在方面也使他愉快,并不需一个感性的刺激参加在这里面,也不用结合着任何一个目的。
>
> 在这里值得注意的是,假使人们欺骗了他而是把假造的花(人能做得和真的一样)插进地土里,或把假造的雕刻的鸟雀放在树枝上,后来他发见了这欺骗,他先前对于这些东西的兴趣就消失掉了;但可能另一种兴趣来替代了这个,这就是虚荣的兴趣,他把他的房间用这些假花装饰起来以炫别人的眼睛。自然是产出那美的;这个思想必须陪伴着直观与反省;人们对于他的直接的兴趣只建立在这上面。
>
> 否则只剩下一种单纯的鉴赏判断而绝无一切的兴趣或只是和间接的,即关系着社会的兴趣相结合着:但后者对于道德上善的思想并不提供确实可靠的指征。
>
> 这种自然美对艺术美的优越性,尽管自然美就形式方面来说甚至于还被艺术美超越着,仍然单独唤起一种直接的兴趣,和一切人的醇化了的和深入根底的思想形式相协合,这些人是曾把他们的道德情操陶冶过的。[2]

康德反复强调的对自然美的“直接的兴趣”,如他已排除的,并非对自然占有的感性(亦即自然)欲望,那属于物种人类主义(Anthroplogism);也不是纯粹美的主体性形式感,那只是将自然作为拟人化的形式符号——而是对“自然本身”的喜爱与惊赞。这意味着承认并尊重自然内在的目的亦即一个客观自在的自然主体。自然美的客体化也就是自然主体化:自然美从人类主体性形式转向主体自然,从而独立于人类而客体化。康德指出,这种对自然主体的尊重,是道德的表现。这可以理解为是人际道德的充溢、延伸或泛化;但它又是道德感“最可靠”的表现,因而又返过来是人际道德的基石、尺度,或者可以理解为是道德最

---

① 《判断力批判》上卷,商务印书馆1964年版,第143页。

② 《判断力批判》上卷,商务印书馆1964年版,第143—144页。

纯粹、最高品格的表现。从而，人对自然的伦理态度不仅对于人际道德，而且对于整个道德本体都具有了至关重大的意义。

上述结论与康德哲学的哥白尼转向在表面上似乎是相反的：它又把人的眼光投向了外界客体。然而，康德在这里同样坚持着他基本的立场：一个实在论的自然客体概念是非法与僭越的，一种物活论（Hylozoismus）式的主体自然观念同样是臆断性的。

在《判断力批判》目的论部分，康德从对有机生命体的特殊认识要求出发，设定自然目的概念，以提供机械论无法承担的统一性原理。“这个目的概念就会是理性的概念（idea）而把一种新的因果作用引入科学中去”①，因此，自然目的亦即主体自然概念，仅仅是非实在性的客观合目的性形式。这种主观上充分而客观上无法证实的自然目的概念，乃是一种“信念”（Belief）。“信念作为一种习惯（habitus）而不是作为一种行为（actus）来看，乃是理性在其确信处在理论知识所能达到的范围以外的真理的那种道德思考方式。”②与批判哲学将认识论极限的物自体理念转换成道德本体的自由信念一致，目的论批判终于从认识功能需要的自然客观合目的性导引出作为最高目的的道德的人。因此，康德关注自然的立场依然是道德人文主义：“对于自然的很大赞赏的来源——这个来源与其说是外在于我们的，毋宁说是处在我们的理性里面的。”③

由此而出现了如下深刻的悖论式关联：尽管道德的人才关注自然本身，但关注自然本身才是真正道德的；或者说，人对自然目的的赞赏根源于人对自身道德主体的赞赏，而人只有赞赏自然目的才能真正成为道德主体。从而可以对康德关于自然以道德的人为最后目的的命题做出如下重要补充：道德的人是自然的最高目的，而道德的人以自然目的的信念为最高道德。

在对一个异己并异于人类的自然目的（自然主体）的无私而由衷的赞美中，人际关系中超越个体自我中心的道德自由以更为普遍彻底的形式出现在超越人类自我中心的水平上。

因此，向人类呈现为伦理主体的自然同时依然是审美客体。自然美作为伦理主体自然的渊源基础，同时也正是人与自然伦理关系的善：

（1）自然美是唯一不贬低人性主体而承诺自然主体的基础，因而是人与自然伦理关系的同质性基础。可见人与自然伦理关系的同质性是非实体性的，它既不是人类中心主义所说的物种人类的利益，也不是环境整体主义所主张的有机系统，更不是神力。基于这一同质性，自然美包含有调节、均衡人与自然关系

① 《判断力批判》下卷，商务印书馆1964年版，第5页。

② 《判断力批判》下卷，商务印书馆1964年版，第145—146页。

③ 同上，第9页。

的善的弱化尺度的意义。

(2) 由于自然美是主体(人类)合目的性所包含的合客体目的性—极突破主体中心态,又在更高层面达到与合主体目的性统一的产物,因而既关联又高于人与自然。自然美提供了提升人与自然双方的统一的更高的善:a. 人不仅实现了对个体自我中心的超越,而且实现了对物种人类自我中心的超越;b. 自然在自然美中既摆脱了受人宰制的地位,也未流于自发调节的荒蛮丛林法则,而是在与人类主体合目的性统一协谐,并获得帮助的人化形式中提升合自然目的性系统。①

(3) 无论作为信念的自然目的或是作为主体的合目的性形式的自然美,都系于人超越自我的意识,因而,人在与自然的伦理关系中承担着道德施行者的责任。

(4) 作为人与自然伦理关系的善,自然美的审美本身即是直觉经验,从而可以提供元伦理学所要求的关于善的直觉前提。

(5) 自然美审美经验的人类普遍性为实践人与自然的伦理关系提供了普遍的感召经验。

这五点意义是对本文开始所列举的生态伦理学四个基本问题的回答。它们同时表明,自然美已满足了生态伦理学所必需的逻辑前提与经验基础。

本节选取的自然美个案经验并非随意性的,审美不仅在近代哲学奠基者康德那里占据着沟通本体论的位置,也在现代哲学代表海德格尔那里占据着同样的位置。如诺贝尔奖获得者、耗散结构理论奠基人普里戈金(Ilya Prigogine)所说,每一个时代的自然观都有其相应代表性的典范模型,19 世纪自然观的代表模型曾是钟表与发动机,而今日已让位于美与艺术品。②

对自然美的生态伦理学意义的分析的结论同时表明,那种在批判现代自然观与物种人本主义的同时否弃人文主体与人文主义的思潮是无根基的。恰恰相反,只有立足于现代人文主体性及其人文自然观,才可能超越人役自然的现代自然观。同时,在这种超越与批判中,现代人文主体性及人文主义也获得了深化与新的发展。

---

① 因而康德认为,在自然美中,人与自然是互相“好意”对待的(《判断力批判》下卷,第 30—31 页)。

② 参阅[比利时]伊·普里戈金、伊·斯唐热:《从混沌到有序——人与自然的新对话》,上海译文出版社 1987 年版,第 57—58 页。

# 结语与展望

## 人文科学与自然科学将是同一门科学

### 一、历史回顾

将自然作为实在对象来研究的自然科学与关怀并追问人生终极意义的人文科学，在古希腊时代曾是同一门科学，即哲学（Philosophia）。“这字的原义指心理方面爱好智慧的心情，再指追求满足这种心情的活动，再指由此活动所产生的结果。在最后一意义里，这字泛指一切系统知识。”①这同时也是“科学”的源始定义。从现代分化后的学科观念来看，这一“科学”观念实质上包含了科学所倚靠的人文科学的前提条件。科学之不同于经验，即在于它的系统性（亦即普遍性、必然有效性）。严格意义的亦即绝对的系统性属于大全性整体，但近代以来严格意义的科学却是以特定的、有限性的局部为对象；大全整体不是科学可能操作与研究的实在对象，它其实只是一种理想性观念（Idea），对这种“空无”性大全整体观念的究极性追问，即本体论。古代本体论由于并不自觉到“本体”的“空无”性，而是当作科学涵义下的构成性的实在“始基”（如泰勒斯的“水”），因而表现为自然本体论，即自然哲学。古代自然哲学鲜明地揭示了近代科学对本体论的依赖关系。具体讲，由于“本体”事实上是空无性的，因而本体论把它当作目标追求的过程成为永无止境的无限性过程，由此一方面孕育了追求真理的“爱智”（“哲学”），另一方面又不断拓展着局部性知识而使之趋于系统整体关系，这两方面构成为科学精神的重要内容。与此相反，在缺乏本体论与科学精神的情况下，以有限目标为特征的实用型活动，一旦目标达到，活动即刻终止。因此亚里士多德深刻地区分了受动的外在目的的有限性与自主的内在目的的无限性。亚氏正是从非实用手段的自主自由性角度去定义“真正的科学”亦即“哲学”的；这是“为求知而求知”的“爱智”活动，②“这类学术不是一门制造学术”，“他们为求知而从事学术，并无任何实用的目的”。“我们不为任何其他利益而找寻智慧；只因人本自由，为自己的生存而生存，不为别人的生存而生存，所以我们认取哲学为唯一的自由学术而深加探索，这正是为学术自身而成立的唯一学

---

① 《陈康：论希腊哲学》，商务印书馆 1990 年版，第 432 页。

② 参阅亚里士多德：《形而上学》，商务印书馆 1991 年版，第 4 页。

术”。[①] 科学与实用技术的区分在此攸关科学自身的生存。实用技术活动中只能积累成各种零碎的经验，技术本身也会在丰富的实践运用中结晶为杰出的技术成果，但经验与技术自身均不可能提供超越自身的整体系统知识亦即科学框架。古埃及人丈量尼罗河泛滥土地的实用性需要只产生了量地与实物分配的经验法则，巴比伦人虽有天象纪录，却只作为占卜的手段，而将这一经验纳入由本体论驱动的系统化求知活动的古希腊人，却从中建立了科学性的几何学与天文学。同样，中国古代文明虽然产生了以四大发明为代表的灿烂的技术成果，但由于中国古代哲学以血亲为中轴所形成的巨大封建伦理关系对“空无”性玄思冥想的压抑，以及中国传统的实用理性思维的习性，因而，这些丰富的技术实践经验无法凭借一个超越性的本体论框架上升为科学。[②]

因此，科学本性要求着人文哲学的前提。虽然近现代科学与人文哲学发生巨大的分裂，但科学本身仍在根基深处通过科学精神而与人文哲学密切关联。就近现代科学自身的发展规律来看，一方面近现代科学在具体的研究方式上日趋操作化、精密化而远离空洞的自然哲学传统，另一方面科学基础理论的更新又与哲学本体论越来越密切关联。哥白尼推翻亚里士多德—托勒密地心说，以及后来量子力学与相对论的问世，都一再表明了感性经验观察的局限性和不可靠性，都显示了思辨理性与本体论观念转变的优先意义。康德哲学对近代科学与本体论这两方面关系作了划时代的总结。康德哲学对本体与现象两界的划分，一方面把实在经验的研究科学化，一方面则把本体理念空无化。空无之本体不再不切实际地干涉科学对实在经验的研究，但这不可知（科学涵义下的认知）的本体却作为无限性前景引导科学不断扩展，使之超越知性与感性经验的限定而趋于整体化和系统化（例如，“太阳”本体理念即成为天文学、气象学从朝阳、夕阳、日食等角度的太阳“现象”表现的研究汇聚统一的观念性框架）。因此科学有其不可或缺的形而上学（本体论）基础。“Metaphysics”在20世纪海德格尔那里被深刻地阐释为“元（meta）物理学”，形而上学成为科学之“元”。

本体除对上述知识论具有意义外，更为重要的则是其价值论涵义，“空无”（无限）在此体现为“自由”。它表明，科学自身的发展，实质有其更为重大的人文价值论前提。

然而，近代以来的科学发展，恰恰是严重扭曲与破坏了科学所倚赖的人文价值前提。这种扭曲与破坏同科学自身必然倚赖的人文精神倾向形成了极为复杂的矛盾形态。

美国科学史家科恩（I. B. Cohen）说：“新科学的一个革命性的特点是增加了

① 参阅亚里士多德：《形而上学》，商务印书馆1991年版，第5页。

② 参阅尤西林：《实学与本体论》，收入《人文学科及其现代意义》，陕西人民教育出版社1996年版。

一个实用的目的,即通过科学改善当时的日常生活。寻求科学真理的一个真正目的是必然对人类的物质生活条件起作用。这种信念在16世纪和17世纪一直在发展,以后越来越强烈而广泛地传播,构成了新科学本身及其特点。"[①]近现代科学之所以改变古希腊时代独立于实用之上的特性而与技术结盟,以至科学技术已在现代趋于融合为一个词"科技",以海德格尔为代表的现代哲学对此已从主体—客体关系、对象化习惯、技术与思维框架、权力意志与控制等哲学角度有了周详深入的研究成果。

上述现代性心性气质与思维态度的特质,只有置于现代化历史背景下,通过生产方式及其社会经济、政治制度条件的分析,才不止于形而上学的抽象而获得历史性的切实说明。马克思主义至今仍是这种分析的经典代表。

本书前边已经引用过英国著名科学史家贝尔纳的概括判断:"科学进展的背景就是一种倾向于对科学要求日益加多的在扩大中的工业资本主义。"[②]17世纪以来,科学—技术迅猛发展的动力机制是资本主义私人占有及其全球化商业竞争,20世纪则以冷战意识形态对垒与民族国家竞争支持并强化了这一动力机制。资本集团与民族国家在占有财富的同时也带动了社会化福利。从而,近代以来所确定的科学服务于技术、技术服务于生产与商业、工商服务于利润和财富积累与福利享受这一现代格局,成为现代人天经地义的信条。法兰克福学派(霍克海默、阿多诺、马尔库塞等)甚至论证了科学技术作为现代社会统治合法性意识形态的功能。[③] 如第一章所述,正是针对这种科学技术的现代定位及其相关危机,才有了现代人文科学的兴起。这也就是"科学"的最大分裂。

对于科学自身的意义而言,人文科学对于科学的人文意义教化与规范不仅为社会所需要,也是科学维系自身"爱智"根基的精神纽带。人文科学对于科学愈渐直接转化为生产力的现代趋势具有关键性的遏制作用:一种科学原理的发现,本应具有未可意料的多方面的意义,但现代强大的技术应用机制仅仅根据利润占有、国家富强或生活舒适实用而单一地决定其应用途径与形态,而甚少或完全不顾及这一决定所可能造成的多方面的、长远的影响后果。人文科学对于科学社会应用的系统省察审视,具有附属于企业的对策机构不可能具有的人类公共性与完整视野。人文科学在现代科学与技术应用之间的这种"中断"性、"延缓"性与反思性功能,在20世纪上半叶第一颗原子弹爆炸后尚只是事后的省察,而在21世纪的今天对生物基因工程的广泛先行伦理的讨论,则显示出人文

① 科恩:《牛顿革命》,江西教育出版社1999年版,第5页。

② [英]贝尔纳:《历史上的科学》,科学出版社1982年版,第209页。

③ 参阅法兰克福学派上述代表人物主要著作,同时参阅哈贝马斯:《作为"意识形态"的技术与科学》的讨论,学林出版社1999年版。

科学与科学的功能互动互补已有了何等长足的进展。

## 二、现状与前瞻

20 世纪中叶英国著名作家兼科学家 C. P. 斯诺(C. P. Snow)出版了文集《两种文化》,[①]他对人文科学与自然科学的分裂乃至文化上的对立极为忧虑,因而陈述了种种利弊,呼吁这两种科学能够统一。但斯诺有一点忽略,即他没有看到,两种文化并非势均力敌,而是科学及其唯科学主义文化在现代社会中的统治地位激起了人文主义的反抗。不管从浪漫主义开始,人文主义思潮有多少激烈与偏颇,但决定两种文化分裂格局的矛盾主要方面是科学主义。

正因为如此,20 世纪初叶的物理学革命作为科学自身现代演变的一个关键事件,便具有处于外在攻击地位的一般人文主义思潮不可比拟的意义。如前几章已经指出过的,科学自身的这种演变,同时正应视作人文科学自身的重要活动形态。

从 20 世纪上半叶开始,特别是 60 年代以后,自然科学的近现代观念发生了一系列深刻的转变:

(1) 以牛顿经典力学为范型代表的自然物体观念普遍受到修改。“自然”从机械力学的外在作用对象转变为自组织的有机生命体。

(2)“时间之矢”(Arrow of Time)的作用引入原本仅有空间位移的物体。怀特海等人对时间性运动过程的研究发展为对科学观念产生重大影响的“过程哲学”。[②] 包括人类精神心灵、物质质子、中子等原子个体观念性对象,不再被视为最终实在体,而是处于时间过程中的瞬间活动的集合,它包含着以往活动的作用与现在时自主反应的综合,[③]活动的时间过程形成了空间实在体观念,传统的空间实在体被消解于更深层的动态过程。值得注意的是,这一原理同时也用以解释人文主体性。

(3) 相互作用(反馈)的非直线性思维取代线性因果思维,关系性的系统结构取代了传统的要素或原子单元观念。复杂性模式不再还原于原子要素。熵理论与热力学第二定律,以及与量子力学、相对论并列为 20 世纪物理学三大发现的混沌(Chaos)理论,把从人文主体性的高级生命形态到死寂现象纳入动态的平衡模式,人与自然无机物之间的联系与转化获得了一个统一的说明。[④]

(4) 如第一章介绍量子力学时所述,测量者对测量活动的影响被计入,科学

---

① [英]C. P. 斯诺:《两种文化》,三联书店 1994 年版。

② 关于国际性“过程研究中心”(Center for Process Studies)的介绍,参阅[美]大卫·格里芬(D. R. Griffin)主编《后现代科学——科学魅力的再现》,中央编译出版社 1996 年版。

③ 参阅上书,第 29—30 页。

④ 参阅[美]E. 拉兹洛(E. Laszlo):《用系统论的观点看世界》,中国社会科学出版社 1985 年版。

的客观中立性受到了质疑。对科学家集团的社会学研究以及科学从选题到研究的社会运行机制条件的分析,则揭示了科学研究动机与资本主义工商业社会阶层利益的深层隐秘关系。而科学史理论则注意到了科学发展与非理性的关系,以及科学发展史的断裂或革命的特性,甚至被称为科学发展中“认识论意义下的无政府主义”特征。[①] 与此同时,科学史对近代科学起源背景中基督教信仰及神学—经院哲学的关键作用与地位的重新发现,以及现代著名科学家相当普遍的关于神秘直觉与美感在科学发现中的重大作用的自述,[②]不仅使科学价值中立的传统观念发生改变,而且从总体上改变了马克斯·韦伯关于现代科学在“世界的祛魅”(The Disenchantment of the World)的结论,取而代之的是后现代科学的“返魅”(Reenchantment)。[③]

事实上,对于真正禀有科学精神气质并曾领会体验过科学前沿发现巨大美感的科学家来说,科学从来是充满着魅力而最富人文意义感召力的活动。1997年3月9日上午8点40分至9点,中国中央电视台通过卫星实况转播了20世纪中国所能看到的最后一次日全食以及海尔—波普彗星,此彗星下次与人类相会将是两千四百年之后。漠河集中了一百多位包括中科院院士、工程院院士在内的科学家瞻仰此一历史性景观。中央电视台由两位天文学科学家主持解说。一位科学家以操纵升空导弹、卫星的威严而理性的语调宣布,日全食将于×时×分×秒开始,彗星将于×时×分×秒出现。太阳与彗星犹如受人控制的导弹与卫星一样精确准时,而不存在丝毫的未知状况与疑惑。观众从这位科学家的语调中感受到的是科学征服与掌握自然的理性威力及人类的自豪。然而,与之截然相反的反应是,当海德格尔看到人造卫星第一次拍摄的地球照片时,惊呼“末日来临了”。海氏是为技术即将实现对人类生存的“大地”的控制而预感不祥。与此有别,当记者询问冰天雪地中一位白发苍苍的科学家的观感时,人们竟然看到了激动的泪花与听到了这样的回答:“太美了!感谢上天,让我在有生之年看到了这样壮丽的大自然。我实在是太幸运了!”此情此景,让人想到了牛顿的著名表白:“我只不过是在大海边捡贝壳的孩子……”也让人记起镌刻在康德墓碑上的康德著名的“惊赞”与“敬仰”:“位我上者,灿烂的星空!”……这透出了真

---

① 参阅[美]托马斯·库恩:《科学革命的结构》(科学出版社1979年版)、《必要的张力》(福建人民出版社1987年版);[美]费耶阿本德:《反对方法》(上海译文出版社1995年版);[英]A. F. 查尔默斯(A. F. Chalmers):《科学究竟是什么?——对科学的性质和地位及其方法的评价》(商务印书馆1982年版);[美]瓦托夫斯基(M. W. Wartofsky):《科学思想的概念基础》(人民出版社1981年版)。

② 参阅[美]S. 钱德拉萨克(S. Chandrasekhar):《科学中的美与对美的追求》,北京:《世界科学译刊》,1980(8);[英]詹姆斯·W. 麦卡里斯特(J. W. Mcallister):《美与科学革命》,吉林人民出版社2000年版;[日]汤川秀树:《创造力和直觉——一个物理学家对于东西方的考察》,复旦大学出版社1987年版。

③ 参阅大卫·格里芬主编《后现代科学——科学魅力的再现》,中央编译出版社1996年版。

正的科学精神在大自然面前的谦卑与憧憬。这当然是一种真正的人文信仰态度。

与自然科学的现代转型相应,社会科学从 20 世纪后半叶开始也改变了 19 世纪以来仿效自然科学的方向。1993—1995 年,以美国学者华勒斯坦(I. Wallerstein)为主席,由一批国际著名社会科学家、自然科学家、人文科学家所组成的古本根重建社会科学委员会(The Gulbenkian Commission on the Restructuring of the Social Sciences)对现代学科,特别是社会科学的形成与演变、发展进行研究,产生了《开放社会科学》一书。[1] 该书的结论要点如下:

(1) 从 1850 年至 1945 年,西方形成了以大学学科教育与研究体制所保障的社会科学分类,其中尤以经济学、社会学、政治学、人类学与历史学为重要。这些社会科学学科仿效自然科学而追求客观中立的知识学身份、可观测验证的实证经验材料、普遍适用的结论观点,可度量化与可控制并预见的准确性,可无限进步扩展的科学体系。

(2) 社会科学的上述倾向特性极大地根源于现代民族国家自我论证的意识形态需要,它们往往直接服从于权力控制的研究机构或基金会。国家及其利益实质成为社会科学的自明前提与轴心。特别是,社会科学各现代学科均受制于欧洲(西方)中心主义的文化与历史哲学的观念背景。“随着历史学(和人类学)更加开放地采纳定量研究方法,出现了一个循环增强的过程,金钱、学者人数和社会合法性得以相互支撑,强化了对社会科学概念之学术理据的自信。”[2]值得注意的是,伴随西方经济、政治与军事的全球化扩张优势,社会科学的上述特性在隐蔽其欧洲(西方)中心主义背景的同时,往往以现代化的学术规范模式面目出现,而发展中国家在追求“与国际接轨”的现代化阶段,对此却盲目地追求仿效。

(3) 两次世界大战之后,特别是 1945 年以后,帝国主义一统天下的全球格局发生了重大变化。两次世界大战对达尔文主义进步信念及其相关的欧洲文明中心论观念给予了致命的打击。殖民体系的解体与新兴民族国家的崛起,使普遍主义与本土特殊主义之间的关系产生了新的观念。原先隐蔽于客观中立的科学研究背后的权力控制、国家利益与欧洲中心论背景被揭示出来,价值立场作为一个无可回避的特性进入了社会科学研究。这种价值立场开始超出原先的国家本位。特别是 20 世纪 70 年代以后,作为社会科学传统服务轴心的国家所承担的至高价值理念受到普遍批判,[3]社会科学家开始将科学分析的价值意义前提

① 华勒斯坦等:《开放社会科学》,三联书店 1997 年版。

② 华勒斯坦等:《开放社会科学》,三联书店 1997 年版,第 45 页。

③ 华勒斯坦等:《开放社会科学》,三联书店 1997 年版,第 87—91 页。

的语言;所习惯的特定思维形式(比如想象)或是它们建立于其上并加以利用的经验(这些经验通常是特殊的和非科学的)。总之,凡此种种观点或态度都被认为是精心建构人文学科一般理论的块块基石。

## 作为一种教育大纲的人文学科

人文学科一词源出于西塞罗在论述理想的辩论家时所创立的 humanitas 学说。拉丁语的 humanitas 有“人性”或“人情”的意思;但是西塞罗在其著作《论演说家》中所用的 humanitas 指一种独特的教育大纲。事实上,后来拉丁语语法权威奥拉斯·哲利阿斯(Aulus Gellius)(二世纪)用希腊语证明了它同义于 paideia——即为了培养自由的成年公民而实行的一种全面的文科教育,而这种情况又源于公元前5世纪中叶。那时,第一批巡游的诡辩论学者就在希腊各城邦国家作为家庭教师对年轻人进行全面教育。后来经过希腊、罗马修辞学者的发挥,humanitas 就成了古典文科教育的基本大纲。再往后,由圣奥古斯丁和其他教父们使之转为基督教服务,它又构成了中世纪基督教徒的基础教育。如此说来,humanitas 或者 paideia 原来是指一种教育大纲,构成了称之为 artes, bone artes(“通艺”)或 artes liberales(“自由艺术”)的研究领域,其中包括数学技艺和语言艺术,也包括某些科学、历史学以及哲学。

沦为中世纪教育用语的 humanitas 一词到了15世纪又被意大利的人文主义者复活了,因为他们宣称要献身于 studiahumanitatis(或 humanitas 人文学科的研究)和教育。佛罗伦萨的司法官科学卢乔·萨卢塔(Coluccio Salutati)首先在与神的研究对立的意义上使用该词。人文主义者在古希腊、罗马的语言和文学中研究他们的学科,其中有语法、修辞、诗歌、历史和道德哲学。他们极力强调模仿古代的语言和模式,结果 studiahumanitatis 几乎返归到了拉丁、希腊式的古典研究。因而它又遭到了教育改革家、18世纪的法国百科全书派代表D.狄德罗、J.D.达兰贝等人的批判和攻击(参见其《百科全书》Couege 条)。这个古典文科教育大纲经常与数学一起构成了19世纪英、美学院的基础文科教育;而在欧洲大陆它们则是大学预科的文科基础课。

从上述人文学科的起源和发展史来看,它主张全面的有计划教育这一事实可以帮助我们解释当代关于人文学科讨论的几个共同特征。作为教育大纲的一般人文学科。在其学科与非人文学科的学科之间并无极严格的界限。从纵横两方面看,它既包括几种不同的学科,其研究重心也几经变化。西塞罗和圣奥古斯丁所制定的教育大纲把语法、逻辑、修辞等语言艺术与教学和某些科学并举;而文艺复兴时期人文主义者的教育大纲则把重点放在语言和文学研究上。然而,所有的预期目的都是培养一个多才多艺的人,使其作为人的各种能力达到顶峰。正如牛津大学人文学科的标准学位头衔所称,这是一个“富有人道的字眼”。尽管人文学科在某些方面可以被专门化。但是该领域的教师们一直主张教育人的最好办法乃是从各方面给人以极大的关心。作为一种人文教育各学科的综合,人文学科就像人文教育一样,有许多争论性学科,也有很广泛的争论余地,它所引出的这诸多争论与一般人文教育中的问题是分不开的,因而对于各种教育文章中论及此方面的问题也应给予考察。

## 人文学科的各种理论

人文学科各种理论所赖以发展的基础比教育大纲各学科的基础显得有些狭窄。因此,人文学科现今被认为是知识领域的基本分类之一。如前所述,文艺复兴时期的人文主义者用之与神学研究相抗衡;而 19 世纪以来,把人文学科与科学相对立的情况却更为普遍。

## 19 世纪的人文学科理论

19 世纪某些德国哲学家的努力是近代精心建构人文学科一般理论的最早尝试。他们在自然科学的研究范围以外划得并保住了一些知识领地。他们的先驱 W. 狄尔泰把这块领地称作 Geistes-wissenschaften,有时译作"人学";但是新康德主义者 H. 李凯尔特却更愿意把 kulturwissenschaften,或者"文化科学"译作"人文学科"(这样一来,另一个新康德主义者 E. 卡西尔的著作 *Logikderkulter wissenschaften*〔1924〕的英译名就是《人文学科的逻辑》〔1961〕)。

李凯尔特认为是方法而不是学科提供了文化科学区别于其他学科的特征。自然科学是"立法的",旨在得出普遍规律;与此种方法不同,文化科学是"个案研究的"。其关心的是什么是个体及其独特价值。狄尔泰却持另一种观点,他认为正是学科构成了它们之间决定性的差别,人文学科以人的著作和行动为其对象。这才是与自然现象的本质区别,它们需要一种与自然科学不同的分析和解释。所有的自然本质只能从外部给予解释;确实如此,因此人们不可能从内部分解,比方说,作为一块石头或一只猫的东西是什么。人类劳动从本质上说完全不同于它们,全部人类劳动都是人类目的的外在表现。只有从内部理解它们,才能做出全面的解释。当然,人是自然的一部分,能够进行自然科学方面的研究,但更重要的是,人也是他自己的文化活动和选择的产物,只有对人类的目的和意义有了理解,才能对这些方面有所认识。

然而,到目前为止,这些德国学者还没有提供一个区别人文学科与社会科学的标尺。其实,这些学者的努力,特别是狄尔泰的工作对于社会科学的发展也做出了重大贡献。因此,最好是说 19 世纪所用的"人学"这一概念既指人文学科,也指社会科学。至少在某些方面,此概念在今天的欧洲大陆仍然在这种意义上使用。另一方面,更切近的理论既对人文学科与自然科学做了较严格的区分,也同样严格地把它独立于社会科学。

## 20 世纪的人文学科理论

谈到 20 世纪的人文学科理论,可选出中后叶具有代表性的四种观点:人文学科(1) 构成了某种适应任何学科的一般艺术和方法;(2) 利用并强调语言功能的某种超越性;(3) 植基于人的某种独特思维形式;(4) 建立在不惟适用于专家而且适用于任何人的一般经验之上,并诉诸这种经验。这些理论各代表一种人文学科的倾向,每种理论都有其进一步的论述,它们共同为人文学科设定了一个既不同于自然科学也有别于社会科学的统一研究领域。这四种理论在一个问题上取得了基本一致的看法,即人文学科构成了在本质上区别于科学的学科——一个重要的、有根据的知识领域。但是,它们在确定人文学科的特质、及其与科学的区别和联系时又产生了分歧。对于上述后两种理论来说,人文学科与科学之间有着根本的区别,甚至对立;而对于前两种理论而言,与其说两者之间有明显的鸿沟,还不如说它们是密切联系的,只有研究重心的差别。

## 一般艺术论

否认人文学科和科学之间的根本区别的理论。根据一般艺术的理论,人文学科不能被等同于任何一种特殊的方法、学科内容或者目的,因为它们超越一切,也适用于一切。这种观点的一位倡导者罗纳德 · 克兰(Ronald Crane)说,人文学科是“辅助科学”,因为他们适用于各种用途和思想——学科的内容和研究对象除了具有某种特殊性质,还有其用途和思想,只有通过学科内容和研究对象的特殊性质,我们才能获得它们的用途和思想。

而且,无论何种学科,学者都可以讨论分析语言、文学、历史和哲学。由于人文学科适用于大量的学科和各方面的尝试,它应当被看作一般的艺术或技艺。

根据克兰的看法,有四种主要的人文主义方法,或四种主要的艺术:用符号表达的书面语艺术,对思想进行分析和正确评价的艺术,文学和美学批评的艺术,以及认识历史的艺术。尽管这些艺术适用于所有的学科,但是它们在各个学科中起作用的情况不同,在有些学科中它们占支配地位,在有些学科中则不占支配地位;它们占支配地位的那些学科体现了更多的人文主义,因为在那些学科中,这些艺术能够提供有关那些学科的本质和更充分的说明。

根据这种观点,人文学科和科学之间没有明显的分别。科学,尤其是在讲授科学时,不能不运用人文主义的艺术。人文学科同科学之间的区别,只能在人文学科为那些科学提供分析说明的地方才能找到:科学的发展趋向是由多样性、特殊性到整体性、一致性、单纯性以及必然性;而人文学科则强调独特、出人意料、复杂性和独创性。

根据这种一般艺术论的观点，人文学科之被称为人文学科决非偶然：它有能力处理人类经验方面的问题，这些问题是独属于个人的，无法通过自然的作用、社会力量和社会结构得到充分的说明，然而科学却恰恰要求助于那自然过程、社会力量和社会结构。正如克兰所说的，人文学科要对人类成就的性质和价值(这些还是科学已经对人类成就加以说明之后所剩下来的东西)加以说明，"要对那些空前绝后的优秀的东西"加以说明，也就是对那些能引起人们惊叹和赞美的东西加以说明；因此它们既是描述性的，也是绝对规范的。

## 语言功能理论

根据第二种理论，理解人文学科的最好办法在于语言分析。根据这种观点，语言由于可用于各种表达，故它是一种能够满足各种需要的极为复杂的组织，并且它具有很多不同的功能。例如，这种观点的一位倡导者 W. T. 琼斯(William T. Jones)就列举了语言的几种典型的功能：他主张，语文"能满足好奇心，传达信息，补充个人的不足，消除忧虑，排遣孤独。"为了某种目的，我们可以把语言的功能加以区分，只考虑其中某一种功能——例如，只考虑那种可以提供消息和知识的认识功能。但是琼斯强调说，这种区分是抽象的、简化的，因为下述情况是不可能的：一段谈话，其中一部分表现一种纯粹的认识功能，另一部分表现一种纯粹的情感的功能，而第三部分又表现一种纯粹的吸引力的功能。

多数情况只能这样讲：在某种特定的情况下，有一种功能占优势地位。根据这种理论，由于语言能同时实现许多不同的功能，它应当被想象为一个系列或一个连续的统一体，从认识的、指示的功能到非认识的、表达的功能，如此排列下来。

据说，这种语言模式为区别人文学科和科学提供了最好的工具。虽然语言的效用不会仅仅满足某一种功能，但是它可以在此处比彼处更多地显示某一种功能。科学的语言与其说是表达的，不如说是指示的，人文学科的语言则更倾向于表达的、评价性的、非认识的。由于语言有不同的功能，所以科学和人文学科在语言上是有差别的。因此，它们各自具有自己的适当的标准，各有各的价值，因而它们是可以识别的。科学和人文学科谁也不比对方更真实、更好或具有更多的价值，但是它们都以各自的方式帮助人们认识现实。诚然，在这个基础上，人们公认科学和人文学科在许多方面是彼此对立的。但是据说这种对立乃是出于某种误解，——这种误解来自试图运用彼方的标准来判断此方的做法；在同一个领域内部，它们大体上可以协调一致，因为它们彼此并不矛盾，而是可以互相补充。

## 特殊能力论

宣称人文学科和科学有根本区别的理论。在特殊能力论和一般经验论看来,科学和人文学科之所以能够互相补充,是因为它们是两种根本不同的、甚至对立的看待和理解世界的方法。在特殊能力论看来,科学和人文学科体现了一种基本的、对立性的分裂——用艾伯特·W. 利瓦伊(Albert W. Levi)的话说,即“一种真正的二元论,……一种发生在人们头脑中的分裂”;它们属于人脑的不同的能力,凭藉各自的一套概念而起作用,用不同形式的语言表达自己。科学是理性认识的表达方式,也是理性认识的成果,它运用诸如事实、规律、原因、变化、预言一类概念,通过一种不受个人情感影响的、作为参考的客观语言来传达。恰恰相反,人文学科则是想象的产物,它对人类的事情有它自己特有的关心,它通过诸如现象、实在、命运、自由意志、幸运、灾难、幸福、安宁、悲惨之类的概念,用一种戏剧般的、动人心弦的主观性的语言来表达。它们各有其喜欢的活动方式,各有各的价值,对于有关人类自身的和有关世界的知识,它们都各有其独特的贡献;然而,由于在探讨人类经验方面它们表现得很不协调,所以二者又是不能比较的。

按照这种观点,人文学科与其说是学科,不如说是艺术和方法。人文学科和文科是一致的,但它应当被重新定义为通讯的、说明的、批评的艺术,它们又同语言、文学、历史、哲学方面的训练密切相关。然而利瓦伊说,它们和这些训练本身并非一回事,因为语言文学历史哲学都还有属于科学的一个方面。例如,语言是文科的一种,它研究通讯并用于通讯;它也可以用于物理现象,对物理现象进行数学的分析,当然,这是一种科学研究。按照这种观点,这些学科或训练本质上既不是科学的也不是人文主义的;任何一种科学中都有人文主义的倾向,任何一种人文学科中都有科学的倾向。

因此,我们的知识领域就分裂为艺术和科学两个方面。它们每一方又都分为两端:艺术分裂为美术(同制作有关的)和文科(属于教和学的内容);科学则分为自然科学和社会科学,它们分别同自然现象和文化现象有关。

## 一般经验论

按照一般经验论的观点,人文学科的特征是它们的日常的、“自然的”逻辑。在数学和科学上被证明是极为成功的数理逻辑对人文学科几乎没什么帮助。尽管有些人可能会断言:这些训练不能帮助人们获得任何名副其实的真正的知识,它们差不多只是一种趣味的满足;而这第四种理论的辩护人却宣称:这些训练使用或求助于各种不同的逻辑来进行,他们把这种逻辑称为“什么逻辑”(What Logic),因为它们主要解决人们日常经验中的“什么”(What)和“为什么”(Why)

的问题，它们同那种具有科学特征的"关系逻辑"(Relating Logic)相反，"关系逻辑"的主要兴趣在于关系、型式、结构。

按照这种观点，人文学科和科学之间的区别并不仅仅限于方法问题，而且也扩大到二者所关心的事物的性质和它们所涉及的对象，以及它们赖以存在的根据的来源。和科学不同，人文学科建立在人类的普遍经验之上，这些经验来自一切人又适用于一切人；根据这一观点的一位倡导者亨利·B. 维奇(Henry B. Veatch)的看法，人文学科"关注的仅仅是关于人的知识，人类的本质的知识，我们自己的知识，更广泛一些，关于我们人类状况的知识，以及关于这个真实的世界的知识，在这个真实的世界中，我们发现了我们自己。"人文学科的材料取自普通的经验，在这种经验中，没有什么东西模糊不清、晦涩难解或极为罕见，以至于还需要去寻找某种专门的调查技术或做某种很不自然的、人为的实验。这种普通的经验是原始的。它是一切人的最基本的经验，它构成人类全部知识的基础，构成人类最熟习的知识内容，并且为人类提供判断他的最可靠的知识的标准。这些特征也可以说明，为什么人文学科与科学不同，它仍继续珍爱并使用以往的经典名著：作为人类成就的不朽纪念，这些名著证明并反映了它们在人类经验中是持续不断的，因而仍保持着一种永久的关系。

很清楚，上述四种理论代表了人们对人文学科的不同认识，也表现了它们为人文学科的价值和重要性辩护的不同方式。四种理论间的相互抵触与其说是体现了它们互不相容、势不两立，不如说是反映了它们各自强调的重点不同，它们之间的冲突在根本上是因为它们立足于不同的哲学。这些理论之间一致和不一致的型式有助于指出，关于人文学科的主要的难题究竟在何处。

## 关于人文学科的一些问题

**人文学科在教育中的作用和功能**。作为教育的一个项目，人文学科在教育中有它们的作用，这是人文学科一个悠久的传统，也正是在这一基本点上，人文学科的倡导者们意见完全一致，因为他们坚持认为，人文学科应当为普遍教育和文科教育提供基础；这也是一个基本事实。人文学科的教育是非行业性、非职业性的，它关注的是促使个人成熟为人或公民(自由人)，而不是使之成为某一特殊领域的工作者；因此，人文主义教育关心的是维护和发展那种关于人类权益的崇高目的、问题和价值的表达艺术和表达技巧。

语言文学的学习在人文学科教育中曾长久地占有过优势。然而也有不同看法，认为这种学习方式应当改变。希腊语和拉丁语早已丧失了它们以往曾经享受过的垄断权；尽管希腊语和拉丁语的表达形式和文化价值曾获得过支配地位，至今仍然受到人们的重视，但是它们以往在大学课程中那种广泛需要的情形已经大为减弱了。外国语学习的拥护者们坚持认为，语言文学的学习之所以必要，首先不仅仅在于它是引导我们进入另一种文化和研究它的不朽的文学名著的门径，而且在于它能使人的头脑超越一种语言的狭窄的范围，尤其在于掌握了语言知识，便能不误解词义、不受本国语言的欺骗。与此相反，有人证明，从所达到的微弱的效果看来，把时间和精力花费在中学和大学的外语上是一种巨大的浪费，特别是在美国，那儿除了英语，任何别的语言都不怎么需要；任何一种外语都很容易通过生活在那种语言的环境中而被学习者所掌握，因此，美国许多大学都实行了"数年国外学习"的制度。古希腊、罗马的古典名著——译作而不是原著——继续产生着广泛的影响。然而，文学研究的范围已经扩大了，包括了其他语言形式的很多成果；比较文学和世界文学现在已引起人们明显的兴趣。

在人文学科诸多项目中，"经典著作"的广泛利用不仅说明了文学的永久的重要性，而且也体现了对于它的学习的过于专门化和职业化的反抗。在广泛的意义上，文学包括历史、哲学、神学以及想象的文学，它成为各学科的汇聚地，因而也是人们的兴趣之所在，这种兴趣超出了任何一个学院的系的狭小范围的限制。所以，人文学科的综合课程有时也为满足文科教育的需要提供一种比作为某种单一训练的系的课程所能提供的更好的方法。在某种程度上，学生对于他们所接受的各门课程之间的"关联"的要求常常是对这些课程职业化的反抗，这些课程被变成了学院职业的预备。当专业教学成为一种学院职业的预备时，文学、历史和哲学就可能变得如同任何专业性的科学的课程一样专门、一样狭窄。对于非专家和非职业性的学生来说，人文学科的课程及其学习的重要性决不亚于科学的课程和学习。

人们普遍认为，人文学科的特征是注重语言文学的表达价值和美学价值。然而也有很多相反的意见，认为它的特征在于学习方法和教学方法。问题的焦点尤其在于美术和表演艺术的实践的地位和作用。有些教师主张，这些学科的实践活动是学习语言的"表达功能"的必要而基本的部分。然而另一些人则主张，就它们的人文主义价值而言，从实践活动角度看，美术和科学的地位是一样的；因为对于它们二者来说，有关它们的历史、哲学的研究，以及有关它们在全部人类成就中的地位的研究和它们对于全部人类成就的贡献的研究，这些恰恰是属于人文学科的事。

近年来，课程训练中的趣味性（它本来一直就是人文学科的特点）在人文学科各教育项目的发展中又重新获得强调。虽然这些教育项目有不同的名称——例如"人文学科"，"人文学科的混合课程"，"文科建制"，"为大学教师预科设置的人文学科项目"，——但是它们都有两个普遍的特征：一个被认为是人本主义训练，例如历史、哲学、文学，很清楚，这些训练项目彼此密切相关，以至于对于它们当中任何一项内容的学习都需要有对于其他两项内容的某种深刻了解；另一个特征被认为是：这种较为广泛的学习为大学本科教学提供了一个比某种狭窄而深入细致的专业训练所能提供的更好的准备。在这种教育水平中，学生将会去努力发现他自己的方法并找到深入知识领域的方向。那么，大学毕业生的教学大纲的要求之一就应当是，学生要获得某种规划自己的知识领域的能力以及说明各种不同领域的知识之间的相互联系的能力。

人文学科以及各种文化观念之间的冲突。关于人文学科，人们现在的注意力集中在各种文化观念发生公开冲突的那些历史时期的特性上。这种时代就是人们对于人类最重要的知识产生不同的甚至对立的意见的时代，就是人们对于表达人类最高文化成就的方式和方法存在不同的甚至对立的看法的时代。西方历史记载了许多这样的冲突：发生在古代世界的哲学与诗歌之间的斗争、修辞学与哲学之间的斗争，柏拉图和西塞罗曾分别对此有过描述；早期基督教时代异教徒和基督教徒之间关于"学问"的斗争以及中世纪文科教育的挑战；文艺复兴时代人文主义者对经院主义的攻击；17、18 世纪的"古今之争"，19 世纪宗教与科学之间的斗争。人文学科以这种或那种姿态出现在所有这些冲突中。

在当代，各种文化观念的冲突已经成为人文学科和科学之间冲突的前沿阵地。公众对于这种冲突的异乎寻常的注意也许是来自英国科学家、小说家 C. P. 斯诺(C. P. Snow)所引起的一场论战，他在一篇题为《两种文化和科学革命》(1959 年首次发表，但直到 1970 年仍继续有所增版)的论文中，描述、批评并悲叹他所观察到的文学与科学文化之间的对立，它们彼此藐视，彼此不能沟通。尽管斯诺曾呼吁在文学和科学这两种训练之间建立起一种新的联系以增进彼此的理解，然而他自己却明显地同情科学家。科学在一个多世纪中已经提供了堪称当代文化范例的东西，而人文学科的防御至多不过是一场维护旧制度的努力而已。另一方面，近来人们对于自己曾经为之付出很高代价的科学的成就及其产物(技术)的不适感和疑虑有增长的趋势，当前流行的人们对于人文学科的兴趣正是这种情绪在发展的体现。

# 参考文献

## （供进一步阅读的书目）


马克思：《1844年经济学—哲学手稿》（①刘丕坤译，人民出版社1979年版；②《马克思恩格斯全集》第42卷）

威廉·狄尔泰：《精神科学引论》（第一卷）（童奇志、王海鸥译，中国城市出版社2002年版）

恩斯特·卡西尔：《人文科学的逻辑》（沉晖、海平、叶舟译，中国人民大学出版社1991年版）

李凯尔特：《文化科学与自然科学》（涂纪亮译，商务印书馆1986年版）

R. S. Crane, *The Idea of the Humanities*, Chicago: The University of Chicago Press, 1967.

阿伦·布洛克：《西方人文主义传统》（董乐山译，三联书店1997年版）

郭颖颐（D. W. Y. Kwok）：《中国现代思想中的唯科学主义》（1900—1950），（雷颐译，江苏人民出版社1989年版）

华勒斯坦等：《开放社会科学》（刘锋译，三联书店1997年版）

A. N. 怀特海：《科学与近代世界》（何钦译，商务印书馆1997年版）

艾凯（Guy S. Alitto）：《世界范围内的反现代化思潮——论文化守成主义》（贵州人民出版社1997年版）

伽达默尔：《真理与方法》（洪汉鼎译，上海译文出版社1992年版）

萨顿：《科学史和新人文主义》（华夏出版社1989年版）

余英时：《内在超越之路——余英时新儒学论著辑要》（中国广播电视出版社1992年版）

马克斯·韦伯：《社会科学方法论》（李秋零、田薇译，中国人民大学出版社1999年版）

M. 兰德曼：《哲学人类学》（彭富春译，工人出版社1988年版）

A. 施密特（A. Schmidt）：《马克思的自然观念》（欧力同、吴仲昉译，商务印书馆1988年版）

林毓生：《中国传统的创造性转化》（三联书店1988年版）

朱红文:《人文精神与人文科学——人文科学方法论导论》(中共中央党校出版社 1994 年版)

张灿辉:《人文与通识》(香港突破出版社 1995 年版)

林治平主编:《全人教育国际学术研讨会论文集》(台北宇宙光出版社 1996 年版)

尤西林:《人文学科及其现代意义》(陕西人民教育出版社 1996 年版)

尤西林:《阐释并守护世界意义的人——人文知识分子的起源与使命》(河南人民出版社 1996 年版)